edition
Neue F

Der Haupttitel deutet an, worum es Jürgen Habermas in diesem Buch vor allem geht: um die Frage, wie denn auf die Revolution in der damaligen DDR zu reagieren sei. Es versteht sich von selbst, daß er der Euphorie von 1989/90, wonach sich die Bundesrepublik historisch als die »beste aller Welten« erwiesen habe, kritisch gegenübersteht. Dennoch verkennt er nicht, daß in der DDR eine Revolution stattgefunden hat, die nachholend genannt werden kann, wenn man sie an den Verfassungsgrundsätzen der westlichen Demokratien mißt.

Mit *Die nachholende Revolution* wird die erste substantielle, unvermindert brisante Stellungnahme eines linken Intellektuellen zum deutschen Vereinigungsprozeß wieder zugänglich gemacht. Die hier eröffnete Argumentation findet in den Bänden *Die Normalität einer Berliner Republik* (es 1967) und *Die postnationale Konstellation* (es 2095) ihre Fortsetzung.

Jürgen Habermas
Die nachholende Revolution

Kleine Politische Schriften VII

Suhrkamp

edition suhrkamp 1633
Neue Folge Band 633
Erste Auflage 1990
© Suhrkamp Verlag Frankfurt am Main 1990
Satz: Hümmer, Waldbüttelbrunn
Druck: Nomos Verlagsgesellschaft Baden-Baden
Umschlag gestaltet nach einem Konzept
von Willy Fleckhaus: Rolf Staudt
Printed in Germany

3 4 5 6 7 8 – 04 03 02 01 00 99

Inhalt

6. Die nachholende Revolution 177

Vorwort

Die revolutionären Vorgänge in der DDR, in Mittel- und Osteuropa halten uns in Atem, während der anfängliche Enthusiasmus eher Furcht und Skepsis gewichen ist. Die Ereignisse verändern die internationale und die innerdeutsche Szene beinahe täglich. Aber die nachholende Revolution wirft kein neues Licht auf unsere *alten* Probleme. Diese, wie Adorno gesagt hätte, negativen Konstanten inmitten einer beschleunigten Geschichte mögen eine gewisse Kontinuität meiner Stellungnahmen aus den letzten Jahren rechtfertigen.

Frankfurt, im März 1990   *J.H.*

Nochmals: Für Tilmann

1. Die neue Intimität zwischen Kultur und Politik

Auf Anregung von Peter Glotz fand am 11./12. Dezember 1987 im Jüdischen Gemeindezentrum Frankfurt ein Kongreß »Zukunft der Aufklärung« statt. Meinem Vortrag lag der folgende Text zugrunde.

Die politische Konkurrenz um die knappe Ressource »Sinn« hat die Entfernung zwischen Politik und Kultur verringert. Ein Indikator dafür ist auch diese Veranstaltung. Die neue politische Aufmerksamkeit für die kulturellen Ausdrucksformen des Zeitgeistes erklärt sich aus einer veränderten Wahrnehmung der Politik selber: diese scheint eine Einbuße an Manövrierfähigkeit und Kompetenz zu erleiden. Zum ernüchterten Bild von der Politik gehören mindestens drei Überzeugungen: (a) Die systemkonformen Eingriffe ins Wirtschaftssystem erzielen nicht die erwünschten Effekte. Noch weniger wird von systemverändernden Eingriffen erwartet; sie würden sich kontraproduktiv auswirken. (b) Nicht nur das ökonomische Steuerungsmedium erweist sich als resistent; auch die administrativen Maßnahmen, deren sich die Politik für ihre Eingriffe bedienen muß, stellen kein eigenschaftsloses Medium dar. Bürokratie und Recht haben in den Augen der Klienten ihre Unschuld verloren. (c) Die Krisen haben sich diffus ausgebreitet und verstetigt. Sie werden zur herrschenden Form der Selbststabilisierung eines beschleunigten sozialen Wandels.

Politiker, die dieses Bild von der Politik teilen, sind versucht, ihre ungelösten Probleme in ein drittes Medium zu verschieben. Sie weichen aus in die Arena der Massenkultur. Bei 750-Jahr-Feiern repräsentiert sich der Staat nicht etwa eine Woche lang mit militärischen Paraden und Gottesdiensten, er badet sich ein ganzes Jahr in der Lauge einer aus Pop, Punk und Preußentum angerührten Unterhaltungs-, Diskussions- und Ausstellungskultur. Eine Etage höher nutzt ein intellektueller Bundespräsident erfolgreich die Nischen des kulturellen Betriebs.

Die neue Intimität zwischen Politik und Kultur hat zweischneidige Folgen für die Politiker. Einerseits erweitert sich der Spielraum für eine symbolische Politik, mit der sich die andernorts entstandenen Enttäuschungen beinahe kostenneutral entschädigen lassen. Andererseits bildet der kulturelle Sinn einen eigensinnigen Stoff, der sich nicht nur nicht nach Belieben vermehren, sondern auch nicht in beliebige Formen bringen läßt. Das pejorative Wort von der »Stimmungsdemokratie« verschleiert eher, daß der Legitimationsprozeß dieser neuen Art von Beschränkung unterliegt. Aufschlußreicher ist schon das Interesse der Wahlsoziologen für die sogenannten Dienstleistungszentren, wo sich eine themenabhängige und informierte, jedenfalls kulturell vermittelte Wahrnehmung der Politik am deutlichsten ausprägt. Fast schon enthüllend ist die Direktheit, mit der ein kühl kalkulierender Geißler propagandistisch auf die postmateriellen Werte setzt – und Blüm nach Chile schickt.

Kurzum, die über Massenmedien verbreitete, auch in Diskussionen einmündende Kultur zeigt das Janusgesicht jeder Rhetorik. Wer sich erst einmal auf Kultur einläßt, kann nur noch in dem gefährlichen Medium der Überzeugungen überreden. Gewiß, die medienvermittelte Kultur bezahlt für ihre Verbreitung oft genug in der Münze einer Entdifferenzierung geistiger Gehalte; aber Verbreitung bedeutet auch eine Dezentralisierung von Widerspruchsmöglichkeiten. Das Nein-Sagen-Können ist die Kehrseite der Überzeugung – und auch der Überredete muß sich mindestens überzeugt fühlen. Die politische Inanspruchnahme der Kultur könnte insofern Tendenzen der Aufklärung sogar fördern. Das muß nicht so sein – wie die Erfahrung lehrt.

Aufklärung in Deutschland – Zwei Meinungen

Eines der jüngsten Beispiele für die politische Relevanz der Kultur bietet der Streit um den Frankfurter Börneplatz. Aus diesem Anlaß hat der Oberbürgermeister die Stadtverordnetenversammlung, was ihr zur Ehre gereicht, in ein historisches Kolleg verwandelt. Seine wohl von Fachleuten präparierte Rede betrifft unser Thema auch in anderer Hinsicht. Der Oberbürgermeister trat nicht nur in eine historisch-kritische Auseinandersetzung, also in einen Diskurs ein, der dem Geist der Aufklärung verpflichtet ist; er machte darin die Aufklärung zum Thema.

Es geht nämlich um den geistesgeschichtlichen Zusammenhang zwischen der Entstehung des rassischen Antisemitismus in

Deutschland und dem durch die Aufklärung verursachten Autoritätsverlust des christlichen Glaubens und der Kirche: »Nicht der christliche Antijudaismus, sondern der Weg des deutschen Volkes seit der Aufklärung ist das, was in die deutsche Katastrophe geführt hat.«[1] Daß die Formulierung »seit der Aufklärung« nicht bloß im Sinne eines post-hoc gemeint ist, wird aus dem Kontext klar. Der abnehmende »Einfluß der Kirchen auf staatliches und privates Leben« wird belegt mit Folgen der Französischen Revolution, mit Nationalstaat und Nationalismus, mit Marx und Nietzsche. Allerdings soll diese christlich-fundamentalistische Geschichtsdeutung nur für die Deutschen gelten, nicht für Juden, die ja im Zeichen der Aufklärung eine mehr oder weniger glückliche Symbiose mit der deutschen Kultur eingegangen sind: »Ich verstehe die Betroffenheit eines Juden, die zum Nichteinverständnis mit meiner Wertung führt. Das ist selbstverständlich. Er wertet aus dem Schicksal seines Volkes, seiner Religion, und ich werte aus dem Schicksal unseres Volkes und komme deshalb möglicherweise zu anderen Ergebnissen.«[2] Was immer sich der Redner dabei gedacht haben mag – daß nur Schicksalsgenossen oder »Artgleiche« einander verstehen können, ist eine Maxime, die so offensichtlich mit dem Universalismus der Aufklärung unvereinbar ist, daß sie nach 1933 auch in akademischen Kreisen Karriere gemacht hat.

Mit größerer Konsequenz verfährt mein philosophischer Kollege Günther Rohrmoser, der das spezifisch Deutsche heute wie damals in Opposition zur Aufklärung sieht: »Wir Deutsche erheben mit Fichte und seit Fichte den Anspruch, im Besitz einer eigenen Antwort auf... die moderne Gesellschaft und die mit ihr verbundenen Probleme menschlicher Selbstentfremdung zu sein. Nun hat man ja bisher mit einem gewissen Recht sagen können, die aus der Tradition der Aufklärung... gegebenen Antworten seien besser als die deutschen. Die Auskunft hat man geben können, solange der Glaube an die Vollendung der Geschichte durch Wissenschaft, Technik und unbegrenzte Ausbeutung der Natur die Menschen noch inspiriert hat. Dieser Glaube und mit ihm das Projekt der Moderne befindet sich jetzt aber in einer tiefen Krise... Ist es wirklich so ausgemacht, daß die Antworten eines ideologisch erschöpften Liberalismus und eines in allen seinen Varianten gescheiterten Sozialismus besser sind als die, die wir aus der Erinnerung an die größten philosophischen und kulturellen Leistungen der Deutschen schöpfen können? Wenn wir nach der

Ursache der uns heute in den progressiven Verfall führenden Neurotisierung unseres nationalen Selbstverständnisses fragen, dann war es der 1945 erklärte Wille, in der Differenz der Deutschen von allen geschichtslos-abstrakten, naturrechtlich begründeten Traditionen des Westens nur einen Irrtum zu sehen und diese Differenz radikal, das heißt kulturrevolutionär zu beseitigen.«[3] Das war 1983 in Weikersheim.

Reaktionsbildungen

Heute wissen wir, daß die Regieanweisung, die Bernhard Willms bei derselben Gelegenheit gegeben hat, nicht nur von Filbingers Freunden befolgt worden ist: »Die Deutschen müssen die Vergangenheitsbewältigung zu einer Sache der Wissenschaft neutralisieren. Wer Schuld predigt oder die Wunde Hitler offenhält, kämpft nicht um, sondern gegen die Identität.«[4] Wie kommt es gerade hierzulande zu einer Großen Koalition der Aufklärungskritiker, in der sich die braunen, schwarzen und grünen Ränder berühren?

Rohrmoser hat gar nicht so unrecht. In Deutschland sind erst nach 1945, erst auf dem Boden der Bundesrepublik die Traditionen der Aufklärung in ganzer Breite zu einem mehr oder weniger selbstverständlichen Besitz geworden. Bis zum Ende der lähmenden Latenzperiode Anfang der sechziger Jahre haben die Intellektuellen eine gewisse Verwestlichung der deutschen Kultur durchgesetzt. Sie haben Herder und Kant nicht mehr als Überwinder der Aufklärung, sondern als deren Exponenten begriffen, sie haben – um nur davon zu sprechen – Börne, Heine und Tucholsky nicht länger ausgegrenzt, sie haben Freud und die Psychoanalyse, den westlichen Marxismus, den Wiener und Berliner Positivismus als große intellektuelle Bewegungen ernstgenommen. Das war mehr als eine Rehabilitierung. Denn jene unterdrückten, abgespaltenen, verächtlich gemachten Elemente der deutschen, zumal der deutsch-jüdischen Intelligenz sind bei uns *zum ersten Mal* ansässig geworden – womit ich freilich für Ideen, die ihrer Natur nach *kursieren,* keine Bodenständigkeit reklamieren möchte. Dieser Aneignungsprozeß hat sich an unseren Universitäten auch durch die Vermittlung zurückgekehrter Emigranten vollzogen. In den Augen der Studenten damals hatten sich nämlich vor allem im

Exil unbeschädigte Kontinuitäten und ein nicht-korrumpiertes Erbe erhalten können.

An einer Mentalität, die derart aus einer Reaktion auf den Faschismus hervorgegangen ist, mögen Spuren einer Reaktionsbildung erkennbar sein. Vor einem solchen Mentalitätshintergrund wird jedenfalls verständlich, daß die internationale Jugendrevolte der sechziger Jahre in Deutschland eine Verbindung eingegangen ist mit den spezifischen Themen der Verarbeitung unserer nationalen Vergangenheit. Und diese Genealogie kann vielleicht auch erklären, warum hierzulande die Protestbewegung, nachdem alles vorbei war, *wiederum* zwanghafte Reaktionen ausgelöst hat. Aus dem kollektiven Unbewußten sind nämlich längst überwunden geglaubte Sterotype eines sehr deutschen Kampfes gegen die Ideen der Französischen Revolution wieder an die Oberfläche gespült worden.

Aufklärung über Aufklärung

Die Revolte hat von zwei Seiten Reaktionen hervorgerufen: sagen wir vereinfachend von seiten der Älteren und von seiten der Jüngeren. Beide Seiten treten auf im Namen einer Aufklärung über die Grenzen der Aufklärung. Die neukonservativen Schüler von Gehlen und Forsthoff, Schelsky und J. Ritter sehen die Rationalität von Staat und Ökonomie durch diejenigen in Gefahr gebracht, die den Modernismus der Kunst und den Universalismus von Wissenschaft und Moral ernstnehmen, sogar Religion und Sitte dem Reflexionsdruck oder dem innovativen Experiment aussetzen. Aus dieser Sicht muß nämlich der Affirmationsbedarf einer entzauberten Moderne durch Wiederverzauberung, durch argumentfreie Erzählung, erhebende Literatur, Sinnstiftung und einfühlenden Historismus befriedigt werden. Mit dieser Kultur der Schadensabwicklung, mit einer Kompensationsvorstellung, die das Erbe der Aufklärung bloß halbiert, geben sich auf der anderen Seite die jungkonservativen Erben der Revolte durchaus nicht zufrieden. Sie bleiben existentiell und gehen aufs Ganze. Auf den Spuren von Heidegger oder Nietzsche suchen sie im ganz Alten das ganz Andere; aus ihrer Sicht kulminiert in der Aufklärung nur das Verhängnis eines von weit her kommenden logozentrischen Schicksals.

Beide Versionen, die gemäßigte wie die radikale, machen freilich denselben Fehler. Sie ignorieren, daß gerade in Deutschland die Selbstkritik der Aufklärung so alt ist wie diese selber. Als unvernünftig galt *immer* schon, wer die Grenzen des Verstandes nicht kennt. Wenn sich der Verstand zur Totalität aufspreizt und den Platz der Vernunft usurpiert, verliert der Geist das Vermögen der Reflexion auf die Grenzen der Verstandestätigkeit. Daß die Aufklärung sich über sich selbst, auch über das von ihr angerichtete Unheil aufklärt, gehört also zu ihrer eigenen Natur. Nur wenn man das verdrängt, kann sich die Gegenaufklärung als Aufklärung über Aufklärung empfehlen.

Religion, Aufklärung und neue Mythologie

In einer Diskussion mit Eugen Kogon hat Adorno 1957 folgendes geäußert: »Die religiösen Renaissancen von heutzutage dünken mir Religionsphilosophie, nicht Religion. Darin jedenfalls stimmen sie mit der Apologetik des achtzehnten und frühen neunzehnten Jahrhunderts überein, daß sie trachten, durch rationale Reflexion deren Gegenteil zu beschwören; nun jedoch durch rationale Reflexion auf die ratio selber, mit einer schwelenden Bereitschaft, auf diese loszuschlagen, einem Hang zum Obskurantismus, der viel bösartiger ist als alle beschränkte Orthodoxie von dazumal, weil er sich selbst nicht ganz glaubt.«[5] Das paßt bereits auf eine Kompensationstheorie, die die Traditionsmächte funktional rechtfertigt. Auch gegenüber einer negativistischen Vernunftkritik, die sich als Kritik selber durchstreicht, beharrt Adorno darauf, die Dialektik der Aufklärung nicht zu früh abzubrechen: »Wohl ist einer ratio, die sich nicht als stures Herrschaftsmittel frevelhaft verabsolutiert, Selbstbesinnung geboten, und davon drückt das religiöse Bedürfnis heute einiges aus. Aber diese Selbstbesinnung kann nicht bei der bloßen Negation des Gedankens durch sich selbst, bei einer Art von mythischem Opfer stehenbleiben, nicht durch einen ›Sprung‹ sich vollziehen: der ähnelte nur allzusehr der Katastrophenpolitik.«[6] Dieser Satz war damals gegen den Sprung in eine philosophisch verkleidete Offenbarung gerichtet, noch nicht gegen das heute verbreitete Lob eines diesseitigen Polytheismus, noch nicht gegen die neuen Mythologien, die die Mündigkeit des Subjekts aufkündigen und keine Ähnlichkeit mehr beanspruchen mit jener einst von den Jugendfreunden Hegel, Hölderlin und Schelling, beschworenen Mythologie der Vernunft. Gegenüber den neuen Mythologien, wie sie sich heute ausbreiten, hätte auch Adorno das betont, was die radikale Aufklärung mit dem Monotheismus *verbindet:* jenes Moment von Selbstüberschreitung oder Transzendenz, das dem in seiner Welt gefangenen Ich erst die Distanz zur Welt im ganzen und zu sich selber einräumt und damit eine Perspektive öffnet, ohne die Autonomie – auf der Grundlage gegenseitiger Anerkennung – und Individualität nicht erworben werden können. Von dieser Gemeinsamkeit bleibt übrigens unberührt Adornos Überzeugung, daß »nichts an theologischem Gehalt unverwandelt fortbestehen (wird); ein jeglicher wird der Probe sich stellen müssen, ins Säkulare, Profane einzuwandern«.[7] Aber dieses profanisierende Einholen theologischer Gehalte ins Universum begründender Rede und solidarischen Zusammenlebens ist das Gegenteil einer neuheidnischen Regression hinter jenes Selbstverständnis von Autonomie und Individualität, das mit den prophetischen Lehren erst auf die Welt gekommen ist.

Entmutigung

Der normative Gehalt der Aufklärung hat sich in den Ideen von Selbstbewußtsein, Selbstbestimmung und Selbstverwirklichung ausgesprochen. Dieses »Selbst« ist allerdings im Sinne von bürgerlich-kalter Subjektivität und Selbstbehauptung, im Sinne eines verfügenden Individualismus verstanden worden. So sind die Ideen selbst ins Zwielicht geraten. Der Zweifel an ihnen ist heute ubiquitär; er zehrt nämlich von Erfahrungen mit einer überkomplexen, ausbeutenden und undurchsichtig-riskanten Gesellschaft. Aus den gesellschaftlichen Kontexten, nicht mehr aus Natur unmittelbar, quellen heute die Kontingenzen, die uns überwältigen. Der funktionalistische Marxismus, der Strukturalismus und jene Systemtheorie, die beide beerbt hat, spiegeln die Erfahrung der Ohnmacht schon im Aufbau der Theorie. Luhmann sagt es: alles ist möglich und nichts geht mehr. Der Paradigmenwechsel, der sich in der Theorie vollzogen hat, spricht für sich selbst: die anonyme Gesellschaft ohne Subjekt tritt an die Stelle der Assoziation freier und gleicher Individuen, die ihr Zusammenleben auf dem Wege demokratischer Willensbildung selber regeln. Mit dem Vertrauen in die Gestaltungsmöglichkeiten schwindet auch der eigene Gestaltungswille.

Gewiß, das 20. Jahrhundert hat uns vor mobilisierten Massen erschauern lassen. Je weiter die Massenzivilisation fortschreitet, um so mehr verblaßt die Romantik der Massenaktion. Der Glaube an Subjekte im Großformat und an die Lenkung großer Systeme ist zerfallen. Sogar soziale Bewegungen sind heute ein Motor für Vervielfältigung und Individualisierung. Aber das Lob der Vielheit, die Apologie des Zufälligen und des Privaten, die Feier von Bruch, Differenz und Augenblick, der Aufstand der Randgebiete gegen die Zentren, das Aufgebot des Außerordentlichen gegen die Trivialität – das alles darf nicht zur Ausflucht werden vor Problemen, die, wenn überhaupt, nur bei Tageslicht, nur kooperativ, nur mit den letzten Tropfen einer beinahe ausgebluteten Solidarität gelöst werden können. Was aber setzen die neuen Mythologien an die Stelle von Selbstbestimmung und Solidarität?

Eine Aura der erweckenden Entmutigung scheint die avanciertesten Werke der Literatur und des Films noch dort zu umgeben, wo sie ein hintergründiges Ja zum Leben lehren. In dem zitatenreichen Film *Der Himmel über Berlin* erzeugen Handkes Texte, vor allem Wim Wenders Einstellungen eine Struktur, die den Einbruch des Außerordentlichen ins Alltägliche, ein Science-fiction-Thema, ins Mythische hebt. Mehrere Ebenen verschränken sich in der Dramaturgie des Geschehens. Der Blick der Engel ruht wie hinter Glas auf der Trivialität der kleinen Sorgen, auf der Normalität und der Verzweiflung des Alltags. Noch nicht ganz abgetötet ist die Wahrheit in den seelenvollen Augen kindlicher Zirkusbesucher und in den historischen Erinnerungen des Erzählers. Aber nur jene Engel, die aus freien Stücken ins menschliche Leben hinabsteigen und sich unauffällig unter die Sterblichen mischen, erfahren die Authentizität des irdischen Daseins und werden zum Sprachrohr der großen Affirmation. Ein Defizit an erfülltem Leben erleiden also spiegelbildlich die Überirdischen, die die schmerzliche Verkörperung scheuen, Lust und Leid nicht kennen, und die Alltäglichen, die in ihrem dumpfen Triebe der Lust und dem Leid bloß unterworfen sind. Nur die *herabgestiegenen* Engel, die nicht ohne Narzißmus aufgehen in Lust und Leid, erfahren die Exaltation von Glück, Einsamkeit, Vereinigung – und entrichten dafür den amor fati, den Gesang auf ein Leben, das dem Leben entrückt ist.

Ich frage mich, ob diese Halbgötter wie im Mythos die wenigen Auserwählten *bleiben* oder ob sie exemplarisch den Weg weisen sollen, den alle gehen können. Ich weiß nicht, ob ich den Film ohne besondere cineastische Vorbildung richtig verstehe. Verklärt er nicht das Außeralltägliche auf Kosten der trivialeren Erfahrungen, aus denen wir lernen? Entwertet er nicht zugunsten eines Seinsgeschicks die Kontingenzen, die die Kräfte des Ich herausfordern? Verwischt er nicht den Unterschied zwischen Benjamin und Heidegger – zwischen profaner Erleuchtung und einer gegen das Profane gerichteten Erweckung?

Die kulturelle Obsoleszenz politischer Prämissen

Die Zukunft der Aufklärung – worin könnte sie bestehen? Es müßte uns gelingen, klarzumachen, wie in immer enger werdenden Handlungsspielräumen gleichwohl unsere gemeinsamen Verantwortlichkeiten für immer längere und immer unübersichtlichere Handlungsketten wachsen. Und dies müßten wir zeigen können im zögernden Bewußtsein jener Gefahr, die, wie Benjamin wohl wußte, den Möglichkeiten des Glücks sogar von den Erfolgen des zweckgerichteten Zusammenwirkens her droht.

Eine skeptische, aber nicht-defätistische Aufklärung kann sich heute durch die Tatsache ermutigt fühlen, daß sich in den Auseinandersetzungen der politischen Öffentlichkeit, und angetrieben von den sozialen Bewegungen, die kulturellen Orientierungen der breiten Bevölkerung neu formieren. Sie kann sich ermutigt fühlen, weil sich mit den subkutan revolutionierten Einstellungen ein Mentalitätswandel vollzieht, der die politischen Selbstverständlichkeiten von gestern wie Ruinen hinter sich läßt. Die sozialen Strukturen selbst scheinen sich für eine kulturelle Mobilisierung zu öffnen. Die Kultur kann eine verkrustete Politik unterspülen. Ob Reagan und Gorbatschow wissen, daß sie soeben ein Beispiel gegeben haben für eine solche kulturelle Obsoleszenz der gestern noch für unerschütterlich gehaltenen Prämissen?

Anmerkungen

1 W. Brück, in: *FR* vom 26. Sept. 1987, S. 16.
2 A. a. O.
3 Zitat nach: A. Klönne, *Wieder normal werden? Entwicklungslinien politischer Kultur in der Bundesrepublik,* in: H. U. Otto, H. Sünker (Hg.), *Soziale Arbeit und Faschismus,* Bielefeld 1986, S. 528.
4 A. a. O., S. 531.
5 Th. W. Adorno, *Vernunft und Offenbarung,* in: ders., *Stichworte,* Frankfurt/M. 1969, S. 22.
6 A. a. O., S. 23.
7 A. a. O., S. 20.

2. 1968 – Zwei Jahrzehnte danach

Das Jahr 1988 gab Anlaß zu Rückblicken auf die Studentenrevolte. Im Vordergrund stand die Frage, wie diese sich auf die politische Kultur der Bundesrepublik ausgewirkt hat. In Frankreich wurde das Thema durch die von Victor Farias ausgelöste Heidegger-Kontroverse überschattet. Ich habe mich dazu in Interviews mit der italienischen Wochenzeitung *L'Espresso* und der Pariser Tageszeitung *Libération* geäußert.

Interview mit Angelo Bolaffi

BOLAFFI Sie sagten, daß Sie eine wesentliche Funktion der Studentenbewegung in der »Geburtshilfe« für den kulturellen und politischen Durchbruch jener kritischen Potentiale sehen, die in den Jahren der Adenauer-Republik auf kleine Kreise der kritischen Intelligenz am Rande der herrschenden politischen Kultur beschränkt geblieben waren. – Könnten Sie diese These ausführen?

HABERMAS Wenn ich mir, als einem parteinehmenden Zeitgenossen, der noch keine wirkliche historische Distanz hat, die Mentalitätsgeschichte der Bundesrepublik in Erinnerung rufe, dann drängt sich mir das Bild einer wellenförmigen Bewegung auf. Bis zur Währungsreform, dem symbolisch ebenso wie ökonomisch wichtigen Einschnitt der Restauration kapitalistischer Verhältnisse, war die große Mehrheit der Bevölkerung, einschließlich der Flüchtlinge und der Heimkehrer, durch die totale Niederlage – vor dem Hintergrund des von Goebbels proklamierten totalen Sieges – gelähmt; sie war betäubt durch das, was man als »Zusammenbruch« wahrnahm. Die Stimmen der Hitlergegner, einer allerdings bald zerbrechenden antifaschistischen Koalition, waren sozusagen noch gedeckt durch mißtrauische Alliierte; jedenfalls hatten sie damals einen größeren Einfluß als jemals wieder. Das war die Periode des Aufbaus der Parteien von unten, der Entnazifizierung, der aus dem Boden schießenden politisch-kulturellen Zeitschriften (von denen nur noch der *Merkur* übrig geblieben ist), die Zeit des ungeheuren kulturellen Hungers an den Universitäten, den Volkshochschulen, in den Museen und Theatern. Horkheimers Briefe und Tagebuchaufzeichnungen aus jener Zeit schildern das Klima an der Frankfurter Universität, die vorbehaltlose Lernbereitschaft der (gar nicht mehr so jungen) Studenten ganz gut. Als nächstes dann die von massiven Ruhe- und Restaurationswünschen, einem ins Private gekehrten aggressiven Aufbauwillen getragene Adenauerperiode bis Anfang der sechziger Jahre – ökonomisch vital, kulturell zäh und provinziell (wenn man von der Malerei absieht), und doch schon gekennzeichnet durch eine Art Arbeitsteilung zwischen Politik und Kultur. Damals wurde allmählich klar, daß der Geist links stand. Die literarische Intelligenz, die sich Einfluß verschaffte, war in Opposition, Leute wie Sieburg standen eher abseits. Dann also die Phase, die Sie im Auge haben – die letzten Jahre Adenauers, Erhards Interim und die Große Koalition bis zur Wahl Heinemanns. Das ist vielleicht die interessanteste Phase in unserem Zusammenhang. Mit dem Abbröckeln des konservativen Lacks im Regierungslager nimmt die Außenseiterstellung von Intellektuellen, die ja allenfalls linksliberal waren, ein Ende – neben der politischer gewordenen Gruppe 47 gewinnen Professoren wie Adorno und Mitscherlich Einfluß, während sich Jaspers und Kogon, die vorher schon Einfluß hatten, radikalisierten. Vor allem aber gerät in den Universitäten und Schulen der Resonanzboden für die kritische Intelligenz in Schwingung – der Sozialkundeunterricht wird reformiert, die edition suhrkamp gewinnt ihr Profil. Kurz vorher hatte der Hessische Generalstaatsanwalt Bauer den ersten großen Auschwitzprozeß zustande gebracht, die erste Verjährungsdebatte im Bundestag hatte Erfolg. Diese Jahre zwischen 1960 und 1967 sind die Inkubationszeit, in der Kulturelles, in der geistige Impulse, nicht-institutionalisierte öffentliche Meinungen ein politisches Gewicht gewonnen haben. Die Studentenbewegung war dann die von niemandem vorausgesehene Explosion von ein, zwei Jahren – eine Revolte, auf die, eigentlich bis heute, die von Rancune und Ressentiment gespeiste Konterrevolution gefolgt ist: Marcuses Gegenüberstellung paßt auf die bundesrepublikanische Situation ziemlich genau. Als hätte die im Schatten des Nationalsozialismus diskreditierte Rechte nur auf den Anlaß gewartet, um wieder gegen die »Ideen von 1789« aufzustehen; nur diese gespenstische Projektion erklärt den Grad des Affekts.

BOLAFFI Welche Rolle spielte dabei die »verdrängte« nationalsozialistische Vergangenheit? Kann man den Studentenprotest als Ausbruch aus dem verlogenen Generationenvertrag des »kommunikativen Beschweigens« (Lübbe) der deutschen Verantwortung für den Holocaust interpretieren?

HABERMAS Als mir Inge Marcuse 1969 in Korčula vorhielt, nun sei mit den revoltierenden Studenten zum ersten Mal im Nachkriegsdeutschland eine Generation aufgetreten, die sich kritisch und vorbehaltlos mit dem Erbe des Faschismus auseinandersetze, war ich betroffen, ja wütend. Ich kannte meine Frankfurter Studenten ebenso wie meine Altersgenossen, z. B. Alexander Kluge, der Ende der Fünfziger an seinen *Lebensläufen* schrieb. Ich empfand das damals als eine Kränkung. Damit hatte ich vermutlich in einer Hinsicht recht, denn die linken Studenten hatten großenteils eher klischeehafte Vorstellungen vom Faschismus. Damals kostete es Anstrengungen, öffentlich festzustellen, daß die Organe unseres Staates auch freiheitssichernde Funktionen erfüllten oder daß die Bundesrepublik trotz allem zu den sechs oder sieben liberalsten Ländern der Welt gehört. Ich habe mit solchen Äußerungen, die an historische Proportionen erinnern sollten, schwer Gehör gefunden. In anderer Hinsicht hatte ich aber mit meiner Reaktion auf Inge Marcuse unrecht: die 68er Generation war wohl in Deutschland wirklich die erste, die sich nicht gescheut hat, face to face Erklärungen zu fordern – von den Eltern, den Älteren überhaupt, in der Familie, vor dem Fernsehschirm usw. Damit hat Lübbe, in seinem Vortrag zum Tag der 50. Wiederkehr des 30. Januar 1933 im Reichstag, deskriptiv durchaus recht – das Fatale ist nur seine Bewertung. Der Studentenprotest war auch die Inszenierung einer öffentlichen, jedoch ins Private hineinreichenden, manchmal etwas selbstgerechten Abrechnung mit dem kollektiven Ausweichen vor der deutschen Verantwortung, der historischen Haftung für den Nationalsozialismus und dessen Greuel. Als ich Student war, 1953, habe ich einen entsprechenden Artikel über Heideggers Vorlesungen von 1935 geschrieben, weil ich entsetzt war über die Unfähigkeit dieser Protagonisten (wie eben Heidegger, C. Schmitt, Gehlen usw.), wenigstens mit einem Satz einen politischen Irrtum einzubekennen. Aber Auseinandersetzungen mit einem Vater, der gewiß nur als Mitläufer eingestuft worden ist, bin ich aus dem Wege gegangen. Kurzum, die Generationsuhren der Familiendynamik sind so eingestellt gewesen, daß die 68er gleichsam ohne Scheu auf einer *spezifischen* Vergangenheitsbewältigung bestehen konnten. Die hatte bis dahin vielleicht etwas Abstraktes behalten.

BOLAFFI Könnte es sein, daß der Umstand, daß mit der antiautoritären Revolte zum ersten Mal in der Geschichte der Bundesrepublik die »liegengelassenen« Fragen der dreißiger Jahre (autoritärer Charakter, Nationalsozialismus, Zusammenhang von kapitalistischer Vergesellschaftung und totalitärer Herrschaft usw.) zum Gegenstand öffentlichen Streits werden, nicht nur positive, kritische Funktionen erfüllt, sondern auch regressive Folgen für die Bewegung selbst gehabt hat? Zum Beispiel die Suche nach einem »proletarischen« Bezugspunkt antikapitalistischer Kritik im Zerfallsprozeß der Studentenbewegung oder die Vernachlässigung der kritischen Potentiale des demokratischen Verfassungsstaates selbst (also dessen, was Dany Cohn-Bendit auf dem SDS-revival-Treffen die »emanzipative Utopie der Demokratie« genannt hat).

HABERMAS Die Anknüpfung an Marxismus und Freudianismus war eine der großen intellektuellen Leistungen in der Inkubationszeit seit Ende der fünfziger Jahre; hier muß man die Marxismus-Kommission der Studiengemeinschaft der Evangelischen Kirche ebenso nennen wie das Frankfurter Institut oder Mitscherlich, der 1956 mit Horkheimer einen großen Freud-Kongreß veranstaltete und mit Hilfe der Hessischen Landesregierung das Sigmund-Freud-Institut gegründet hat. Die Studenten haben sich diese bereitstehenden Potentiale angeeignet und aktualisiert, mit einer zweifachen Folge: sie verbreiteten das alles (Freud wird zum Kirchentagsthema und Marx steht hinter den Vietnam-Protesten), aber sie besetzten die wieder entdeckten Traditionen auch mit einem neuen Ernst. Sie ignorierten die historische Distanz, die zwischen den sechziger und den zwanziger Jahren lag. In meinen Augen war das – im Kontext der deutschen Mentalitätsgeschichte – etwas Positives; denn nun erst verschwanden die Tabus über den aufgeklärteren Elementen der deutschen Tradition. Andererseits hatte dieses Engagement oder besser: diese libidinöse Besetzung einzelner Theoreme und Konzepte auch die (für jede Theorie hinderliche) Folge der Dogmatisierung, die Sie erwähnen. Diese Dogmatisierung hat zur falschen revolutionären Einschätzung der Situation in unseren Ländern geführt und zu der ebenso illusionären Identifizierung mit den Befreiungskämpfen in Vietnam, Kuba, China und anderswo. Die jungen Aktivisten sahen sich als den verlängerten Arm Che Guevaras in den Metropolen – hier also, wo man nichts begreifen konnte, wenn man nicht zunächst einmal den relativen Erfolg des sozialdemokratischen Reformismus begriffen hatte. *Das* zu begreifen war mir, war uns linken Kindern der Adenauerzeit natürlich leichter gefallen, während Marcuses und Adornos Spätkapitalismustheorie eher der totalisierenden Sichtweise der 68er Vorschub leistete. Die etwas ältere Generation des SDS (Preuss, Offe usw.) hatte ich mit dem *Strukturwandel der Öffentlichkeit* (1962), und das heißt: mit einer vom reformistischen Abendroth beeinflußten offensiven Sozialstaatsinterpretation des Grundgesetzes, noch erreicht, während die nächste »Generation«, mit Dutschke und Krahl, schon aktionistisch dachte. Die 1968 aktiv gewordenen Studenten waren schon so weit von der NS-Zeit entfernt, daß sie nicht mehr als selbstverständlich akzeptierten, was selbst für Marx selbstverständlich gewesen war: keine sozialistische Emanzipation ohne Verwirklichung der bürgerlichen Freiheitsrechte.

BOLAFFI Dennoch, läßt sich Ihre Kritik des studentischen Aktionismus als »linksfaschistisch« heute – sine ira et studio – noch aufrechterhalten?

HABERMAS Ich habe diesen 1968 hypothetisch geäußerten, spontanen und sehr situationsgebundenen Vorwurf schon im Herbst 1977 im *Spiegel* zurückgenommen. Ich habe damals aus biographischen Kontexten zu erklären versucht, warum in der Bundesrepublik linke Intellektuelle bereits gegenüber den ersten Regungen von Gewaltrhetorik und Gewaltanwendung empfindlicher, skrupulöser, gereizter als ihre Freunde in anderen Ländern reagiert haben. Übrigens hat sich, was mich besonders gefreut hat, Dutschke für diese Erklärung, als wir uns nach Marcuses Tod in Starnberg trafen, mit Nachdruck bedankt.

Ich will es gerne nochmals sagen: Der kleine Kern von Wahrheit, der im Linksfaschismusvorwurf hinsichtlich des späteren Terrorismus dringesteckt hat, rechtfertigt nicht – aus einem Abstand von 20 Jahren betrachtet – die schwerwiegenden Konnotationen, die mit einem solchen Ausdruck der von Dutschke damals verfolgten Taktik angeheftet wurden, als in der Hitze des Gefechts niemand mehr den hypothetischen Status meiner Frage ernstgenommen hat.

BOLAFFI In ihren gesellschaftstheoretischen, aber auch moralphilosophischen Arbeiten des letzten Jahrzehnts spielt die Kategorie der »posttraditionalen Identität« eine große Rolle: als Form und Voraussetzung sozialer und persönlicher Selbstidentifikation und -reflexion, in der die universalistischen Potentiale der okzidentalen Moderne ihre »Muttermale« (Marx) von Nationalismus und Historismus endlich abstreifen.

HABERMAS Das haben Sie schön ausgedrückt. Nachtraditional sind allerdings die kollektiven Identitäten, die sich im Zeichen des Nationalismus gebildet haben, auch schon – wenn man den Ausdruck wörtlich versteht. Aber die universalistischen Elemente des aus der Französischen Revolution hervorgegangenen demokratischen Nationalstaates – Volkssouveränität und Menschenrechte – waren stets in Gefahr, überwältigt zu werden durch den Partikularismus der Selbstbehauptung der jeweils eigenen Nation gegenüber allen anderen Nationen. Erst seit dem Zweiten Weltkrieg zeichnet sich, insbesondere in Ländern wie Deutschland und Italien, wo der Faschismus dem Nationalismus den letzten Rest von Unschuld geraubt hat, ein Gestaltwandel ab, den ich im Zusammenhang unseres Historikerstreites etwas näher untersucht habe (in: *Eine Art Schadensabwicklung*, Frankfurt/M. 1987, S. 159ff.). Eine Transformation kommt schon dadurch zustande, daß wir uns unsere eigene Geschichte im Spektrum mehrerer, meist konkurrierender Lesarten kritisch aneignen müssen. Als Deutsche wissen wir heute besonders gut, daß wir uns nicht mehr als Erben einer Siegergeschichte begreifen können. Das hat mit negativem Nationalismus, wie diejenigen meinen, die einen positiven haben wollen, nichts zu tun. Sie haben recht: die Saat universalistischer Emanzipationsbewegungen, die ja den Individualismus erst ermöglicht, scheint in einem dezentrierten Geschichtsbewußtsein, in einer stärker reflektierten Aneignung von Traditionen aufzugehen und die Gestalt einer postnational erweiterten Identität anzunehmen. Diese Tendenzen sind in der Bundesrepublik mit der studentischen Kulturrevolution zum Durchbruch gekommen, und sie haben sich inzwischen in einem diffusen sozialen Milieu verbreitet, in einem veränderten, eher pessimistisch getönten Klima sogar verstärkt. Das ist Teil eines subkutanen, aber breitenwirksamen Einstellungswechsels, der sich unter der Decke der dreizehnjährigen sozialliberalen Koalition vollzogen hat – und vielleicht umso eher vollziehen konnte, weil die Regierung Brandt der 68er Bewegung ein relativ großes Verständnis entgegengebracht hat. Das muß man trotz des von Brandt mitgetragenen (und später von ihm bedauerten) Berufsverbotes einräumen.

BOLAFFI Läßt sich die antiautoritäre Bewegung als erster Vorschein einer nachtraditionalen Öffentlichkeit interpretieren?

HABERMAS Die studentische Protestszene hat in der Bundesrepublik den ersten Schub einer Fundamentalliberalisierung ausgelöst (Karl Mannheim hat einmal von Fundamentaldemokratisierung gesprochen). Ich meine den neuen Individualismus der Lebensstile, die sich an libertären Vorbildern orientieren, auch die neuen Formen autonomer Öffentlichkeit, in denen die Grenzen zwischen Demonstration und zivilem Ungehorsam, zwischen Diskussion, Festival und expressiver Selbstdarstellung verschwimmen. Darin sehe ich eine Langzeitwirkung der damaligen

Protestformen und dessen, was Marcuse damals schon eine »neue Sensibilität« genannt hat. Die gelockerten Parteibindungen in den Dienstleistungszentren, die den Wahlkampfstrategen heute Sorge machen, sind vielleicht auch nur ein Symptom davon, daß inzwischen immer mehr Leute den Gebrauchswert der Legitimitätsprinzipien rechtsstaatlicher Demokratie einklagen – sie wollen Demokratie in cash, in der baren Münze einer aktiven Nutzung von Freiheitsrechten, von politischer Teilhabe und individualisiertem Massenkonsum. Und das alles spielt sich ab in Sphären der Entdifferenzierung, wo sich alles mit allem berührt: die existentiellen Anliegen adoleszenter Kirchentagsbesucher mit dem vergnüglichen Hedonismus der Yuppies, die Lust an einer Politik der ersten Person mit dem Kalkül der Warenästhetik und dem Ernst von Informationen und Argumentationen, die aus aller Welt heranfluten und das nervöse Bewußtsein von Überkomplexität erzeugen.

BOLAFFI Läßt sich der optimistische »Subjektivismus« von Herbert Marcuse, der das allgemein Politische und das Persönliche in einem utopischen Begriff von (auch psychoanalytisch verstandener) Befreiung zusammenfließen sah, als angemessene Skizze der emanzipativen Potentiale der 68er Bewegung verstehen? Und welche Rolle spielte die Kritische Theorie überhaupt?

HABERMAS Marcuses sozialpsychologische Thesen haben sicher einen großen Einfluß auf das Selbstverständnis der revoltierenden Studenten von Berkeley und New York, Berlin und Frankfurt gehabt. Ich möchte Sie aber daran erinnern, daß der *One Dimensional Man*, der 1964 erschienen ist, ein abgrundtief pessimistisches Buch gewesen ist – nicht nur Ausdruck einer pessimistischen Stimmung, sondern (ganz auf der Traditionslinie der *Dialektik der Aufklärung*) negativistisch in den Grundannahmen. Marcuse selbst hat seine Situationseinschätzung erst unter dem Eindruck der Erfolge des civil-rights-movement und dann der amerikanischen Studentenbewegung revidiert. Die auf *Eros and Civilization* zurückgreifende Deutung der Revolte in abgewandelten psychoanalytischen Begriffen kam den Dispositionen einer von Haus aus, von den Sozialisationserfahrungen her gesehen, bürgerlichen Jugendbewegung entgegen. So hat Marcuse das Selbstverständnis der Aktivisten gewiß geprägt. Aber die gewisse Vermischung von Privatem und Politischem, die sich aus einer solchen sozialpsychologischen Perspektive ergab, mag der differenzierten Wahrnehmung einer komplizierten Realität nicht unbedingt förderlich gewesen sein. In Frankfurt war, über Krahl vermittelt, ein gegen seinen Willen radikalisierter Adorno einflußreicher als Marcuse. Und außerhalb von Berlin und Frankfurt, sozusagen an der deutschen Peripherie, mag auch *Erkenntnis und Interesse* eine Anregungsfunktion gehabt haben.

BOLAFFI Wo sehen Sie heute die entscheidenden Schranken des studentischen Protestes?

HABERMAS Nun, nachher ist man immer klüger. Aber auch damals habe ich gemeint (und gesagt), daß die blauäugige Verwendung des Revolutionsbegriffs und die Unterschätzung der demokratisch-rechtsstaatlichen Traditionen ein Unglück seien. Im übrigen hatte die Bewegung die typischen Schwächen einer Jugendbewegung – daraus haben sich andererseits ihre Dynamik und ihre Überzeugungskraft gespeist. Wer, wenn nicht die eigenen Kinder, bringen einen zum Nachdenken? Willy Brandts Politik damals ist ohne dieses Moment wohl nicht zu verstehen – und er steht für zahllose, erst ratlose, dann lernende Ältere. Leider ist unsere Universität aber auch voll von Leuten, die nichts gelernt und nur reagiert haben – with beans in their ears.

Wer die Augen nicht im Affekt verschließt, wird zugeben müssen: diese Revolte war für die politische Kultur der Bundesrepublik ein Einschnitt, in den heilsamen Folgen nur übertroffen von der Befreiung vom NS-Regime durch die Alliierten. Was 1945 für die Umwälzung unseres Verfassungszustandes bedeutet hat, bedeutet 1968 für einen aufgelockerten Zustand der politischen Kultur, für eine sich erst heute voll auswirkende Liberalisierung in den Lebens- und Umgangsformen. Wenn ich mich eines Bildes aus der kuriosen Debatte über die doppelte Null-Lösung bedienen darf: damals ist in die Legitimitätserwartungen der westdeutschen Bevölkerung eine Brandmauer eingezogen worden, die hoffentlich hält! Ohne den damals ausgelösten Einstellungsdruck hätten wir heute keine Grünen, keine scenes in den Großstädten, kein Bewußtsein davon, daß subkulturelle und ethnische Vielfalt unsere stromlinienförmige Kultur bereichert – wir hätten nicht das Maß an Urbanität, das sich allmählich herstellt, vermutlich hätten wir eine geringere Sensibilität der Regierenden gegenüber Stimmungslagen der Bevölkerung, vielleicht hätten wir in der CDU keinen sogenannten liberalen Flügel.

Interview mit Robert Maggiori

MAGGIORI Seit einigen Monaten erschüttert, angestoßen durch das Buch von Victor Farias, der »Fall Heidegger« die philosophische Welt. Ich möchte Sie nicht zu Ihrer Ansicht über Heideggers, sei es vorübergehende, sei es grundlegende Zustimmung zum Nationalsozialismus befragen. Dennoch: Wie beurteilen Sie die Tatsache, daß dieser »Fall« gerade in Frankreich solche Ausmaße angenommen hat?

HABERMAS Nach dem Buch von Farias, welches gewiß seine Schwächen hat, stellt sich erneut die Frage, ob zwischen der Philosophie Heideggers und Heideggers politischen Überzeugungen ein Zusammenhang besteht. Die legitime Unterscheidung zwischen Person und Werk darf nicht die Frage abschneiden, ob das Werk selbst durch das Eindringen weltanschaulicher Gehalte in seiner Substanz berührt worden ist. Die Antworten sind bisher sehr kontextabhängig ausgefallen. Das ist auch ganz verständlich. Für uns ist Heidegger beispielsweise auf eine ganz andere Weise Bestandteil der Nachkriegsgeschichte geworden als für die Franzosen. Heideggers Weigerung, sich nach 1945 von dem Regime öffentlich zu distanzieren, zu dem er sich 1933 auf so spektakuläre Weise bekannt hatte, vor allem sein beharrliches Schweigen zu Auschwitz waren eben symptomatisch für die Mentalität einer ganzen, die Adenauerzeit prägenden Generation. Andererseits war Heidegger bei uns kontinuierlich gegenwärtig. Deshalb konnten wir deutlicher als die Franzosen zwischen dem existentialontologischen Heidegger von *Sein und Zeit* und dem metaphysikkritischen Heidegger der Spätphilosophie unterscheiden. Wenn man von Sartre absieht und an Baufret und die Jüngeren denkt, hat die im Zeichen des Humanismusbriefes einsetzende Heidegger-Rezeption in Frankreich vielleicht auch zu perspektivischen Verzerrungen geführt: man hat die Selbststilisierung, mit der Heidegger nach 1945 den faschistischen Entstehungszusammenhang seiner Spätphilosophie vertuschen wollte, für bare Münze genommen. Tatsächlich setzte aber schon 1929 ein Prozeß der Verweltanschaulichung ein, der bis zum Ende des Krieges in die innersten Motive von Heideggers Vernunftkritik eingedrungen ist. Die tatsächliche Entwicklung wird groteskerweise auf den Kopf gestellt, wenn man Heideggers Option für den Faschismus darauf zurückführt, daß *Sein und Zeit* noch zu sehr im sogenannten metaphysischen Denken verwurzelt gewesen sei. In den dreißiger Jahren hat sich vielmehr der dubiose Zusammenhang zwischen Heideggers Einschätzung der NS-Bewegung und der seinsgeschichtlichen Deutung des Nihilismus vertieft. Und in gewisser Weise kann man mit Otto Pöggeler, einem durchaus loyalen Anhänger des Meisters, sagen, daß Heidegger bis zum Schluß aus dem Schatten des Nationalsozialismus nicht wieder herausgetreten ist. Erst wenn man dieser Wahrheit ins Auge sieht, wird man die bahnbrechende Bedeutung von *Sein und Zeit* richtig würdigen können. Die Apologeten tun Heidegger einen schlechten Dienst.

MAGGIORI Walter Benjamin sagte, ein Buch soll nicht seinen Autor vorstellen, sondern seinen »Stammbaum«. Welchen »Stammbaum« stellen Ihre Bücher vor? Welches sind die von Ihnen anerkannten »Verwandtschaftsverhältnisse«? Kant, der junge Hegel, Weber, Adorno, Morris und Austin auf der einen, Nietzsche, Heidegger, Foucault, Derrida, Gehlen auf der anderen Seite?

HABERMAS Man selbst ist am wenigsten in der Lage, auf eine solche Frage zu antworten. Ich bin als Schüler, noch vor aller Beschäftigung mit Philosophie, dem begegnet, was man uns 1945 in den Kinos an Dokumenten über die Vernichtungslager gezeigt hat und was man im Radio über den Nürnberger Prozeß hören konnte. Einige Jahre später, auf der Universität – ich habe 1949 mit dem Studium begonnen –, merkte ich dann erst nach und nach, wie unsere bedeutendsten intellektuellen Figuren (Heidegger, Gehlen, C. Schmitt, Benn und Ernst Jünger), sogar meine Doktorväter Rothacker und Oskar Becker, je auf ihre Weise in die NS-Bewegung verstrickt gewesen waren. Das mag erklären, warum damals für uns die deutschen Emigranten, die aus alledem moralisch unversehrt hervorgegangen waren, etwas intellektuell Rettendes hatten – zuerst Plessner und Löwith, dann Benjamin, Adorno und Horkheimer, schließlich Hannah Arendt und Scholem. Viele von ihnen habe ich noch kennengelernt, mit einigen, so mit Marcuse, war ich befreundet. Aber auch Freud, Wittgenstein, Popper und die logischen Positivisten hatten nach dem Kriege in Deutschland zum ersten Mal die Chance einer unvoreingenommenen Rezeption. Aus solchen biographischen Konstellationen bildet sich die Perspektive, aus der man sich Traditionen aneignet. Das war ein langer Lernprozeß, der im stickigen Adenauer-

Deutschland bis zum Ende der fünfziger Jahre dauerte. Vielleicht erklären sich daraus auch Vorbehalte, zum Beispiel gegenüber Nietzsche, den sich ja nicht nur Heidegger, sondern auch die offizielle NS-Ideologie zum Hausphilosophen erkoren hatte. Gegenüber Nietzsche haben meine französischen Kollegen sicher den freieren Blick.

MAGGIORI Leugnung der Autonomie des Subjekts, »Krise der Vernunft«, Bedeutungslosigkeit der Geschichtsphilosophien, die der Geschichte und den Gesellschaften eine interne (oder transzendente) Antriebskraft verliehen, mittels derer sie ihre Selbstverwirklichung anstreben konnten. Diese Themen haben in der Philosophie zu den von Paul Ricœur sogenannten »Schulen des Zweifels« geführt und, auf allgemeinerer Ebene, den modernen Skeptizismus hervorgebracht. Sie gehören nicht zu dieser Strömung...

HABERMAS In der Tat nicht.

MAGGIORI Man hat Ihnen sogar vorgeworfen, auf den Vernunftbegriff der Aufklärung zurückzugreifen. In der *Theorie des kommunikativen Handelns* führen Sie eine »Vernunft« ein, die Ihrer Überzeugung nach der alltäglichen Kommunikationspraxis inhärent ist, eine »kommunikative Vernunft«. Sie untersuchen die Bedingungen der Möglichkeit einer gesellschaftlichen Interaktion, einer rationalen, weil kommunikativen Interaktion. Anders formuliert: Sie sind der Überzeugung, daß durch den Austausch von Argumenten im auf Verständigung ausgerichteten Diskurs eine »zwanglose Übereinkunft« der Individuen erreicht werden kann und diese Übereinkunft in die ganze Gesellschaft ausstrahlen kann. Die Wahrheit bestünde demnach in einem, wörtlich verstandenen »Wahr-Sagen«. Ausgehend hiervon zwei Fragen: Ich habe Ihre Theorie stark vereinfacht, aber glauben Sie nicht, daß in ihr selbst die Gefahr der Vereinfachung angelegt ist, und zwar in dem Sinne, als sie die Behauptung zuläßt, alle Probleme ließen sich lösen, wenn, statt wie bei Leibniz »gerechnet«, »diskutiert« wird? Unterstellt, darüber hinaus, Ihre Theorie nicht ein wenig zu naiv, die Diskurse seien auf »Verständigung« ausgerichtet, obwohl sie doch meistens reine Strategien darstellen, mit dem Ziel der Beherrschung, der Überlistung, der »Rentabilität«, der Macht?

HABERMAS Ich bin immer wieder erstaunt über solche Fragen. Bedenken Sie doch, daß ich sozusagen von der hegelmarxistischen Traditionslinie abstamme, deren Ideologiekritik geradezu das Modell für eine »Hermeneutik des Verdachts« bietet. Deshalb bin ich immer von der Tatsache einer strukturellen Vermachtung und Entfremdung ausgegangen, auch von jenen singulären Barbareien unseres Jahrhunderts, gegen die sich Horkheimer und Adorno mit der *Dialektik der Aufklärung* gerichtet haben. Diese Tatsachen liegen vor aller Augen. Ohne diesen Anstoß wäre gar nicht zu verstehen, warum ich mich verzweifelt anstrenge, in der kommunikativen Alltagspraxis, letztlich in der dialogischen Struktur der Umgangssprache einen beharrlichen Funken von Vernunft aufzuspüren.

Schon die ältere Generation der Frankfurter Theoretiker wollte nicht so sehr die Krisen des entwickelten Kapitalismus, sondern die erstaunliche Stabilität dieses von Marx totgesagten Systems erklären. Schon sie haben vornehmlich Phänomene der Kultur und der Sozialisation untersucht, um zu erklären, warum Gesellschaften unseres Typs, obwohl sie in ihnen nur eine zur Totalität aufgespreizte instrumentelle Vernunft am Werk sahen, nicht zusammenbrechen.

Diese Perspektive brauchte sich in den fünfziger Jahren, als wir allmählich aus dem Horizont von Faschismus und Stalinismus heraustraten, nur um Weniges zu verschieben, um das Problem hervortreten zu lassen, das mich dann beschäftigt hat: die Gesellschaft würde sich gar nicht als negative Totalität (Adorno) oder als Struktur gewordener Nihilismus (Heidegger) oder als kontingentes Auf und Ab opaker Macht- und Wissensdiskurse (Foucault) entlarven lassen, wenn sich nicht in ihrem Innersten, zusammen mit der entstellenden Gewalt, auch immer wieder ein Versprechen auf *zwanglose* Einigung reproduzierte. Sonst bliebe die Kritik ortlos, sie hätte nichts mehr, woran sie anknüpfen könnte – sonst fehlten eine Erinnerung und eine Antriebskraft, von denen die Kritik selber zehren muß.

Daß ich diesen Funken einer beinah verglühten Vernunft in der Solidarität einer letztlich immer auch auf Verständigung angewiesenen Alltagspraxis suche, mag durch die erwähnten biographischen Erfahrungen inspiriert sein: durch die universale Entwürdigung und Beleidigung, die die Nazis allem, was Menschenantlitz trägt, angetan haben – aber ebenso durch die Erfahrung, daß nach alledem auf demselben Boden, nämlich in der Bundesrepublik, doch auch etwas *besser* geworden ist. Der moralische Universalismus ist gewiß sehr unvollkommen in den Institutionen des

Rechtsstaats und der Demokratie verkörpert; wie sehr er auch in unserer politischen Kultur zum Lippendienst verkommen sein mag, noch als bloßer Lippendienst ist er ein folgenreiches Faktum. Die Anerkennung von Prinzipien eines aufgeklärten Umgangs miteinander, das freie Spiel der modernen Kunst, die wachsende Individualisierung der Lebensstile machen doch im Vergleich mit damals einen Unterschied ums Ganze.

In Deutschland haben wir die Kritik an der Aufklärung und an den Idealen der Französischen Revolution fast zweihundert Jahre lang kultiviert: den falschen Gestus nachgeahmter Substantialität, den Bildungsdünkel auf einen privilegierten Zugang zur Wahrheit, die Verachtung von common sense, öffentlicher Argumentation, von Kompromiß und Verständigung. Die praktische Umsetzung dieser Vorurteile *war* der Faschismus. Was liegt also näher als der Versuch, die Einsichten von Kant, Hegel und Marx mit den Einsichten von Thomas Paine, von Peirce, Mead und Dewey zu verbinden? Diese Intention kann man in der Theorie des kommunikativen Handelns auch entdecken, wenn man sich nicht darauf beschränkt, einzelne Worte und Begriffe herauszunehmen und zu ridikülisieren.

MAGGIORI Die Begriffe Ihrer Theorie der Kommunikation dienen, nach Ihrer eigenen Aussage, zur Entwicklung einer Theorie der »Moderne«, die die notwendige Trennschärfe besitzt, um die gesellschaftlichen Pathologien zu analysieren, also das, was Marx unter Entfremdung verstanden hatte. Es ist in diesem Zusammenhang nicht verwunderlich, daß Sie an jenem, von manchen als überholt angesehenen Begriff der »Emanzipation« festhalten. Worin bestehen für Sie in unseren gegenwärtigen Gesellschaften die Emanzipationsmöglichkeiten?

HABERMAS Diese Zeitung trägt den Titel *Libération,* und Sartre wußte ebenso wie Marcuse, was sie darunter zu verstehen hatten. Das Wort »Emanzipation« wird ja nach wie vor gebraucht, zum Beispiel für nationale Befreiungsbewegungen oder für den Feminismus. Gewiß sieht man heute die Dialektik solcher Unabhängigkeitsbewegungen schärfer. Man weiß, daß die Prozesse der Entkolonialisierung nach dem Zweiten Weltkrieg die alten ökonomischen und politischen Abhängigkeiten nur in neuer Gestalt reproduziert haben. Man weiß, daß die weniger dramatischen Schritte auf dem Wege zur rechtlichen und sozialen Gleichberechtigung der Frauen nur sublimere Belastungen zur Folge hatten. Es ist auch gewiß notwendig, diese Dialektik der Befreiung unter dem Mikroskop einer von Foucault belehrten Diskursanalyse bis in die Kapillaren des täglichen Kommunikationskreislaufes hinein zu verfolgen und zu denunzieren. Aber ist diese berechtigte Skepsis ein hinreichender Grund dafür, die Ziele der Emanzipationsbewegungen als solche zu revozieren? Gibt es eine Alternative zur Durchsetzung des radikalen Gleichheitsprinzips, das ja keineswegs per se Ideologie ist, sondern jeder ernsthaften Kritik an den nichtbeabsichtigten Folgen der Emanzipation selber zugrunde liegt? Foucault ist in seinen Analysen unerbittlicher und konsequenter gewesen als beispielsweise Aron; aber er hat sich nicht eingestanden, daß sein moralisches Pathos von den gleichen Quellen zehrte wie das ideologisch mißbrauchte Pathos der Aufklärung, der liberalen, der demokratischen und der sozialistischen Traditionen.

Sie fragen nach den Möglichkeiten der Emanzipation heute. Man muß den utopischen Gehalt des Verfahrens radikaldemokratischer Willensbildung von den Fassaden unserer neonbeleuchteten Massendemokratien lösen, dann sieht man zumindest die Ambivalenz der Entwicklungstendenzen. Diese weisen eben *auch* in die Richtung eines dezentrierten Netzwerkes autonomer Öffentlichkeiten, einer Vielfalt individualisierter Lebensstile und subkultureller Lebensformen, einer latent sich ausbreitenden Kritikbereitschaft dissentierender Gruppen, also in die Richtung eines radikalen Pluralismus. Gleichzeitig wachsen Ethnozentismus und Intoleranz, Fremdenhaß, Aggressivität gegen alles Abweichende, die Bereitschaft zur nationalistischen Regression.

Emanzipieren müssen wir uns von der Vorstellung, daß die Ausgrenzung von 10% Arbeitslosen etwas Normales ist, daß der internationale Waffenhandel etwas Normales ist, daß die Diskriminierung von Türken und Algeriern etwas Normales ist, daß der Appell an den Patriotismus des 19. Jahrhunderts, daß die Verelendung in der Dritten Welt, der Hunger in der Sahel-Zone und der Rassismus in Südafrika etwas Normales sind. Wir müssen uns davon emanzipieren, daß die Verbindung einer obsolet gewordenen Souveränität mit der Schubkraft der atomaren Rüstung etwas Normales ist. Statt die Ideale des 18. Jahrhunderts, also der Französischen Revolution, auf die modische Weise zu demontieren, sollten wir eher versuchen, sie im Bewußtsein einer gewiß gefährlichen Dialektik der Aufklärung zu realisieren.

MAGGIORI Kann man die »Moderne« mit einigen Worten kennzeichnen?

HABERMAS Im Deutschen Idealismus und bei Marx galten Selbstbewußtsein, Selbstbestimmung und Selbstverwirklichung als die Begriffe, in denen sich der normative Gehalt der Moderne zusammenfaßte. Der Sinn der Vorsilbe »Selbst« ist allerdings im Zuge eines possessiven Individualismus und im Zeichen von schierer Subjektivität von Anfang an entstellt worden. Wir müssen diesem »Selbst« seinen intersubjektiven Sinn zurückgeben. Niemand kann für sich alleine frei sein, niemand ohne den Zusammenhang mit anderen ein bewußtes Leben führen, nicht einmal sein *eigenes* Leben führen. Niemand ist ein Subjekt, das nur sich selber gehört. Der normative Gehalt der Moderne läßt sich nur in seiner intersubjektivistischen Lesart entziffern. Wenn wir ihn im Lichte dieser Intuition aneignen und radikalisieren, brauchen wir uns von einer kurzschlüssigen und sich selbst dementierenden Vernunftkritik, die das Kind mit dem Bade ausschüttet, nicht länger entmutigen zu lassen.

MAGGIORI In dem Teil des *Philosophischen Diskurses der Moderne,* den Sie der Lektüre von Foucault widmen, heben Sie die Art hervor, in dem das »Foucaultsche System« jedes Wissen in Macht transformiert, eine Welt entwirft, in der das Subjekt, gefangen im System totaler Überwachung, über keine Möglichkeit mehr verfügt, autonom zu handeln, kurz: die Weise, in der dieses System alle sozialen Beziehungen »entsubjektiviert«. Nun fügen Sie in einer Fußnote hinzu, daß Sie die beiden letzten wichtigen Texte von Foucault, *Der Gebrauch der Lüste* und *Die Sorge um sich,* nicht mehr berücksichtigen konnten. Diese Texte modifizieren jedoch die Art und Weise, in der Foucault das »Subjekt« verstand. Führen sie Sie auch dazu, Ihre Kritik zu korrigieren oder zu verändern?

HABERMAS Ich denke, ja. Allerdings glaube ich nicht, daß der ästhetische Existenzentwurf Foucaults letztes Wort geblieben wäre.

MAGGIORI Man hat gesagt, ein Philosoph versuche während seines ganzen Lebens nur eine einzige Sache auszudrücken. Welche »Sache« wollen Sie ausdrücken?

HABERMAS Daß jeder wahre Philosoph in seinem Leben nur einen einzigen Gedanken verfolge – das ist einer dieser prätentiösen Sätze von Heidegger. Seien Sie mir nicht böse, ich möchte mich auf bestimmte elitäre Gesten des Denkens gar nicht erst einlassen. Auch in dieser Hinsicht kann man vom Pragmatismus lernen.

MAGGIORI Die Studentenbewegung, die »Grünen«, die Auseinandersetzung um die »revisionistischen« Historiker… Sie haben stets in politische Debatten eingegriffen und gelten daher in Deutschland teilweise als das »linke Gewissen«. In welchem Sinne – in dem Sartres, Foucaults oder jemand anderes – begreifen Sie das »Engagement« der Intellektuellen?

HABERMAS Die Rolle des Intellektuellen hat sich in Deutschland eigentlich erst nach dem Zweiten Weltkrieg durchgesetzt. Gemessen an der Dreyfus-Affaire bedeutet das eine Verzögerung von zwei Generationen. Wir können schon zufrieden sein, wenn sich bei uns mehr oder weniger das Sartresche Selbstverständnis des »allgemeinen Intellektuellen« (Foucault) verbreitet.

MAGGIORI Gestatten Sie eine »Konsultationsfrage«: Böse Zungen behaupten, daß die französische philosophische Landschaft nach dem Tode von Sartre, Lacan, Jankélévitch, Foucault, Barthes, Châtelet und Aron möglicherweise verödet. Welches ist Ihre Meinung? Im übrigen: Warum finden die Arbeiten von Gilles Deleuze in Ihren eigenen Arbeiten so wenig Platz?

HABERMAS Man kann nicht alles lesen. In Paris wechseln die Moden ja sehr schnell. Wenn man statt dessen auf die »langen Rhythmen« blickt, sieht man keine Verödung. Es gibt doch viele Kollegen, die hartnäckig und über Jahrzehnte ihre Arbeit fortführen: beispielsweise Paul Ricœur und Castoriadis, Pierre Bourdieu, Touraine und viele andere.

MAGGIORI Zum Abschluß: Man hat den Eindruck, daß Sie ständig mit der Lehre und dem Schreiben beschäftigt sind. Was bereitet Ihnen darüber hinaus Freude? Worüber, zum Beispiel, lachen Sie?

HABERMAS Vor einigen Jahren hatten wir an unserem Institut für mehrere Monate einen Chinesen zu Gast. Er wollte meine Theorie kennenlernen. Er mag auch in meinen Büchern gelesen haben, aber vor allem wollte er wissen, wie ich von morgens bis abends lebe. Ich weiß nicht mehr, ob ich gelacht oder nur gelächelt habe. Der Kollege fragte mich nach dem Tagesablauf, wann ich aufstehe, esse, am Schreibtisch oder im Garten arbeite, spazierengehe usw. Das ist wohl ein chinesischer Blick auf die Dinge. In Europa genügt es doch, ein Interview zu geben. Aus dem *Habitus* der Antworten lernt man dann alles, was man von der Person wissen muß.

3. Jahresringe

Die Jahresringe eines Baumes sieht man erst, wenn er gefällt ist. Im Längsschnitt unserer Lebensgeschichten setzen sie sich gleichsam an der Rinde ab. Wenn die eigene Kohorte älter wird, mehren sich die Daten, die uns diese Jahresringe schärfer beobachten lassen: der 70. Geburtstag von Margarete Mitscherlich (den Brief an sie habe ich zusammen mit Ute Habermas-Wesselhoeft geschrieben), die 60. Geburtstage von Günther Busch, Siegfried Unseld und Rudolf Wiethölter und die Verleihung des Sigmund-Freud-Preises an Ralf Dahrendorf. Ich gebe diese kleinen Texte in der zeitlichen Reihenfolge ihrer Anlässe wieder.

Bewegung ist alles, ist Leben!

Lieber Siegfried,
  Du hast oft über die Beziehung zwischen Autor und Verleger nachgedacht, Du hast sie anhand berühmter Beispiele studiert, hast darüber geschrieben. Ein Talent zum Masochismus wird Dir niemand nachsagen, aber Du bist Verleger genug, um dieses prekäre Verhältnis immer zuerst aus dem Blickwinkel des Autors darzustellen – und nur behutsam, auf indirekte Weise, beim Leser Sympathien für den gebeutelten Verleger einzutreiben. Es ist keine demütigende, aber eine demütige Rolle, in die Du den Verleger einweist. Gerne erinnerst Du Dich an »die turmhohe Achtung gegenüber der schöpferischen Persönlichkeit«, die Suhrkamp seinen Lektoren im Umgang mit den Autoren anempfohlen habe. Damit begründest Du auch »die Treue des Verlegers zu seinen Autoren« als oberste Tugend im Verlagsgeschäft.
  Wer das nur für offizielle Rhetorik hält, kennt Dich schlecht – für einen engeren Kreis bist Du tatsächlich dieser Verleger der Autoren. Erst in zweiter Linie bist Du ein Verleger für Buchhändler, und vielleicht allzuwenig einer für Lektoren. Dafür, daß Du der Verleger Deiner Autoren bist, gibt es einen einfachen Beweis. Wärest Du das nicht – nicht der Loyalitätskünstler und Vertrauensjongleur, der inmitten einer Horde von egozentrisch rangelnden Daueradoleszenten eine unmögliche Balance hält, der in jedem von ihnen das Bewußtsein privilegierter Freundschaft, privilegierter Förderung, privilegierter geschäftlicher Beziehungen wachhält und gleichzeitig in allen genau diesen, stets virulenten Verdacht erstickt; wärest Du nicht dieser kalkulierende Traumtänzer, der die unvereinbaren Intimitäten zusammenhalten kann wie ein Analytiker, weil er *tatsächlich* immun ist gegen die Versuchung der Illoyalität, dann bliebe die tiefe Genugtuung unverständlich, mit der Du, immer wieder einmal, die Geschichte vom Verleger Wilhelm Friedrich zelebrierst: »Friedrich hatte 15 Jahre lang Literatur verlegt, das ganze ›Jüngste Deutschland‹, die ›Realisten‹, in 15 Jahren 1000 literarische Werke; er war es, der der deutschen Literatur kämpferischen Schwung gab, aber scheiterte, weil er zuletzt, noch nicht 45jährig, den dauernden Kämpfen, den diese seine Autoren untereinander ausfochten, nicht mehr gewachsen war; er

bezahlte die Schulden Liliencrons, bezahlte das Begräbnis von Hermann Conradi, bezahlte die Geldstrafen für seine Autoren in dem berühmten Realisten-Prozeß. Er gab 1895 seinen Verlag auf.« Und nach einer Kunstpause zitierst Du dann genüßlich Walter Hasenclever: »Und seine Autoren verschollen in Vergänglichkeit.«

Der 60. Geburtstag des Verlegers ist ein schöner Anlaß, damit sich auch einmal die Autoren in der Tugend der »Perspektivenübernahme« üben – wer möchte sich dieser Anregung entziehen?

Natürlich schriebe ich lieber einen Brief an Lord Liszt und teilte ihm, dem Jüngeren, wenn auch seinerseits schon von noch Jüngeren Bedrängten, aus meiner zwanzigjährigen Erfahrung schöpfend mit, wie man auf Thieles Signale achten müsse – auf seine Telephonanrufe beispielsweise, an Silvesterabenden mit der Uhr in der Hand. Aber diese ausbaufähigen Ansätze sind nicht gefragt. Sonst könnte man – untereinander – etwa auf den Verleger in seiner Rolle als Autor zu sprechen kommen. Solange er über Hermann Hesse schrieb, Dissertationsgedanken fortspinnend, hielt sich ja die Entdifferenzierung von Verleger- und Autorenrolle in Grenzen. Aber dann dieser veritable germanistische Text zu Goethes Iste, gar literatursoziologische Vorlesungen zu Brecht, Rilke und Robert Walser, in mehrere Sprachen übersetzt – das rückt doch den Verleger in bedenkliche Nähe zur Konkurrenz mit den Autoren des eigenen (bislang von Germanistischem freilich entblößtem) Wissenschaftsverlag. Als bliebe es in diesen stilleren wissenschaftlichen Sektoren des Verlages unbemerkt, daß der Verleger seine *belletristischen* Versuche keineswegs im nichtwissenschaftlichen Bereich so freimütig der Konkurrenz aussetzt, sondern vorerst nur Privatdrucken anvertraut. An den Herzen derer, die Zubringerdienste leisten zur Suhrkamp-Wissenschaft, nagt der Zweifel, ob die turmhohe Achtung vor der schöpferischen Persönlichkeit nicht doch erst bei literarischen Autoren beginnt – oder bei denen, mit denen der Verleger so umgeht, als seien sie es.

Ich sehe mich abgleiten in eines dieser endlosen Gespräche über den Verleger, in eines dieser verbrüdernden Gespräche gegen den Verleger, die stattfinden, wo immer sich zwei Autoren des Verlages begegnen. Gefragt ist aber, wenn ich richtig verstehe, der Mut zum Gespräch mit dem Verleger über ihn als Verleger.

Da fällt mir, lieber Siegfried, in unserer Beziehung etwas auf, was man eine Implosion nennen könnte: das Weichwerden und Einstürzen von Kategorien, auf deren Kanten wir uns sonst unbesorgt stützen. Seit Deinem ersten Besuch, damals an einem noch winterlichen Frühlingsnachmittag in Handschuhsheim, passiert es immer wieder: daß da eine gewisse Sphärentrennung nicht mehr funktioniert, daß Dinge durcheinandergeraten, die wir auseinanderzuhalten gewohnt sind, daß Freundschaft, Produktion und Absatz, Geselliges und Geschäftliches, Privates und Berufliches wie in prästabilierter Harmonie ineinandergreifen. Wie jenen ersten freundschaftlichen Nachmittag – aus dem übrigens die Theorie-Reihe hervorging – haben wir viele freundschaftliche, private, vergnügte und im übrigen verlagssyntone Abende miteinander verbracht. Dir war jeder Anlaß recht, ob nun ein 50. Geburtstag oder ein Silvesterabend, auch jeder Ort, ob nun Neu-Isenburg, Nußdorf oder Starnberg, um Deine Pläne, wenn die Stimmung am vergnügtesten war, an den Mann zu bringen: eine neue Taschenbuchreihe, eine Benjamin-Konferenz, eine Rede zu Scholems 80. in Jerusalem oder das Weiße Programm Wissenschaft.

Leben, um zu arbeiten – das kam mir als ein Titel in den Sinn, als ich zu diesen Zeilen ansetzte. Leben, um zu arbeiten?

Diese Formel, für die Berufsethik des frühkapitalistischen Unternehmers erfunden, ist von den Frühsozialisten auf den 16-Stundentag des Arbeiters gemünzt und polemisch umfunktioniert worden. Bataille hat dann sogar den Refrain, auf den der Vers hinauslaufen sollte – Arbeiten, um zu leben –, in Frage gestellt: *nur* in der *unproduktiven* Verausgabung der Kräfte und des Reichtums soll sich das souveräne Wesen des Menschen manifestieren. Auf der Suche nach Quellen für diesen Topos bin ich schließlich bei Fourier auf eine Überlegung gestoßen, die mich vollends daran zweifeln machte, daß sich Dein implosiver Bewegungsstil im Begriffspaar »Arbeit« und »Leben« unterbringen läßt.

Fourier hatte ja, unbeirrt vom Bilderverbot, ziemlich konkrete Vorstellungen über das Leben in der Neuen Welt der Phalanstère. Dort wird es eine Glücksbörse geben, wo allabendlich die Vergnügungen des nächsten Tages ausgelost werden: auch das individuelle Glück wird gesellschaftlich konstruiert. Für eine Stunde am Tag hat jeder ein Anrecht auf eine Glückssträhne, die aus sieben Vergnügungen besteht, ungefähr so: »Leander war erfolgreich bei der Frau, die er umworben hatte. Das ist ein zusammengesetztes, gleichermaßen sinnliches und seelisches Vergnügen. Sie gibt ihm gleich darauf die Beförderungsurkunde zu einer lukrativen Stellung, die sie ihm verschafft hat: zweites Vergnügen. Eine Viertelstunde später führt sie ihn in den Salon, wo er glückliche Überraschungen erfährt: er begegnet einem Freund, den er tot geglaubt hatte: drittes Vergnügen. Wenig später trifft ein berühmter Mann ein, Buffon oder Corneille, den Leander seit langem schon hatte kennenlernen wollen und der zum Diner bleibt: viertes Vergnügen. Folgt eine erlesene Mahlzeit: fünftes Vergnügen. Leander befindet sich dabei an der Seite eines mächtigen Mannes, der sich bereit erklärt, ihm mit einem Kredit zu helfen: sechstes Vergnügen. Während der Mahlzeit schließlich wird ihm die Nachricht überbracht, daß er einen Prozeß gewonnen hat: siebtes Vergnügen.« (Ch. Fourier, *Theorie der vier Bewegungen*, Frankfurt/M. 1966, Einl. S. 36)

Wenn das das Leben ist, das für die Mühen der Arbeit entschädigt, Fourier hätte Dich, lieber Siegfried, für einen Glückspilz halten müssen, der vor lauter Leben nicht zum Arbeiten kommt. An dieser Stelle hat sich mir, wie Du verstehen wirst, der Schluß aufgedrängt, daß sich Dein Fall den Kategorien des frühen Sozialismus nicht weniger entzieht als denen des frühen Kapitalismus. Man muß eine komplexe Persönlichkeit aus sich selber verstehen – und Du selbst lieferst ja das entschlüsselnde Wort, das nun »Leben, um zu arbeiten« aus dem Motto verdrängt hat. Du selbst gibst es in Deinem Privatdruck preis, in der Schilderung jener dramatischen Episode, als der Skifahrer im Sturm Sicht und Übersicht verliert, sich verirrt, hüfttief im Schnee versinkt und dann, wie im Reflex, der Stimme gehorcht: »Bewegung ist alles, ist Leben. Hinlegen – der klare Tod.«

Es ist dieser Reflex, dieser Bewegungsreflex, dieses unwiderstehliche Ineinssetzen von Bewegung und Leben, was den Stil Deines Lebens, wenn man das sagen darf, so unnachahmlich macht. Diesen Reflex erkenne ich auch in jenem Gedankensprung, den Du immer wieder machst – zuerst in einem Gespräch mit mir, das seine Spuren in der Festschrift für Willy Fleckhaus hinterlassen hat, zuletzt noch am Abend der Adorno-Konferenz in der Siesmayerstraße. Du beziehst Dich bei diesen Gelegenheiten auf Adornos Satz: »Es gibt kein richtiges Leben im falschen.« In den *Minima Moralia* steht der Satz am Ende der Reflexion über ein »Asyl für Obdachlose«, die das christliche Motiv des semper peregrinus variiert, also die Unmöglichkeit, sich auf dieser Erde, in dieser Gesellschaft auf Dauer einzurichten: »eigentlich kann man überhaupt nicht mehr wohnen.« Natürlich reicht die Bedeutung jenes Satzes über seinen unmittelbaren Kontext (mit seinen neckischen, schon postmodern klingenden Anmerkungen zur funktionalistischen Architektur) hinaus: das Ganze, sei's die kapitalistisch verhexte Gesellschaft oder das systematisch verhexte Denken, ist das Unwahre, das jedes seiner Elemente zeichnet. Es gibt gewiß gute Gründe, sich mit dieser These nicht wie mit Gottes Wort abzufinden und genau so zu reagieren, wie Du es tust: »Was ist das Ganze, auf das sich das Richtige oder Falsche bezieht? Die Frage kann nicht entschieden sein!« Aber damit nicht genug – Dein lebenspositiver Bewegungsreflex läßt Dich nicht ruhen; er treibt Dich über die Unentschiedenheit hinaus, stachelt Dich auf zu Protest und Bekenntnis: »Es gibt kein falsches Leben im richtigen.« (S. Unseld, *Der Marienbader Korb.* Hamburg 1976, S. 98)

In der Hoffnung, daß dieser gedankensprengende Impuls den Autoren auch weiterhin zugute kommt, wünscht Dir Glück fürs nächste Jahrzehnt

Jürgen

Parteinehmendes analytisches Denken

Liebe Margarete,

trotz ihrer unbarmherzig-gleichgültigen Konventionalität und Zufälligkeit sind es dann doch die vom Kalender diktierten Einschnitte, die den immer stärker beschleunigten Rhythmus der Jahre und der Jahrzehnte für kurze Momente unterbrechen. Haben wir nicht soeben noch Alexanders 70. Geburtstag in St. Gallen, in einem großen, weitgeöffneten Kreis gefeiert? Nun steht wieder ein Tag bevor, der zu einem Augenblick des erinnernden Innehaltens auffordert.

Wir haben Dich damals, vor 25 Jahren in Heidelberg, zuerst im Zusammensein mit Alexander kennengelernt. In dieser komplexen, spannungsreichen, vitalen und immer wieder strahlenden, ausstrahlenden Beziehung schien alles gebündelt zu sein, was Euch vorantrieb und interessierte. Ihr beide wart, mit Euren Gesten, Blicken, ritualisierten Kämpfen und Diskussionen ein unwiderstehliches Paar. Niemals wieder haben wir lebhafter empfunden, was Interesse heißt: Dazwischensein, und Initiative: Anstoßgeben. Mathias und die gemeinsame Arbeit in der Klinik; Freud als Provokation, als überwältigend gegenwärtiger Klassiker, als fortgesetzter Prozeß der Aneignung, als Mission; ein gesellschaftliches, offenes, intellektuelles Haus von großbürgerlichem Lebensstil; das weit gespannte Netz der professionell-freundschaftlichen Kontakte mit den Lehrern und Kollegen aus der Schweiz, aus Holland, aus London, New York und Kalifornien – in diesem Kontext haben wir Euch kennengelernt.

Alexander hatte seine Wurzeln immer noch in der heimischen psychosomatischen Medizin; auch sah er sich unruhig und neugierig in der Kulturanthropologie um, in der Ethologie, in Sozialisationsforschung und Familiensoziologie. Aber Du warst es, Margarete, die aus London, aus der Erfahrung einer großen Analyse, aus dem Geist der heroischen Anfänge, aus der Begegnung mit Anna Freud, Paula Heimann und Melanie Klein einen authentischen Freud mitgebracht hatte. Jedenfalls bot sich uns, aus der Entfernung, dieses Bild: Als erste initiiert, warst Du die Autorität in Fragen der Textauslegung, der analytischen Praxis und beim Ausbau eines psychoanalytischen Ausbildungssystems in der Bundesrepublik. Du warst mit der neuen Lehre identifiziert, Du warst anerkannt als die Expertin. In Sachen psychoanalytischer Theorie hat Alexander bis zuletzt jeden seiner Gedanken an Deinem Widerspruch getestet. Ebenso hat jene erste Generation von Psychoanalytikern, die aus der Heidelberger Klinik hervorgegangen ist, von Deinem Eifer, Deinem Engagement, Deiner Kenntnis gezehrt. In Heidelberg hat sich die geistige Infrastruktur herausgebildet, die sich erst in Frankfurt (nach einer Übersiedlung, die Dir schwerfiel) einer größeren Öffentlichkeit darbot. Hier ging die Heidelberger Saat im Boden eines breiteren Kommunikationszusammenhangs auf, nämlich in dem einzigartigen Zusammenspiel von *Psyche*, Ausbildung, institutionalisierter Forschung, Professionspolitik, ausgreifender Publizistik und großangelegten Konferenzen. Damals kamen Paula Heimann, René Spitz und immer wieder die alten Freunde: Jeanne Lampl de Groot, Fritz Redlich, die Loewenfelds, Thure von Uexküll und Paul Parin.

Liebe Margarete, Du bist uns nie als Analytikerin begegnet. Wir haben nur sehen können, daß auch ein Analytiker abends aufatmet, wenn sich die Anspannung der Gespräche mit den Patienten gelockert hat. Vor allem haben wir gesehen, daß Leidenschaft für die Therapie, daß lebenslange kritische Auseinandersetzung mit der analytischen Theorie nicht davor bewahren, immer wieder selbst in den Sog schmerzender Konflikte und verletzender Konstellationen hineinzugeraten. Du hast Dich gegen die Verwundungen eines offensiv gelebten Lebens nicht immun machen können. Du hast am meisten gelitten in den Jahren, die einen kränker werdenden Alexander Schritt für Schritt von der aktiven Berufsarbeit, von der politischen Öffentlichkeit, vom intellektuellen Mittun, von Eurer Kooperation entfremdet haben. Anderes, wie der Abschied vom Institut, kam hinzu. Diese Jahre der Lösung, der Ablösung von vielem, woraus Du bis dahin gelebt hattest, liegen jetzt hinter Dir. Wenn irgend etwas Bewunderung verdient, dann der Umstand, wie Du in diesem letzten Jahrzehnt noch mehr Du selber geworden bist, wie Du Altes, nun ganz aus eigener Kraft, fortgesetzt und Neues begonnen hast.

Zusammen mit Alexander hattest Du die Studie über *Die Unfähigkeit zu trauern* zu einer Stunde veröffentlicht, als die Nervenstränge der politischen Kultur dieses Landes durch kein anderes Buch deutlicher und heilsamer hätten erregt werden können. Du hast Dir diese Sensibilität fürs Zeitdiagnostische nicht nur bewahrt;

inzwischen lebst Du so sehr aus Deiner Zeitgenossenschaft, daß Du immer wieder auf Themen der Stunde reagierst – auf eine nicht zu bewältigende Schuldfrage, auf den Antisemitismus und die Behandlung der Asylanten, auf die neurotischen Muster der Rüstungspolitik. Du schreibst und intervenierst zornig und aufklärend, parteinehmend und analytisch, aber nie Angst machend, immer auf der Hut vor den falschen Idealisierungen, immer auf den Spuren der Vergangenheit in der Gegenwart.

Du hast Dich schon früh mit der Psychoanalyse der Weiblichkeit befaßt, mit Freuds Frauenbild und der Rolle des Penis-Neides. Du hast von Simone de Beauvoir gelernt, standest in enger Verbindung mit Alice Schwarzer, hast Deine eigenen biographischen Erfahrungen verarbeitet. Aber dieses analytische Interesse hast Du inzwischen so wirkungsvoll in ein öffentliches Engagement verwandelt und in eine publizistische Ermutigungsarbeit umgesetzt, daß Du mit Deinem Auftreten und Deiner Person für eine ganze Generation jüngerer Frauen zum Vorbild geworden bist.

Du hast Dich von Anbeginn dafür eingesetzt, daß die Psychoanalyse als Beruf auch in Deutschland institutionalisiert wurde. Du hast Dich dann eine Weile im Zentrum der Macht eines stark ritualisierten und wenig transparenten Ausbildungssystems aufgehalten. Auch aus dieser Rolle hast Du Dich gelöst, nicht frei von Affekten und vielleicht sogar ein wenig ungerecht gegen das Produkt Deiner eigenen Arbeit. Die fällige Kritik an den Erstarrungen der institutionalisierten Psychoanalyse hat auch etwas von der Schonungslosigkeit einer Selbstkritik. Dabei fürchtest Du den Beifall falscher Freunde nicht: Für die ignoranten Verächter der Psychoanalyse hast Du stets nur Verachtung übrig gehabt.

Du bist, liebe Margarete, eine streitbare Intellektuelle, das sehen heute alle; wenige sehen die massiven Kränkungen, die Du dafür in Kauf nehmen mußt. Die Häme von *Nationalzeitung* und *Bild* gereicht Dir zur Ehre. Du bist mit einer deutschen Mutter und einem dänischen Vater aufgewachsen, mal jenseits, mal diesseits der dänisch-deutschen Grenze. Das hat Dich vor dem deutschen Mief bewahrt, vor einem Milieu, dessen vorurteilsbeladene Enge unsere Blicke arretiert und die Gefühle lähmt. Nichts regt Dich mehr auf als Deutsch-Provinzielles, mangelnder Kosmopolitismus, bodenständige Borniertheit, fehlende Zivilisation. Deine Einstellung gegenüber Deutschland ist, so haben wir es uns zurechtgelegt, durch die doppelte Nationalität des Elternhauses und durch die Ambivalenzen der Eltern mitgeprägt. Obgleich schon als Schülerin gegen die NS-Umgebung sensibilisiert, mit ihr konfrontiert, von ihr abgeschreckt und verfolgt – das Gegenbild des zivilen und zivilisierten, des zivilcouragierten Dänen stets vor Augen –, bist Du doch auf das Schmerzlichste identifiziert mit Deiner Mutter, Deiner Muttersprache und dem Land Deiner Mutter. Ein Vaterland, für das man stirbt, war es nie. Aber doch »das eigene Land«, über das Du 1985 mit hinreißendem Charme vor dem begeisterten Publikum der Münchener Kammerspiele eine denkwürdige Rede gehalten hast.

Daß Du aus dem hellsichtigen Schmerz dieser Identifizierung auch in Zukunft kein Hehl machen mögest, wünschen Dir und uns allen

Ute und Jürgen

Über Titel, Texte und Termine oder wie man den Zeitgeist reflektiert

Es gibt Titel, die sich vom Kontext ihres ersten Erscheinens nicht lösen wollen. Man kann sich des Textes nicht erinnern, ohne sich das Titelblatt vorzustellen, ohne Farbe und Format des Bandes vor Augen zu haben, auf dem uns der Titel zum ersten Mal begegnet ist, ohne die Schrifttypen zu sehen, in denen der Titel gesetzt war, ohne den Geruch, das Geräusch einer vergilbten Aktualität zu spüren, der der Titel einmal seine Symptomatik verdankt, in der er seine Durchschlagskraft entfaltet hat. Schlagende Titel wie *Jargon der Eigentlichkeit, Revolte und Konterrevolution, Unwirtlichkeit der Städte* und *Hilfloser Antifaschismus,* sogar umständliche Titel wie *Literaturgeschichte als Provokation* sind Beispiele für eine merkwürdige Verfilzung von gedanklicher Abstraktion, zeitgeschichtlicher Konstellation und buchmacherischer Sensibilität. In solchen Büchern reflektiert sich der Zeitgeist, aber nicht ohne daß der Büchermacher die Reaktion des Lesers vorweggenommen, den Leser, den es noch nicht gab, imaginiert und in der Art erfunden hätte, daß seine Phantasie der Wirklichkeit um gerade eine Sekunde vorauseilte.

Das Kunstwerk mag ja, im Zeitalter seiner technischen Reproduzierbarkeit, aus den Kunsttempeln herausgetreten sein, die kultischen Reste der Bildungsreligion abgestreift, seine Aura verloren haben. Damit mag auch das Siegel der Einmaligkeit, der Nicht-Ersetzbarkeit und Unveräußerlichkeit zerbrochen sein. Und doch ist jenes konkretistische Nachbild einer zerfallenen Aktualität, das bestimmte Titel in der Erinnerung des Lesers wachrufen, die Resonanz einer einmaligen Konstellation. In ihm kehrt eine Konstellation von Bedeutungen wieder, die während eines einzigen Augenblicks zum Syndrom zusammengeschossen sind und die Ausdruckskraft eines Symptoms erlangt haben. Im Konkretismus des Ganzen aus type, token, time zeigt sich das Einmalige als das

Typische; retrospektiv vermählt sich in der vergangenen Zeit-symptomatik das Besondere mit dem Allgemeinen.

3

Nicht viele Texte sind mit ihren Titeln auf diese eigentümlich kon-kretistische Weise dem Termin ihres ersten Erscheinens verhaftet: *Ohne Leitbild* – das *war* die Antwort auf die nachfaschistische Ersatzstabilität der Adenauer-Ära. Unter den Autoren war Adorno der Meister des Metiers, unter den Büchermachern Gün-ther Busch. Die ›edition‹ wurde in seinen Händen zu einem Medium, das der reflektierten Hinfälligkeit, der antizipierten Zeitverhaftung, jenem avantgardistischen Gestus des gezielt Ephemeren, welches als künftige Vergangenheit einmal Bedeu-tung über den Tag hinaus erlangen soll, schon in der Gegenwart eine prekäre Stetigkeit verlieh – eben als Serie. Mit zwei, mit vier, dann mit sechs Neuerscheinungen pro Monat präsentiert sich die ›edition‹ als atemlose Sequenz von »Eingriffen« und »Stichwor-ten«: Schlag auf Schlag folgt ein Titel auf den anderen. »Journali-stisch« sind diese Hefte im Sinne einer sich beschleunigenden, fast zwanghaft repetitiven Enthüllung, Demaskierung des Zeitgeistes: Lernprozesse mit tödlichem Ausgang. Von der sprachlosen Intelli-genz handeln sie, von der Auflösung des Kunstbegriffs, der Kritik der Warenästhetik, der Krankheit als Konflikt; sie handeln von der Villa als Herrschaftsarchitektur, von der Dialektik von Kontinui-tät und Bruch, von Frauenarbeit, Menschenproduktion, Klassen-liebe, Legitimationsproblemen im Spätkapitalismus, Schüler-selbstbefreiung, Politik der Subjektivität usw.

Diese Serie stand unter dem Gesetz der Reflexion. Sie erzeugte einen Sog der Theoretisierung. In den Strudel der Theorie geriet alles, was nach platonischem Sprachgebrauch von Theorie ausge-schlossen sein sollte – am Ende sogar die ›edition‹ selber. Erst antwortet eine geistreiche *Theorie des Dramas* einer berühmten *Theorie des Romans*. In der Mitte steht eine *Theorie der Avant-garde,* die den Postavantgardismus auf den Schild erhebt. Darin wird auf das Bewegungsgesetz der ›edition‹ insgeheim schon ange-spielt, bevor diese sich am Ende selbst zum Thema macht – mit einem Band 1000. Der jedoch besteht aus zwei Bänden – und kün-digt unfreiwillig die Replikation der Reihe im ganzen an.

4

Zum Bewegungsgesetz der Postavantgarde gehört die Entdifferenzierung des Verschiedenen, die Einebnung von Hoch- und Massenkultur, die Verstetigung der Akzeleration, die Wiederkehr des Alten im Neuen. Alle Sparten geraten durcheinander, und aus den verstreuten Stimmen bildet sich ein neuer Kommunikationszusammenhang, der die Ästhetik mit der Ethnologie, die Lyrik mit der Politischen Ökonomie, die Verständigungstexte mit den Friedensanalysen, die *Brecht-Jahrbücher* mit den *Starnberger Studien,* die Literatur mit der Jurisprudenz überraschend in Verbindung bringt. Große Texte, wie *Der Schatten des Körpers des Kutschers, der Tractatus Logico-Philosophicus, Die Innenwelt der Außenwelt der Innenwelt,* wechseln sich ab mit Erstlingsprosa, mit Schnurrigem, mit Interessantem, den *Reden zum IV. Kongreß des Tschechoslowakischen Schriftstellerverbandes im Juni 1967* beispielsweise. Vergessenes, Radikales, Fremdgebliebenes wird eingeholt: von Bloch, Eisner, Piscator und Kracauer über Landauer, Bernstein – den Psychoanalytiker – und Sohn-Rethel bis zu Sraffa, Kirchheimer, Abendroth und Mandel. Dann immer wieder Neues, Vorauseilendes, Verfrühtes; Namen, von denen man *später* verwundert feststellt, daß sie innerhalb des deutschen Sprachbereichs an diesem Ort zuerst aufgetaucht sind: Jakobson, Wittgenstein und Roland Barthes, Foucault, Eco, Kristeva, Minder, Laing, Basaglia, Rossana Rossanda, Soboul und andere. Die ›edition‹ hat die Strahlen des Zeitgeistes nicht wie ein Spiegel zurückgeworfen, sie hat diese in einem Brennglas fokussiert und entzündet.

5

Das Altern der Moderne ist ein altes Thema. Eine Gegenwart im Modus des Alterns der Moderne zu verjüngen – dieses neue Kunststück kann auch einem ingeniösen Büchermacher nur einmal gelingen. Nun ist er, zusammen mit seiner Generation, selbst älter geworden – auf seine Weise, durch Kontinuität und Bruch. Er, der aufs Gespür für den richtigen Augenblick spezialisiert ist, ist mit sich identisch geblieben – durch kluge Abschiede zur rechten Zeit – und hat sich so, die *Cahiers* von Valéry bezeugen es, seine Produktivität bewahrt.

Der Philosoph als wahrer Rechtslehrer

I

Als nach beinahe 20 Jahren das legendär gewordene Funkkolleg *Rechtswissenschaft* wieder aufgelegt wurde, schrieb Wiethölter ein charakteristisches Vorwort, das den größer gewordenen Abstand zum Text, gleichzeitig auch die Treue zu den alten Reformhoffnungen zum Ausdruck brachte: »Die politische Ordnung einer Wirtschaftsgesellschaft als Rechtskulturverfassung ist und bleibt das theoretische wie praktische Kernstück eines Projekts der Moderne.«[1] Wie in einem Motto ballen sich die substantivisch zusammengezogenen Gedanken zu Sprengkörpern, die im nächsten Augenblick als ironisches Feuerwerk zerplatzen, um eine allegorische, der Enträtselung bedürftige Figur an den nächtlichen Himmel zu werfen. Es geht Wiethölter um die politische Zähmung und demokratische Verwandlung der kapitalistischen Gesellschaft im Medium eines Rechts, dessen zivilisierende Kraft die kulturellen Lebensformen durchdringt und prägt. Das richtige Recht soll die antagonistische Gesellschaft zur Streitkultur befreien.

Wiethölter ist ein großer Formulierer, ein Wortwerker, ein zitatenreicher Jongleur, ein Feuerwerker und Parodist, der die Worte gewissermaßen schrill zubereitet, damit sie ihre aufklärenden Dienste tun können. Wie Montagen von Alexander Kluge stürzt Wiethölters sprunghafte Prosa den Leser in Verwirrung. Jeder Satz bündelt die Gedanken zum Motto, jeder badet sich in einer Fülle von Konnotationen, jeder destruiert ein Vorverständnis, jeder steht gleich nahe zum Mittelpunkt einer geschichtsphilosophischen Hoffnung, die sich dem Jahrgang 1929 tief eingeschrieben hat. Mit einem melancholisch gefärbten und doch lebenslang festgehaltenen Aufatmen des Frühjahrs 1945 bleibt Wiethölter seiner Generation verhaftet: »... und nach wie vor die heimliche Hoffnung in die verborgenen Pläne der Natur und den öffentlichen Gebrauch der Vernunft, also in jene gutartig-hinterlistige Implementationsdialektik, unter deren Zauberbann und Wünschelrute sich Folgen menschlichen Tuns einstellen, die nicht zugleich die Folgen der Absichten menschlichen Tuns gewesen sind.«[2]

Aus der biographischen Erfahrung des neuen Anfangs mag sich auch die Mentalität und das verhohlene Pathos erklären, die noch den versponnensten Texten ihre Klarheit verleihen. Wiethölter gibt nicht auf; auch wenn er sich zurückzieht, schwört er nicht ab. In einer temperamentvollen Geburtstagsrede auf den 60jährigen Ludwig von Friedeburg findet sich eines der seltenen Bekenntnisse: »Die damalige Kritik haben wir heute weder zu rechtfertigen noch zu verraten, sondern zeitgenössisch fortzusetzen; zeitgenössisch meint: differenzierter, komplexer, solider, also auch behutsamer, in einem ganz buchstäblichen Sinne rücksichtsvoller und vorsichtiger – mit Aussicht auf längerfristige Chancen.« Wiethölter beherrscht das Metier der Geburtstagsrede so meisterhaft, daß ich mit ihm nicht in Konkurrenz treten, auf den 60jährigen Wiethölter keine Laudatio halten möchte. Statt dessen berichte ich von den Erfahrungen eines juristischen Laien mit dem Juristen und dem wahren Rechtslehrer Wiethölter. Kant meinte damit den Philosophen, der in der Öffentlichkeit die Rolle des Intellektuellen wahrnimmt; aber auch als ein solcher Philosoph bleibt Wiethölter Jurist.

Dem Nicht-Juristen unter den Philosophen bleibt im allgemeinen eine typische Erfahrung nicht erspart: Die öffentlich-rechtlichen Diskussionen, zumal jene staatsrechtlichen, die sich im politischen Kräftefeld der Weimarer Republik darbieten, lassen sich an die grobkörnigere philosophische Begrifflichkeit immerhin anschließen, während die Übersicht schwindet und die Verwirrung wächst, je tiefer man in zivilrechtliche Quisquilien eindringt – und alsbald den Wald vor Bäumen nicht mehr sieht. Allein, Wiethölters komplexen Beiträgen komme ich mit diesem handlichen Schema nicht bei. Man muß ihm nur einmal drei Stunden lang zugehört haben! Auf der einen Seite schmeichelt er sich ins Abstraktionsbedürfnis des Philosophen noch wirkungsvoller ein als die Kollegen aus dem Öffentlichen Recht: Wiethölter reißt Perspektiven auf, gibt großartige Durchblicke. Auf der anderen Seite peinigt Wiethölter den armen Philosophen noch unbarmherziger als die ohnehin detailbesessenen Privatrechtler: Ihn läßt Wiethölter mit seinem großen Kaliber hilflos in Bienenschwärmen von skurrilen Einzelheiten sitzen. Wiethölter seziert atemlos einen Fall nach dem anderen um des kaleidoskopischen Effekts willen – alle Strukturen zerfallen in transitorische Einzelheiten und Kontingenzen. Wiethölter verblüfft, indem er Konträres nicht etwa vermittelt, sondern absichtsvoll kontaminiert. Der strukturbildende Durchgriff durchs historische Dickicht wechselt sich ab mit der kasuistischen Zertrümmerung, die das Allgemeine im Besonderen, den Text im Kontext untergehen läßt. Der experimentierenden Geschichtskonstruktion folgt eine Dekonstruktion, die den Virtuosen der Critical Legal Studies zur Ehre gereichen würde. Aber anders als Duncan Kennedy, der sich übrigens in Wiethölters Gedankenwelt bemerkenswert eingefühlt hat, gehört bei diesem beides zusammen: das dekonstruktive Schüren des Krisenbewußtseins und die Suche nach einem konstruktiven Ausweg.

Wiethölter ist zutiefst davon überzeugt, daß der sozialstaatliche Kompromiß das Rechtssystem entwickelter Industriegesellschaften in eine Krise gestürzt hat. Dieses Krisenbewußtsein teilt Wiethölter mit vielen Kollegen; aber nach seiner Auffassung manifestiert sich darin mehr als nur die Überforderung des Rechtssystems. Vielmehr sollen die ungelösten Probleme der Gesellschaft, die die einen mehr dem Markt, die anderen mehr dem Staat anlasten, auf ein Versagen des Rechtssystems zurückgehen. Für Wiethölter ist das Recht kein Subsystem neben anderen, sondern ein ausgezeichnetes Medium der gesamtgesellschaftlichen Integration: »In der Quintessenz ist von Bedeutung: Markt- und Politikversagen als Rechtsversagen.« Wegen dieser zentralen Stellung soll der Transformation des Rechtssystems und jener rechtstheoretischen Erneuerung, die dazu die Initialzündung gibt, eine eminente politische Bedeutung zukommen.

Diese beiden Annahmen – über den kritischen Zustand des Rechtssystems und über die Rechtskrise als Ursache der Gesellschaftskrise – erklären Wiethölters Strategie: Einerseits versucht er an Einzelfällen immer wieder zu demonstrieren, daß die richterliche Entscheidungspraxis unberechenbar wird, weil konsensstiftende »Maßstäbe, Foren und Verfahren« fehlen; andererseits zieht er aus dieser Diagnose nicht die üblichen kontextualistischen Konsequenzen, sondern hält am normativen Selbstverständnis des demokratischen Rechtsstaates fest, um damit die verworrene Praxis doch noch in Einklang zu bringen. Aber sind die Grundannahmen selbst plausibel? Wie müssen wir die These von einer Rechtskrise (II), wie die These von der gesellschaftlich zentralen Stellung des Rechts (III) verstehen? Ich werde mich auf einige exegetische Stichworte und Interpolationen beschränken.

Juristen nehmen als geschulte Dogmatiker das Recht aus der Perspektive des Richters wahr, und jede Krise des Rechts lesen sie an der Krise der Rechtsprechung ab. Unter diesem Aspekt ist wiederum die Unbestimmtheit der richterlichen Entscheidungen das, was sie am meisten beunruhigt – also der Umstand, daß die Beurteilung eines Falls durch das geltende Recht, durch Präjudizien und Gesetzeslage, Kommentare und herrschende Meinung nicht hinreichend determiniert wird (auch wenn sie aufgrund *anderer* Variablen voraussagbar bleibt). Dabei interessieren vor allem die strukturellen Gründe. Die interne Unbestimmtheit der Rechtsprechung ergibt sich allgemein aus der Logik der Anwendung von Gesetzesnormen und speziell aus der rechtsförmigen Durchsetzung interventionsstaatlicher Politiken. Die wachsende Komplexität der regelungsbedürftigen Materien und die steigende Interdependenz der Regeln selber treiben die Gerichte in das Dilemma, Recht trotz rechtsstaatlicher Gesetzesbindung aus eigener Autorität fortbilden zu müssen. Aus dieser Sicht kann von einer Krise des Rechts die Rede sein, wenn sich (a) eine wachsende interne Unbestimmtheit der Rechtsprechung diagnostizieren läßt, die sich (b) als rechtlicher Reflex unumkehrbarer politischer und gesellschaftlicher Entwicklungen darstellt und (c) vom Richter eine konstruktive, rechtsfortbildende Interpretation verlangt, ohne daß (d) für diese »Abwägung« intersubjektiv nachprüfbare und demokratisch legitimierte Maßstäbe (bzw. Verfahren der Maßstabsbildung) zur Verfügung stehen. Wer wie Wiethölter die Krise des Rechts argwöhnisch aus der Perspektive des Richters verfolgt, muß sich deshalb für das Thema der Rechtsfortbildung interessieren.

In einer einschlägigen Arbeit räumt Wiethölter gründlich mit der konventionellen Lehre von der Gewaltenteilung auf. Die Analyse der Rechtsprechung zeige, daß die richterliche Entscheidungspraxis nicht wie im Lehrbuch als ein vergangenheitsorientiertes, nämlich an's bestehende Recht fixiertes Handeln begriffen und von Gesetzgebung und Verwaltung als den auf Zukunft und Gegenwart konzentrierten Handlungsweisen unterschieden werden kann. Andererseits führt die Literatur, die Wiethölter an dieser Stelle erörtert – Studien von F. Müller, D. Simon und R. Ogorek – zu einem ernüchternden, das Krisenszenario durchaus entdramatisierenden Ergebnis. Danach hat sich die Interpretationsarbeit des Richters und der Rechtsdogmatik seit dem Ende des 18. Jahrhunderts *immer schon* innerhalb eines relativ großen Ermessensspielraums bewegt; die richterliche Entscheidungspraxis war ganz unabhängig vom wechselnden politischen und rechtsmethologischen Rechtsverständnis immer schon eine konstruktive Rechtsfortbildung: »Letztlich sind dem Richter alle Aufgabenschritte der regentschaftlichen Vollgewalt geblieben: Er identifiziert den Fall, komponiert als Regelprogramm, trifft Entscheidungen und Verwaltungsmaßnahmen und kalkuliert politische Folgen – und zwar völlig unabhängig davon, ob ihm dies in den letzten 200 Jahren explizit verboten war, oder ob er nachhaltig dazu ermuntert wurde.«[3] In scheinbarer Übereinstimmung mit dieser These zieht Wiethölter selbst aus der rechtshistorischen Untersuchung von R. Ogorek den Schluß, daß sich das Dilemma einer auf Vernunft verpflichteten Jurisprudenz, die positives Recht als richtiges Recht nur verwalten kann, indem sie es ohne vernunftrechtliche Rückendeckung und demokratische Legitimation fortbildet, seit dem frühen 19. Jahrhundert kaum verändert haben dürfte.

Wenn aber keine dramatische Zuspitzung jenes Dilemmas, nicht einmal der Trend eines wachsenden Problemdrucks zu erkennen ist, was rechtfertigt dann noch die Krisendiagnose, an der Wiethölter auch im Tenor dieser Abhandlung festhält? Was rechtfertigt die Klage über fehlende »Maßstäbe, Foren und Verfahren«? Warum hält Wiethölter eine tiefgreifende Revision der Grundbegriffe des Rechts für nötig, um die Krise zu lösen? Warum erhofft er sich für eine solche Rekonzeptualisierung des Rechts Hilfe von außen – von systemtheoretischen, von ökonomischen und kommunikationstheoretischen Ansätzen, rivalisierenden Gesellschaftstheorien also, die über die Innenperspektive des Rechtssystems hinausgreifen? Wiethölter hält an der altmodischen Anschauung fest, daß das Recht seinen Anspruch auf Legitimität verwirkt, wenn der normative Geltungsanspruch des Rechts nicht mehr durch eine vernünftige Jurisprudenz, die die Lücken der Unbestimmtheit schließt, eingelöst werden kann. Er lokalisiert aber dieses Problem nicht auf der Ebene von Methodologie und Rechtsdogmatik unmittelbar, sondern auf der Ebene eines in die Profession eindringenden gesellschaftstheoretischen Hintergrundverständnisses, das dem Recht erst einen präzisen Stellenwert gibt, und zwar im Rahmen eines reflexiv gewordenen, dynamisierten Rechtsstaatsprojektes: »also muß sich unser Interesse auf die epochalen Einflußorientierungen richten«.[4]

Das erklärt Wiethölters Interesse an den »Epochen« des bürgerlichen Formalrechts, des sozialstaatlich materialisierten Rechts und des prozeduralen Rechts, das einer in Entstehung begriffenen postindustriellen Gesellschaft angehören soll. Nun gibt diese Periodisierung, wie wir inzwischen wissen, für die tatsächliche Rechtsentwicklung in Gesellschaften unseres Typs nicht allzuviel her. Aber Wiethölter verwendet die Ausdrücke formales, materiales und prozedurales Recht auch nicht für historische Zwecke, sondern als Stichworte für »Sozialmodelle des Rechts«. Um jene Begriffe kristallisiert sich nämlich ein jeweils anderes Hintergrundverständnis derer, die am Prozeß der Verwirklichung des demokratischen Rechtsstaats als eines geschichtlichen Projektes teilnehmen – vor allem das der juristischen Experten. Erst der Kontext eines solchen Projektes der gerechten oder wohlgeordneten Gesellschaft (Rawls) kann nämlich Lücken der Unbestimmtheit einer fallbezogenen Interpretation des geltenden Rechts schließen.

Die Rolle von Rechtsideologien, die einen Einbettungskontext für Rechtsnormen bieten, hat Klaus Günther jüngst aus der Sicht einer Logik der juristischen Argumentation erläutert. Er hat ein Kohärenzmodell ausgearbeitet, das auf das paradigmatische Hintergrundverständnis von Recht überhaupt ein neues Licht wirft. Die Interpretation einer auf Situationen anwendbaren Norm hat das Ziel, den Vorrang der einzig angemessenen Norm so zu begründen, daß das Ideal eines kohärenten Systems gültiger Normen nicht verletzt wird.[5] Diejenige Norm, die im Lichte einer möglichst vollständigen Beschreibung aller relevanten Merkmale einer Anwendungssituation als die »angemessene« erscheint, setzt die Gültigkeit der konkurrierenden, für eine Anwendung zunächst kandidierenden, dann aber als unangemessen zurücktretenden Normen nicht etwa außer Kraft; die Wahl der angemessenen Norm stellt sich vielmehr als Ergebnis der jeweils besten Theorie *aller* gültigen Normen dar. Die Interpretation eines Falles im Lichte der vorrangigen Norm erscheint dann nicht[6] als die optimale Verwirklichung eines Rechtsgutes, das mit anderen Rechtsgütern konkurriert; sie bedeutet vielmehr eine unter Berücksichtigung aller Umstände optimale Ausschöpfung eines *Systems* gültiger Normen.

Jede Norm bleibt auf die kohärente Ergänzung durch alle anderen gültigen Normen angewiesen. Freilich befindet sich dieses System in ständiger Bewegung, da sich mit jeder neu auftretenden Situation die Vorrangrelationen ändern können. Eine Orientierung an einem derart anspruchsvollen Ideal ist in der Regel nicht möglich – und dies nicht einmal im Fall der professionalisierten Rechtsprechung. Anstelle des Ideals treten deshalb Paradigmen, »in denen Normen, die wir hier und jetzt für gültig halten, (schon) in eine transitive Ordnung gebracht worden sind ... Sie formieren einen Hintergrundkontext, in den unsere jeweiligen Situationseinschätzungen und die entsprechenden moralischen prima facie-Urteile eingebettet sind ... So hat unter den modernen Lebensformen jede auf ihre Weise das Rangverhältnis zwischen den Prinzipien der Freiheit und Gleichheit gelöst, ohne daß man behaupten würde, die entsprechenden Paradigmen seien unveränderlich und würden für jeden Kollisionsfall stets nur ein und dieselbe Lösung vorschieben«. Günther fügt aber sogleich hinzu: »Indem sie die Teilnehmer einer bestimmten gesellschaftlichen Praxis davon entlasten, sich mit einer ungeordneten und nur prima facie anwendbaren Menge von Prinzipien zu begnügen, ... sind die Paradigmen freilich auch eine Quelle von Vorurteilen, verzerrten Situationseinschätzungen und entsprechend parteilichen oder einseitigen Anwendungen gültiger Normen.«[7] Ein Beispiel dafür bieten die liberalen und die wohlfahrtsstaatlichen Rechtsideologien mit ihren Kernbegriffen des formalen und des materialisierten Rechts.

Wiethölters Krisendiagnose läßt sich dann so verstehen, daß diese Paradigmen, die sich um die subjektiven Rechte des privaten Marktteilnehmers und um die Leistungsansprüche der Klienten wohlfahrtsstaatlicher Bürokratien herum kristallisiert haben, zerfallen sind, *ohne daß eine neue Rechtsideologie an deren Stelle getreten wäre*. Die Sozialmodelle, die in den Begriffen des formalen und des materialisierten Rechts impliziert sind, sind heute nicht mehr konsensfähig; sie haben ihre Integrationskraft verloren. Nach dieser Diagnose wird die Rechtsprechung »unbestimmt«, weil der Hintergrundkonsens fehlt, der als Paradigma einer gerechten Ordnung fungieren könnte. Als Alternative bietet sich ein funktionalistisches oder ökonomisches Selbstverständnis des Rechtssystems an, das alle normativen Überlegungen deflationiert. Demgegenüber geht Wiethölter davon aus, daß ein Rechtssystem, welches seine eigenen normativen Grundlagen derart determinieren und sich als ein vernunftloses System von Verhaltenskontrollen darstellen würde, kaum überlebensfähig ist. Er sucht deshalb nach einer anderen Alternative. Unter dem Stichwort des »prozeduralisierten« Rechts verficht er das Reflexivwerden *aller* Paradigmen. Jedenfalls verbindet er mit diesem Begriff das Modell einer sich selbst organisierenden Gesellschaft, die den Pluralismus der Wertorientierungen und Glaubensmächte zur Prämisse hat.

An die Stelle idealer produktivistischer Lebensformen, die aus dem Kontrakt freier und gleicher Privatleute oder aus der egalitären Verteilung des gesellschaftlich produzierten Reichtums hervorgehen, tritt das Projekt der Einrichtung von Verfahren vernünftiger kollektiver Willensbildungsprozesse auf ganzer Breite. An die Stelle einer Zivilreligion dieser oder jener Provenienz soll eine »Streitkultur des Rechts« treten, an die Stelle eines substantiellen Einbettungskontextes ein solcher, der nicht mehr eine konkrete Lebensform entwirft, sondern nur noch die Verfahren einer Selbstorganisation der Gesellschaft bestimmt.

3

Wiethölter dekliniert unermüdlich die grammatischen Formen des Rechts durch. Er unterscheidet Recht als Formkategorie und Recht als Inhaltskategorie, Recht als Konditional- und als Zweckprogramm, als Form subjektiver Freiheit und als Medium staatlicher Politik in der Absicht, dem zu ergänzenden Tertium in der Reihe der Rechtsformen, der Prozeduralisierung des Rechts, visionäre Konturen zu verleihen. Mit diesem neuen und abstrakten Einbettungskontext soll sich die Rechtskategorie als solche verändern: »Prozeduralisierung zielt nicht so sehr auf soziale Gewährleistungen (als Freiheits-Recht), auch nicht auf Gewährungen (als politische Verwaltung), sondern auf die Bedingungen der Möglichkeiten... solcher Gewährleistungen und Gewährungen von integrierbaren Interessenabstimmungen durch rechtliche Verhaltensordnungen.«[8] Wiethölter antizipiert die Einrichtung von Foren und Verfahren für eine diskursive (nach sachlichen und sozialen Bereichen spezifizierte) Willensbildung über Maßstäbe, nach denen die Menge der in unbestimmten Rechtsbegriffen verschlüsselten Prinzipien – wie Kindeswohl, Unternehmensinteresse, Betriebsfrieden, Sozialparität usw. – fallbezogen in eine kohärente Ordnung gebracht werden können. Gleichzeitig dramatisiert er diese Empfehlung zu einer Perspektive der gesamtgesellschaftlichen Transformation: »Prozeduralisierung ist – in einem Satz – die erneute Wiederanknüpfung an bürgerliche Philosophie-Geschichte in der Absicht, ihre idealistischen wie materialistischen Durchgänge unter veränderten Umständen als gesellschaftliche Lernprojekte zu reproduzieren.«[9] An solchen Stellen scheint Wiethölter zu vergessen, daß zunächst nur von einem prozeduralistischen Hintergrundverständnis die Rede ist, das nach dem Ende aller konsensfähigen Rechtsideologien dazu dient, die Rationalität der Rechtsprechung zu verbessern. Wiethölter steht etwas Größeres vor Augen. Er hat die vernunftrechtliche Idee der bürgerlichen Gesellschaft als eines »eingerichteten und ausgeübten Rechtsprogramms« noch nicht aufgegeben; er ist nach wie vor davon überzeugt: »Recht (ist) die entscheidende Struktur der Gesellschaft.«

Das mag aus der Perspektive des Rechtssystems so *erscheinen*. Aber auch Wiethölter weiß, daß moderne Gesellschaften den Begriffen des rationalen Vernunftrechts und damit den juristischen Grundbegriffen überhaupt entwachsen sind. Schon die schottischen Moralphilosophen und die französischen Physiokraten hatten ihre Modelle *anderen* Wissenschaften entlehnt. Die Gesellschaft wird nicht mehr aus dem Recht, sondern – von Marx bis Luhmann – das Recht wird aus der Gesellschaft begriffen. In welchem Sinne können wir dann aber von einer zentralen Stellung des Rechts sprechen?

Wiethölter scheint mit Savigny von einem Doppelkonzept des Rechts auszugehen, von Recht als einem funktional spezifizierten Teilbereich und von Recht als einem Element, in dem sich das Ganze der Gesellschaft reproduziert. So jedenfalls zitiert er Savigny: »Bey steigender Cultur nämlich sondern sich alle Thätigkeiten des Volkes immer mehr, und was sonst gemeinschaftlich betrieben wurde, fällt jetzt einzelnen Ständen anheim. Als ein solcher abgesonderter Stand erscheinen nunmehr auch die Juristen... Das Daseyn des Rechts ist von nun an künstlicher und verwickelter, indem es ein doppeltes Leben hat, einmal als Theil des ganzen Volkslebens, was es zu seyn nicht aufhört, dann als besondere Wissenschaft in den Händen der Juristen. Aus dem Zusammenwirken dieses doppelten Lebensprincips erklären sich alle späteren Erscheinungen, und es ist nunmehr begreiflich, wie auch jenes ungeheure Detail ganz auf organische Weise, ohne eigentliche Willkür und Absicht, entstehen konnte. Der Kürze wegen nennen wir künftig den Zusammenhang des Rechts mit dem allgemeinen Volksleben das *politische* Element, das abgesonderte wissenschaftliche Leben des Rechts aber das *technische* Element desselben.« Diese Unterscheidung hat auch heute noch ihren guten Sinn; das Recht als System aller rechtlich geregelten Interaktionen ist umfassender als das System aller auf Recht *reflexiv* bezogenen Interaktionen, in denen es um das Recht selbst geht. Aber dieses Rechtssystem im engeren Sinne besteht nicht nur aus der professionellen Anwendung des Rechts, sondern ebenso aus der Erzeugung und Fortbildung wie der Implementierung von Rechtsnormen oder Rechtsprogrammen. Die Innenperspektive dieses Rechtssystems darf nicht einseitig auf die Perspektive des Richters und des Rechtsdogmatikers zurückgeschnitten werden. Wenn eine Perspektive – auch methodisch – in Führung gehen soll, ist es die des demokratischen Gesetzgebers und nicht die des Juristen, in dem noch Savigny den geborenen Hüter des Rechts und seiner Rationalität gesehen hatte. Wiethölter richtet seinen Blick gewiß auf das »politische Element« des Rechts – aber auch er privilegiert unversehens dessen »technisches Element«, sobald es darum geht, wie das Rechtssystem im ganzen auf »Proceduralisierung« umgestellt werden kann. Einige Formulierungen erwecken den Eindruck, als träte der wahre Rechtslehrer noch in der Rolle des Savignyschen Zivilrechtsdogmatikers auf. Der trug das unsichtbare Gewand des Richterkönigs und stand so hoch, daß er von oben auf den Gesetzgeber als eine seiner Rechtsquellen herabsehen konnte. Alles war dann eine Frage der Klugheit der Jurisprudenz, die die Gesellschaft mit dem richtigen Recht auszustatten hatte – erst einmal richtig eingerichtet, würde sie schon funktionieren. Ob freilich das Recht in diesem Sinne noch eine zentrale Stelle behauptet, mag man heute in Zweifel ziehen.

In einem anderen Sinne spielt es vielleicht immer noch eine zentrale Rolle – als Statthalter des *Anspruchs*, daß sich auch unsere komplexen, über Geld und administrative Macht gesteuerten Systeme nicht vollends einer sozialen, durchs gesamtgesellschaftliche Bewußtsein vermittelten Integration entziehen möchten. Parsons hat von der rechtlichen Institutionalisierung des Geld-

und des Machtmediums gesprochen. In diesem Sinne ist die Vorstellung vom Recht als dem Medium, über das die Systemintegration angeschlossen bleibt an die soziale Integration der Lebensformen, nicht ganz abwegig. Diese Erwartung verdankt das Recht dem Umstand, daß es Interaktionen gleichzeitig von außen beschränkt und aus der Beteiligtenperspektive rechtfertigt; auch wenn es sich mit der Legalität des Handelns begnügt, muß es aus moralischen Gründen immerhin befolgt werden *können*. So hat Kant das Zwangsrecht begriffen. Und immer noch bindet die normative Dimension seiner Geltung das Recht im ganzen an eine zwanglos intersubjektive Anerkennung durch die Rechtsgenossen. Solange dem postmetaphysischen Recht auch nur ein Schein von Normativität verbleibt, spiegeln sich rechtliche Organisationsformen im Glanz des Versprechens einer Selbstorganisation der Gesellschaft – die Beteiligten müssen die rechtliche Organisation ihres Zusammenlebens so betrachten können, als sei diese ihrer vernünftigen intersubjektiven Willensbildung entsprungen.

Ich vermute, daß Wiethölter dieses Stück Idealismus, der den Hohn der Zyniker auf sich zieht, im Begriff des »prozeduralen Rechts« aufgehoben hat. Um eine Veränderung zu bewirken, müßte freilich das radikaldemokratische Gesellschaftsprojekt, das diesem Ausdruck hinterlistig assoziiert ist, nicht nur ins Bewußtsein der juristischen Experten eindringen; es müßte im Hintergrundverständnis von Verwaltungen und legislativen Körperschaften Wurzeln schlagen – und damit verweisen auf die Verschwisterung der verfaßten demokratischen Willensbildung mit autonomen Öffentlichkeiten, die gewiß rechtlich ermöglicht werden müssen, aber nicht im ganzen als Körperschaften verfaßt sein können. Das Recht kann eine demokratische politische Kultur nicht erzeugen, es bleibt von deren Entgegenkommen abhängig. So verstehe ich die paradoxe Rede von der politischen Ordnung einer Wirtschaftsgesellschaft als »Rechtskulturverfassung«.

Bei Wiethölter kreisen auch die demokratietheoretischen Überlegungen um die Frage, wie »die Unparteilichkeit von Maßstäben, unter denen jeweilige Partikularitäten zu ihrem Recht kommen«, institutionalisiert werden können. Skepsis äußert er gegen den abstrakten Universalismus der Aufklärung und ihrer Prinzipien, die »zu hoch über den uns bestimmenden Partikularitäten« angesiedelt sind. Aber ebenso skeptisch ist Wiethölter gegenüber einem

Kontextualismus, der dem Universalismus den Rücken kehrt: »Die linke Rechtstheorie hat sich im Kampf ums Recht wohl dahin entschieden, nicht länger im Namen universeller Vernünftigkeit und regulativer Unparteilichkeit Recht einzuklagen, sondern setzt auf radikalisierte Partikularität, auf die (auch rechtliche) Souveränität und Autonomie selbstbestimmter Gruppen. Sie reklamiert damit gleichsam Anerkennung absoluter Minorität gegenüber relativer Majorität, im Grunde also einen, in klassischer Rechtsterminologie ausgedrückt, eher völkerrechtlichen als bürgerlichrechtlichen Status.« [10] Wiethölter selbst setzt dem Modell des Völkerrechts das des Internationalen Privatrechts entgegen. Ein Fall, der aus der Sicht verschiedener Kontexte verschieden interpretiert wird, muß gleichwohl nach Kollisionsregeln entschieden werden, die für beide Seiten akzeptabel sind.

Ähnliches gilt nun für die politische Willensbildung in pluralistischen und hochindividualisierten Gesellschaften, die so weit fragmentiert sind, daß es nur Mehrheiten von subkulturellen Minderheiten geben kann. Diese Situation zwingt keineswegs zur Preisgabe des Universalismus; allein die Anstrengung der Kontextualisierung wächst in dem Maße, wie die Operation der Verallgemeinerung zu immer abstrakteren Regeln oder Grundsätzen nötigt. Darauf reagiert die »linke Rechtstheorie« oft nur mit einem Reflex ihrer alten – auch damals schon unnötigen – Fehler. Weil sie falschen kollektivistischen Prämissen angehangen hatte, traut sie nun dem Spiegelbild des Individualismus alles zu. U. Preuß benutzt eine reflexiv gewordene Theorie rationaler Wahl, um den gemeinwohlorientierten Staatsbürger Rousseaus von den Höhen seiner nationalen Identifikation auf den Boden des bürgerlichen Selbstinteresses aufgeklärter Privatleute zurückzuholen. Auf dem Weg von Marx zurück zu Hobbes scheint Kant auf der Strecke zu bleiben. Aus dem individuellen Nutzenkalkül soll über Präferenzen zweiter Ordnung die Sozialverträglichkeit je meines Interesses hervorgehen: »Die Befriedigung meines individuellen Interesses hängt also entweder von einer kollektiven Aktion ab – an jeder Ecke steht ein Polizist, der das Wegwerfverhalten der Passanten beobachtet und gegebenenfalls sanktioniert – oder davon, daß die anderen Individuen ihr individuelles Verhalten befriedigen, das im Vertrauen auf das gleichgerichtete Verhalten ihrer Mitbürger dann tatsächlich zur Interessenbefriedigung führt.« [11] Auf diesen Versuch einer »Sozialisierung der ökonomischen Theorie« hat Wiethölter nicht ganz eindeutig reagiert: »Alles, was Herr Preuß ausführt, . . ., erhellt den Kopf ungemein, stiftet aber im Herzen so viel Traurigkeit.«

Nun, ganz so traurig hätte Wiethölter bei dieser Gelegenheit nicht sein müssen. In seinem eigenen Diskussionsbeitrag äußert er schon einen gesunden Zweifel am individualistischen Zweifel. Preuß kann nämlich die Kluft zwischen egozentrischem Nutzenkalkül und gemeinsamem Interesse nicht durch Präferenzen schließen, die auch dann, wenn sie reflexiv werden, subjektiv *bleiben*. Das leistet nur Adam Smith' »unsichtbare Hand« (an die Preuß nicht mehr glaubt) oder Kants »allgemeines Gesetz« (eine Gesetzgebung, die freilich aus dem Gefängnis des einsamen Seelenlebens befreit werden muß). Preuß selbst sagt es: »Wir haben hier also den Fall nicht einer kollektiven, aber auch nicht einer individuellen, sondern einer auf Reziprozität und wechselseitigem Vertrauen der Individuen beruhenden Interessenbefriedigung.«[12] Er postuliert, daß jeder für sich (a) überlegt, welches verallgemeinerte Verhalten *für alle gleichermaßen gut* wäre, und (b) darauf vertraut, daß alle anderen dieselbe Überlegung anstellen und (c) nach deren Resultat auch handeln. So springt denn aus dem Hobbes doch wieder der Kant heraus.

Vielleicht sollte man von hier aus über Marx zu Mead voranschreiten und mit Wiethölter »Foren und Verfahren« postulieren, die der in foro interno vollzogenen allgemeinen Perspektivenübernahme (ohne die auch die ökonomische Theorie des Rechts nicht »sozialisiert« würde) die feste Gestalt einer intersubjektiven Praxis verleihen könnten.

Anmerkungen

1 Rudolf Wiethölter, *Rechtswissenschaft,* Basel 1986, S. 7.
2 Rudolf Wiethölter, *Bemerkungen aus der Recht- und Juristenwelt,* in: *Die Zukunft der Aufklärung,* Frankfurt/M. 1989, S. 38 f.
3 D. Simon, zitiert nach R. Wiethölter, *Zum Fortbildungsrecht der richterlichen Rechtsfortbildung,* in: *KritV* 1988, S. I ff., S. 19.
4 Ebenda, S. 24.
5 K. Günther, *Der Sinn für Angemessenheit,* Frankfurt/M. 1988.

6 Wie noch bei R. Alexy, *Theorie der Grundrechte*, Baden-Baden 1985, S. 71 ff.

7 K. Günther, *Ein normativer Begriff der Kohärenz für eine Theorie der juristischen Argumentation*, MS 1989, S. 22.

8 R. Wiethölter, *Prozeduralisierung der Rechtskategorie*, MS 1986, S. 12.

9 Ebenda, S. 13.

10 Ebenda, S. 12.

11 U. Preuß, *Perspektiven von Rechtsstaat und Demokratie*, in: *Kritische Justiz*, I, 1989, S. 10.

12 Ebenda.

Der Erste – Eine Laudatio

Im Spiegel der Öffentlichkeit hat Dahrendorfs Bild bereits scharfe Konturen angenommen. Nicht alle Züge, die sich diesem Image eingeprägt haben, sind falsch. Wo immer er ankam, war Dahrendorf der erste – und dies nicht nur in einem zeitlichen Sinne. Aus meiner Generation hat er, 23jährig, als erster promoviert, ging als erster ins Ausland, habilitierte sich als erster, wurde der jüngste Professor. In Bonn war er gewiß – ich habe es nicht nachgeprüft – der jüngste Außenamts-Staatssekretär, in Brüssel der jüngste Hohe Kommissar. Seit 1974 hat sich diese sprunghafte Karriere in England fortgesetzt; sie hat Dahrendorf nach Oxford und ins britische Oberhaus geführt. Dieser Weg verrät die Anspannung eines vibrierenden Geistes, eines großen intellektuellen Ehrgeizes; andere Spuren verdeckt er auch: die Nicht-Verführbarkeit und Kontinuität eines entschiedenen Geistes. Oft ist Dahrendorf zu neuen Ufern nur aufgebrochen, um ganz er selbst bleiben zu können.

Schon vor 35 Jahren, als ich ihn bei Schelsky in einem Kreis junger Soziologen kennenlernte, trat Dahrendorf so auf, wie wir ihn bis heute kennen – er war brillant, und er wußte es. Von diesem Selbstbewußtsein zeugt beispielsweise der Titel seiner Tübinger Antrittsvorlesung von 1961: »Über den Ursprung der Ungleichheit unter den Menschen.« Hier rechnet er mit Rousseau ab. Und noch Jahrzehnte später wird er seinen linken Freunden vorhalten, daß die Suche nach Rousseau ihr böses Ende bei Hobbes finden müsse. Damals ging es ihm noch um die Spuren Rousseaus im zeitgenössischen Strukturfunktionalismus und um eine an Hobbes angelehnte Konflikttheorie, die sich im Adenauer-Milieu als forsche Kritik an harmonistischen Suggestionen des herrschenden Parsonianismus anbot. Dahinter standen Argumente, die Dahrendorf in seiner Habilitationsschrift entwickelt hatte. In der umgearbeiteten englischen Fassung bleibt diese auch rückblickend Dahrendorfs bedeutendstes fachsoziologisches Buch.

Dahrendorf bestreitet den engen Zusammenhang, den Marx zwischen ökonomischer Lage und sozialer Schichtung einerseits, politischer Herrschaft andererseits hergestellt hatte. Aus der Struktur von Herrschaft selber, aus der Notwendigkeit, normengemäßes Sozialverhalten durch Sanktionen zu erzwingen, ergibt sich per se eine Ungleichheit, die der ungleichen Verteilung der Produktionsmittel und des gesellschaftlich produzierten Reichtums noch vorausliegen soll. Auf diese Weise läßt sich dem Klassenkonflikt, wenn er nur von Institutionen der Freiheit domestiziert wird, die Unschuld zurückgeben. Ja, ein derart neutralisierter Klassenkonflikt kann als Motor erwünschten sozialen Wandels rehabilitiert werden.

Dahrendorfs Gedanken bewegen sich damals, wie die seines Freundes Popitz, im Begriffsnetz von Norm, Sanktion, Konflikt – Gesellschaft ist etwas, das weh tut und nur durch Zwänge den Individuen Freiheitsspielräume öffnet. Erst sehr viel später wird sich Dahrendorf Max Webers Einsicht zueigen machen, daß Institutionen auch aus anderem Stoff gemacht sind, nämlich zusammenwachsen aus Interessen *und* Werten, Sanktionen *und* Überzeugungen. Er wird erklären, daß der Zuwachs an Optionen nicht um den Preis jeder Art von sozialen Bindungen erkauft werden darf, wenn Freiheit nicht ihre Substanz verlieren soll.

Mit seiner frühen, oft mißverstandenen Konflikttheorie wirkte Dahrendorf Anfang der sechziger Jahre, während der Inkubationszeit der Studentenrevolte, über das Fach hinaus und half mit, den Boden zu bereiten für die sozialliberale Koalition. Mit seiner zweiten großen Monographie *Gesellschaft und Demokratie in Deutschland* (1965) gewann er Reputation in der breiten Öffentlichkeit. Als einziger Soziologe nach 1945 hatte er den Mut, frontal die Schicksalsfrage anzugehen, warum sich in Deutschland eine Demokratie westlichen Zuschnitts so lange nicht hatte durchsetzen können. Dahrendorf hat sich ein Gespür für Probleme bewahrt, die nicht aus dem wissenschaftlichen Diskurs, sondern aus dem Leben auf uns zukommen. Auch historische Fragen bearbeitet er unter generalisierenden Gesichtspunkten, nur bewaffnet mit einer Handvoll normativer Postulate und erklärender Hypothesen. Dieses Vorgehen erscheint auf den ersten Blick etwas scholastisch: zunächst eine präzise Frage und eine entsprechende These, dann der Erklärungsversuch mit empirischen Evidenzen, schließlich das Argument. In Wahrheit ist dieser Diskurs von Popper inspiriert, vom Glauben an die Soziologie als Gesetzeswissenschaft.

Dahrendorf ist bei zwei analytischen Philosophen, Josef König und eben Popper, in die Schule gegangen; er steht aller geisteswissenschaftlichen Hermeneutik fern. Schon der Doktorand behandelt Hegel und Marx mit spitzen Fingern; auch später kam er nicht in Gefahr, von der Sprachgewalt des Deutschen Idealismus, sei es angesteckt oder überrollt zu werden. Seine Sprache ist, seine *beiden* Sprachen sind von anderer Art. Konstruktiv verfertigt Dahrendorf argumentative, durchsichtige, didaktisch aufgebaute Texte von spröder Eleganz und ausgreifender, aber keineswegs aufdringlicher Begrifflichkeit. Er ist ein Soziologe, der schreiben kann, der freilich auch dann noch Soziologe geblieben ist, als er seine Schriftstellerei auf die politische Zeitdiagnose ausdehnte.

Die politischen Erfahrungen zwischen 1969 und 1974 haben aus Dahrendorf einen theoretisch anspruchsvollen, sozialwissenschaftlich informierten politischen Schriftsteller gemacht. Dahrendorf, der schon mit 15 Jahren mit der Gestapo in Konflikt kam und verhaftet wurde, hat stets politisch gedacht. Ohne sein sozialdemokratisches Elternhaus ist weder das lebenslange Engagement für Freiheit und soziale Gerechtigkeit zu verstehen noch die ambivalente Ablösung von der sozialistischen Tradition. Er selbst nennt sich einmal halb ironisch einen nicht-rekonstruierten Liberalen des 18. Jahrhunderts. Das erklärt eine wohltuend steife Radikalität vieler Stellungnahmen, auch gewisse Dissonanzen, die diese im juste milieu der Bundesrepublik ausgelöst haben. Der Provinzialität dieses Landes hat er den Rücken gekehrt, auch wenn man nicht recht weiß, ob ein Hamburger, der nach London geht, damit auch schon emigriert. Die Radikalität jenes frühen Liberalismus, mit dem Dahrendorf das Demokratiedefizit deutscher Traditionen – so wie andere mit einem Rückgriff auf den amerikanischen Pragmatismus – auszugleichen versucht, mag übrigens auch erklären, warum er das antikommunistische Ressentiment nicht nötig hatte. Noch im Juli 1985 wiederholt er vor englischem Publikum jenes Wort, das der Reichskanzler Wirth nach dem Mord an Rathenau gesprochen hatte: »Der Feind steht rechts.«

In der Produktion der letzten anderthalb Jahrzehnte, in den Reith Lectures des BBC, in den Vorlesungen über »Law and Order«, in dem wichtigen Buch über *Lebenschancen*, zuletzt in den *Fragmenten eines neuen Liberalismus*, kommt der literarische Dahrendorf ganz zu sich selbst. Ein terminologisch entlasteter Stil löst sich von den fachwissenschaftlichen Konventionen, die alten Stärken treten noch deutlicher hervor: der direkte Zugriff aufs Thema, der explorative Zug des Essayisten, die erhellende Provokation, bewußte Vereinfachung, das energische Zugehen auf normative Fragen, der ganz unzynische Blick auf schmerzhafte Realitäten. Augenmaß für das politisch Mögliche ohne Opportunismus und Selbstmitleid, ohne Kompromiß im Grundsätzlichen. Einem solchen Autor gebührt ein Preis für wissenschaftliche Prosa.

Gewiß, zum Werk von Sigmund Freud unterhält Dahrendorf kein intimes Verhältnis. Der Schatten Poppers liegt zwischen ihm und Freud. Was ihn mit Freud verbindet, ist eine Mentalität, die an Max Weber erinnert. Dahrendorf mag zuweilen prätentiös auftreten; ganz unprätentiös jedoch stellt sich in seinen Schriften die schwierige Einheit von Objektivität und Leidenschaft her.

4. Theorie und Politik

Die theoretische Arbeit und die politische Stellungnahme gehören in verschiedene Kontexte. Wie sie zusammenhängen, wird einem oft erst bewußt, wenn man auf Fragen Rede und Antwort stehen muß. Das Interview mit Hans-Peter Krüger fand im November 1988, also ein Jahr vor Öffnung der Mauer, statt. Eine bevorstehende Reise nach Brasilien gab Anlaß für die Fragen von Barbara Freitag, die ich im Juli 1989 beantwortet habe. Auf die Fragen und Einwände des soziologischen Kollegen T. Hviid Nielsen, den ich in Berkeley kennenlernte, habe ich im Januar 1990 reagiert. Vorangestellt ist eine Rezension von Ottfried Höffes Buch über »Politische Gerechtigkeit«.

Grenzen des vernunftrechtlichen Normativismus

Otfried Höffe hat das Verdienst, ein Terrain zurückzuerobern, das die Philosophie seit den Tagen Hegels fast kampflos an die Jurisprudenz abgetreten hat.[1] Mit dem Abbrechen der Tradition der aristotelischen Politik im 19. Jahrhundert, mit der Wendung von der Rechtsphilosophie zur Gesellschaftstheorie, mit dem Einbruch des historisch-hermeneutischen Denkens in die normative Wissenschaften und dem von rechtshegelianischen Rückzugsgefechten begleiteten Aufstieg der Sozialwissenschaften, vor allem mit der Ausdifferenzierung einer Rechtsdogmatik, die im Auf und Ab von Historismus und Begriffsjurisprudenz, von Realismus und Rechtspositivismus eine immer komplexer werdende Materie immer mühsamer unter Kontrolle zu bringen versuchte – ist die Philosophie des Rechts und des Staates in die Peripherie der Rechtswissenschaftlichen Fakultäten abgewandert. Strafrechtler und Staatsrechtler haben sich diese einstige Domäne der Philosophen als eine zusätzliche – und nicht sehr ernstgenommene – venia erworben; diese wurde ihnen allenfalls von einigen ideengeschichtlich ausgerichteten Politikwissenschaftlern streitig gemacht. Lange Zeit sind die Fragen der normativen Rechts- und Staatstheorie, die keine Konjunktur mehr hatten, eher aus der reflexiv gebrochenen Perspektive der Rechtsmethodologie betrachtet als frontal angegangen worden. So sah es in Deutschland aus. Aber Rawls und Nozick, die in der Moralphilosophie vernunftrechtliche Konstruktionen wieder zu Ehren gebracht haben, sind auch hierzulande nicht ohne Wirkung geblieben. Höffe versucht nun, das moraltheoretisch wiederbelebte Argumentationspotential von Hobbes und Kant für Fragen der politischen Gerechtigkeit zu mobilisieren. Trotz der angelsächsischen Rükkendeckung exponiert er sich mit einem solchen Unternehmen. Es weckt den Verdacht auf die Restauration eines von der realen Entwicklung überholten und überforderten, insofern unterkomplexen Ansatzes. Höffe selbst ist sich darüber im klaren, daß einer unbefangen normativ operierenden »Neuvermessung des Gerechtigkeitsdiskurses« (16) etwas »Unzeitgemäßes« (17) anhaftet. Gleichwohl traut er sich eine »Fundamentalphilosophie des Politischen« (33) zu; auch die liberale Demokratie lebe, ungeachtet ihrer weltanschaulichen Neutralität, von einem Konsens über »letzte Dinge«: »Das, was theorie- und sozialgeschichtlich betrachtet das politische Projekt der Moderne heißen kann, bedeutet systematisch eine Erste Philosophie des Politischen« (28). Die Durchführung der Theorie muß sich an diesem forschen Anspruch messen lassen.

I

Die Studie zeichnet sich dadurch aus, daß Höffe mit den Klassikern – uneingeschüchtert durch historische Distanz – als Zeitgenossen umgeht. Dieser umstandslos systematische Zugriff ist sympathisch und macht insbesondere Texte von Plato, Aristoteles und Hobbes so lebendig, wie sie es verdienen; merkwürdigerweise bleibt Kant, der die eigentliche Inspirationsquelle für Höffes liberale Staatstheorie ist, im Hintergrund. Die architektonische Anlage des Buches ist (1) durch eine doppelte *Frontstellung* gegen positivistische Rechts- und Staatsauffassungen und gegen die anarchistische Utopie der Herrschaftsfreiheit, (2) durch die (in der Einleitung) entwickelte deontologische *Gerechtigkeitsperspektive* und schließlich (3) durch das (im letzten Teil) entwickelte *Argument* für eine vernunftrechtliche Legitimation der Menschenrechte vorgezeichnet.

(1) *Zur Frontstellung.* Höffe führt sein Ziel, eine liberale, aus dem Freiheitsprinzip abgeleitete politische Ordnung normativ zu begründen, metakritisch, nämlich auf dem Wege einer Auseinandersetzung mit Positivismus und Anarchismus, ein. Die Antithese zwischen diesen beiden Positionen erklärt er aus der selektiven Wahrnehmung politischer Grunderfahrungen. Die Erfahrung des Bürgerkriegs motiviert ein Denken, das von Konkurrenz- und Machtphänomenen ausgeht, Politik und Recht naturalistisch versteht, um dann den Staat funktionalistisch zu begreifen. Er wird als eine Frieden und Rechtssicherheit garantierende, auf Befehl und Gehorsam beruhende Zwangsordnung konzipiert. Dazu verhält sich der Anarchismus spiegelbildlich. Er ist motiviert durch die Erfahrung der Despotie, geht also von Repressions- und Ausbeutungsphänomenen aus und zielt, weil er Politik und Recht wiederum naturalistisch als Mittel zur Stabilisierung von Gewalt-

verhältnissen versteht, auf eine spontane Selbstorganisation der Gesellschaft ab. Diese soll der rechtsförmig ausgeübten politischen Gewalt entbehren können.

Gegen die eine Seite bringt Höffe den internen Zusammenhang der Politik und des Rechts mit Moral zur Geltung, gegen die andere Seite die Legitimität rechtlicher Zwangsbefugnisse. Eine vernünftige normative Regelung des Zusammenlebens sei ohne das Medium Recht nicht möglich; und das Recht müsse zugleich Gerechtigkeitskriterien genügen wie auch durch eine staatliche Sanktionsgewalt gedeckt sein. Dieses konventionelle Beweisziel verliert etwas von seiner Trivialität, wenn man Höffes Theoriestrategie im Auge behält; er möchte eine Konzeption der politischen Gerechtigkeit entwickeln, die sich gleichermaßen von »ethikfreien Institutionentheorien« wie von »institutionsfreien Diskurstheorien« absetzt. Die einen liefern die sozialwissenschaftlichen Hintergrundannahmen für eine moralisch neutralisierte Betrachtung von Politik und Recht; die andern leisten einer moralistischen Herrschaftskritik Vorschub, weil sie, wie Höffe meint, »die Legitimität einer zwangsbefugten Koexistenz« bestreiten (27). So ist man neugierig darauf, wie sich Höffes Konzept der Gerechtigkeit von dem der Diskursethik, auf die er sich beiläufig bezieht, unterscheidet.

(2) *Zum Gerechtigkeitsbegriff.* Höffe geht von der dreifachen Bedeutung des Prädikats »gut« aus; er unterscheidet das pragmatisch Zweckmäßige vom axiologisch Guten und moralisch Gebotenen. Aber er vernachlässigt Differenzierungen im Bereich dessen, was jeweils für mich oder für uns gut ist: Subjektive Ziele und Präferenzen werden von reflektierten Wertorientierungen und Lebensentwürfen nicht unterschieden. Deshalb bleibt das Verhältnis von Ethik und Gerechtigkeitsmoral unklar. Innerhalb des Moralischen sollen sich Gerechtigkeit und Solidarität (bzw. Benevolenz) ähnlich zueinander verhalten wie negative und positive Pflichten; und diese wiederum sollen sich nach dem Grad der Verbindlichkeit wie Rechts- und Tugendpflichten voneinander unterscheiden, so daß nur den Rechtspflichten moralisch begründete subjekte Rechte entsprechen. Ich lasse diese Weichenstellungen auf sich beruhen, da Höffe (wie Rawls) die auf Institutionen bezogene politische Gerechtigkeit von der auf Personen bezogenen Gerechtigkeit der Individualmoral sogleich abtrennt. Die »politische Gerechtigkeit« wird kognitivistisch verstanden; sie dient als der

Maßstab, den wir zugrunde legen, wenn wir Recht und Staat vom »moralischen Standpunkt« aus beurteilen (59).

Den moralischen Standpunkt erklärt Höffe (wiederum im Sinne von Rawls) als Gesichtspunkt der unparteilichen Beurteilung der Vorteile, die eine strittige institutionelle Regelung für jeden Betroffenen zur Folge haben würde: »Dort wo man die menschliche Praxis nach dem Vorteil für jeden beurteilt, nimmt man weder für einen einzelnen, noch für eine Gruppe, vielmehr für distributiv alle Partei« (83). Gerecht heißt diejenige Praxis – oder allgemeine Regelbefolgung –, die von jedem als vorteilhaft für alle akzeptiert werden könnte. Das moralisch Gute ergibt sich aus der unparteilichen Verallgemeinerung des Vorteils eines jeden Betroffenen. Höffe begreift also die Gerechtigkeitsperspektive als »Gesichtspunkt des distributiven Vorteils«; sie ist auf die Figur des Richters in der idealen Rolle eines unparteilichen Beobachters zugeschnitten (84). Diese Bestimmung bleibt allerdings der utilitarischen Vorstellung eines idealen Beobachters verhaftet, der die Interessen anderer monologisch abwägt. Höffe verfehlt die diskursethische Pointe, daß eine strittige Praxis oder Regel nur dann gültig ist, wenn sie die Zustimmung der Betroffenen *selber* finden könnte – nämlich unter solchen Diskursbedingungen, die alle Teilnehmer nötigen, auch die Perspektive eines jeden anderen einzunehmen. Die ideale Rollenübernahme darf nicht als das neutrale Geschäft einer dritten Person vorgestellt werden; sie ist eine intersubjektive Veranstaltung, aus der heraus sich die Perspektive der ersten Person Plural einer kontrafaktisch erweiterten Gemeinschaft bildet. Allein aus dieser Perspektive einer höherstufigen Intersubjektivität, die den Zugang zum intuitiven Wissen der Beteiligten nicht abschneidet und deren Ja-/Nein-Stellungnahmen nicht präjudiziert, läßt sich unparteilich beurteilen, was *gleichermaßen gut* für alle ist.

(3) *Das Argument.* Von politischer Gerechtigkeit oder Legitimität spricht Höffe dann, wenn Recht und Staat nach dem Kriterium des distributiven Vorteils beurteilt werden sollen. Den Staat definiert er gewissermaßen unpolitisch als »das Gemeinwesen, das die Rechtsbefugnisse beansprucht« (65). Seine Kompetenzen sind durch die Aufgabe, das Recht zu administrieren, vorgezeichnet, während das Recht selbst aus zwangsbesetzten, und zwar staatlich sanktionierten Verhaltensregelungen besteht. Für den Fortgang der Untersuchung ist nun entscheidend, daß Höffe nicht etwa

dieses Rechtskonzept einer begrifflichen Analyse unterzieht, um zu klären, wie sich politische Macht und positives Recht auf der Grundlage moralischer Verbindlichkeiten wechselseitig konstituieren; damit hätte er die Werkzeuge für eine Analyse der Veränderungen im Aggregatzustand der modernen Rechtssysteme gewinnen können. Statt dessen interessiert er sich ausschließlich für den Zwangscharakter jener »Gebote, Verbote und Verfahrensvorschriften, die im wesentlichen vorher bekannt und relativ genau umgrenzt sind, die ferner in Streitfällen autoritativ ausgelegt und notfalls mit Gewalt bzw. unter Androhung von Rechtsstrafen durchgesetzt werden« (65). Aus dieser eigentümlich eingeschränkten Perspektive eines Strafrechtlers verkürzt sich die Legitimationsfrage darauf, ob es unter dem moralischen Gesichtspunkt »überhaupt einen Rechts- und Staatszwang geben darf« (68). Höffe geht es einzig um eine Legitimation des Rechtszwangs.

Unter den Prämissen eines nachmetaphysischen Vernunftrechts (92 ff.) findet diese Frage eine eher konventionelle Antwort. Höffe begründet nämlich den Rechtszwang mit Hilfe eines klassischen, durch Hobbes und Kant inspirierten Gedankenexperiments, das aus drei Schritten besteht:

(a) Bereits im Naturzustand wird die individuelle Handlungsfreiheit des einen durch die Handlungsfreiheiten der anderen faktisch eingeschränkt; überdies muß bei einer Koexistenz freier Personen stets mit Konflikten gerechnet werden. Sozialer Zwang und Konflikt bestehen gleichsam von Natur aus. Deshalb ist »das Ziel eines der Konflikt- und Zwangsgefahr enthobenen Zusammenlebens freier Personen ... in allen möglichen Welten unerreichbar« (334).

(b) Unter dem Gesichtspunkt des distributiven Vorteils empfiehlt sich nun jene horizontale Vereinbarung, die Höffe als einen negativen Tausch reziproker Freiheitsverzichte charakterisiert und am Beispiel der wechselseitigen Gewährung der Integrität von Leib und Leben erläutert. Soweit allen Menschen, unangesehen ihrer individuellen Glücksvorstellungen und Lebensziele, elementare, wenn auch verschieden gewichtete Interessen gemeinsam sind, kann ein diachron, also über Zeit kalkulierter Ringtausch von Freiheitsverzichten für jeden einzelnen von Vorteil sein. Allgemein vorteilhafte Freiheitsbeschränkungen verlieren zwar nicht ihren Zwangscharakter; unter der Bedingung strenger Reziprozität bedeuten aber die Freiheitsverzichte der anderen jeweils eigene subjektive Ansprüche. Diese gegenseitig gewährten Grundfreiheiten haben den Sinn natürlicher *Rechte*; mit ihnen ist nämlich eine natürliche Zwangsbefugnis verbunden. Jeder hat das moralisch begründete Recht, jeden Eingriff in seine subjektiven Ansprüche abzuwehren.

(c) Solange jeder die ihm zustehende Zwangsbefugnis nach Gutdünken und in eigener Regie ausübte, würde der Maßstab einer abstrakt von allen eingesehenen natürlichen Gerechtigkeit den konfliktträchtigen Zustand, den sie beenden soll, nur verschärfen. Um den Interpretationsstreit über die Anwendung grundsätzlich anerkannter Prinzipien schlichten zu können, müssen die wechselseitigen Freiheitsrechte sowohl genau als auch gemeinsam spezifiziert werden. Sodann ist die Befolgung derart positivierter Gesetze nur zumutbar, wenn eine mit Sanktionsmacht ausgestattete öffentliche Gewalt für die Rechtsdurchsetzung sorgt.

Wie Locke und Kant verankert Höffe die Grundrechte in einem Gesellschaftsvertrag, der dem Akt der Einsetzung der Staatsgewalt vorausgeht: »Da jeder Mensch einen vor- und überpositiven Anspruch auf die Grundfreiheiten der natürlichen Gerechtigkeit hat und dieser Anspruch durch den Freiheitstausch zustande kommt, kann die positive Rechtsmacht die Gerechtigkeit nicht originär stiften, sie kann ihr nur zur wirklichen Existenz verhelfen ... Das Gemeinwesen sorgt für die genaue Definition des Umgrenzten und für seine Einhaltung, es kann die Grundfreiheiten nur gewährleisten, aber nicht gewähren.« (435)

II

Was kann diese Argumentationsstrategie heute noch leisten? Auf der einen Seite tut sie (1) gute Dienste in der Auseinandersetzung mit dem Rechtspositivismus. Auf der anderen Seite teilt sie mit den Vorläufern des klassischen Liberalismus die Schwächen (2) eines individualistischen Ansatzes, (3) einer Vernachlässigung des Demokratieprinzips und (4) einer abstrakten Entgegensetzung von Naturrecht und historischem Prozeß.

(1) Die glänzende und systematisch ertragreiche Hobbes-Interpretation (130ff.) setzt beim Begriff der Rechtsgeltung an. Höffe verteidigt Hobbes gegen die machttheoretische Lesart, die C.

Schmitt und andere Gefolgsleute dem »Leviathan« gegeben haben. Wenn man »Geltung kraft Autorität« von vornherein im Sinne einer »Geltung kraft autorisierter Macht« versteht, findet man im Autoritätsbegriff drei Dimensionen vereinigt, die die Machttheorien, die Anerkennungstheorien und die Ermächtigungstheorien der Rechtsgeltung jeweils isolieren. Weil die öffentliche Gewalt um des allgemeinen Vorteils willen eingesetzt wird, kann nicht jeder rechtsförmig eingekleidete Zwang Rechtscharakter und damit Anerkennung beanspruchen. Mit dieser moraltheoretisch aufgewerteten Unterscheidung zwischen violenta und potestas, Macht und Autorität, bloßem Zwang und auf Befugnisse gestütztem Rechtszwang gewinnt Höffe den Gesichtspunkt, unter dem er die positivistischen Rechtsbegriffe kritisiert und am Ende reformuliert. Im Durchgang durch Austins Befehlstheorie des Rechts, durch Kelsens Idee der Regelhierarchie als eines Systems von Ermächtigungen und Harts analytische Rechtstheorie arbeitet Höffe behutsam die normativen Implikationen des Formzwangs positiven Rechts heraus – Autorisierung und Regelform des rechtsspezifischen Zwangs sind keineswegs gerechtigkeitsneutral.

Freilich muß zum ethischen Minimum der Regelanwendungsgleichheit die »primäre Gerechtigkeit« der Rechtsinhaltsgleichheit in der Weise hinzutreten, daß »der Sozialzwang überhaupt mehr Vor- als Nachteile erbringt«, und zwar in the long run gleichermaßen für die »Zwangsbetroffenen« wie für die – aktuell – »Zwangsbevorteilten« (169). Unter dem Gesichtspunkt politischer Gerechtigkeit kommt es darauf an, daß strittige Materien im allgemeinen Interesse geregelt werden und daß die entsprechende Praxis einer allgemeinen Regelbefolgung gleichermaßen gut ist für alle. Für eine Rechts- und Staatstheorie hätte sich deshalb als nächster Schritt die Legitimation eines Verfahrens für die Gesetzgebung angeboten. Aber Höffe ist auf den Zwangscharakter des Rechts fixiert.

(2) Das erklärt die Auseinandersetzung mit einem Anarchismus, der freilich nur vage umschrieben wird. Es ist auch nicht sehr plausibel, daß Höffe in diesem Zusammenhang die Diskussion mit Plato und Aristoteles aufnimmt. Diese artifizielle Zusammenstellung ergibt sich daraus, daß Höffe gegen die Utopien der Herrschaftsfreiheit und gegen deren kommunitaristische Voraussetzungen ein auf individualistischen Voraussetzungen beruhendes

Konfliktmodell zur Geltung bringen möchte. Er entwickelt einen individualistischen Rechtsbegriff, der im Sinne der Kantischen Rechtslehre auf die Vereinbarkeit gleicher subjektiver Freiheiten zugeschnitten ist, vor dem Hintergrund eines Naturzustandes, in dem »das handlungsmächtige Begehren des einen in realer Konkurrenz zum handlungsmächtigen Begehren des anderen steht« (330). Gegen die intersubjektivistischen und kooperationistischen Grundannahmen des klassischen Naturrechts wie des anarchistischen Frühsozialismus beharrt Höffe auf einem originären Zustand der Konkurrenz drohfähiger Personen, deren Handlungsfreiheiten konflikträchtig aufeinanderstoßen: »In erster Annäherung kann man die Personen als Familienhäupter bzw. Eltern ansehen, die Kinder und Großeltern mitrepräsentieren.« (351)

Höffe bemüht eine in die Jahre gekommene Anthropologie Gehlenscher Provenienz, um naheliegende Einwände mit Hilfe eines pessimistischen Institutionalismus abzuwehren. Aber auch so lassen sich die Grundbegriffe des possessiven Individualismus nicht retten. Regelungsbedürftige Konflikte, für die das Recht eine funktionale Lösung bietet, lassen sich nicht nach dem Modell der Außenbeziehungen souveräner Staaten analysieren; sie ergeben sich aus Kontexten gesellschaftlicher Interaktionen, die *von Haus aus* normativ geregelt sind. Der Konfliktregelungsmechanismus des Rechts kann sich nur deshalb auf Gerechtigkeitsressourcen stützen, weil durch den Modus der Vergesellschaftung, der die Subjekte gleichzeitig erst zu Individuen macht, ein vorläufiger Konsens gesichert ist – z. B. in Gestalt von notwendigen Voraussetzungen kommunikativen Handelns. Höffe verstellt sich den Weg zu einer intersubjektivistischen Auffassung, die Einsichten eines G. H. Mead aufnimmt, weil er Kultur und Gesellschaft auf eine Menge externer Beschränkungen reduziert, ohne den bildenden, kompetenzverleihenden Charakter des von Hegel »objektiv« genannten Geistes zu berücksichtigen. Bevor der soziale Zwang auf die Subjekte zurückschlägt, müssen diese sich erst einmal gesellschaftlich konstituiert haben. Wenn man Gesellschaft nach dem Modell der wechselseitigen Beschränkung »freier Personen in derselben Außenwelt« nur als Sozialzwang begreift, verschwinden hinter den constraining conditions die enabling conditions.

(3) Der individualistische Ansatz hindert Höffe daran, die Auseinandersetzung mit dem sozietären Anarchismus für Zwecke seiner Legitimationsüberlegungen in ähnlicher Weise fruchtbar zu

machen wie zuvor die Kritik des Rechtspositivismus. Die Rätediskussion kreiste ja um die Organisationsform der »freien Assoziation«, die man von überholten Utopien einer sich selbst organisierenden Arbeitsgesellschaft ohne weiteres lösen kann. Während Höffe die spontane Vergesellschaftung auf das Interesse an einem gleichmäßig vorteilhaften Tausch von Freiheitsbeschränkungen zurückführt und insofern kontraktualistisch begreift, gestattet der Begriff der freien Assoziation eine nichtkontraktualistische Gesellschaftskonzeption. Er läßt die rechtliche Institutionalisierung eines gesellschaftlichen Verkehrs nach Kriterien der »natürlichen Gerechtigkeit« im Sinne von Höffe durchaus zu. Aber die gerechte Gesellschaft braucht dann nicht mehr als eine instrumentelle – und damit vorpolitische – Ordnung vorgestellt zu werden, die aus Verträgen, nämlich aus den interessegeleiteten Vereinbarungen strategisch handelnder Privatleute hervorgeht. Eine über Assoziationen statt über Märkte – z. B. den Markt des negativen Freiheitstausches – integrierte Gesellschaft wäre eine politische und gleichwohl spontane, aus Vernunft begründete Ordnung. Das Modell frei assoziierter Gesellschaftsmitglieder stellt ein Äquivalent dar für den nach liberalistischer Lesart durch Gesellschaftsvertrag herbeigeführten Zustand. Das den Vertrag ablösende Modell der freien Assoziation setzt an die Stelle des Tauschmechanismus die handlungskoordinierende Verständigung über gemeinsam zu lösende Probleme.

Gegenüber der Konzeption von Vertrag und Tausch führt der Grundbegriff der diskursiven Willensbildung – worauf ich hier nicht näher eingehen kann – einen Begriff der prozeduralen Rationalität mit sich, der über die Legitimation des Zwangscharakters von Recht überhaupt hinausweist. Höffes Gedankenexperiment erlaubt nur die Begründung der Idee von Grundfreiheiten oder Menschenrechten überhaupt. Es zeigt nicht, wie man unter wechselnden historischen Herausforderungen zur Auszeichnung *spezifischer* Grundrechte gelangt; noch liefert es ein Verfahren, nach dem ein *konkreter* Regelungsbedarf mit Hilfe positiven Rechts in der Weise befriedigt werden kann, daß die verfahrenskonform zustandegekommenen, angewendeten und vollzogenen Gesetze die Vermutung der Legitimität für sich haben. In seiner ausführlichen Erörterung der aristotelischen *Politik* blendet Höffe merkwürdigerweise jene Praxis aus, durch die sich politische Herrschaft als eine von Freien und Gleichen über sich selbst erst konstituieren soll – die Teilnahme der Bürger an der politischen Gesetzgebung. Rousseau hat Freiheit als diejenige Autonomie begriffen, die sich in der gleichen Teilnahme aller an der Praxis der Selbstgesetzgebung aktualisiert. Weil der Gesetzgebungspraxis selbst eine vernünftige Struktur eingeschrieben ist, braucht die herrschaftslegitimierende Vernunft dem souveränen Willen des Volkes nicht vor- und übergeordnet zu werden. Die Pointe der Überlegung ist die Vereinigung von praktischer Vernunft und souveränem Willen, von Menschenrechten und Demokratie.

Ich meine nun nicht, daß Rousseaus Vorschlag heute noch überzeugen kann. Seine Grundbegriffe sind zu substantialisch, der Ansatz insgesamt nicht universalistisch genug. Und die Idee der Selbstgesetzgebung bedürfte einer streng prozeduralistischen Fassung. Aber das Höffesche Gedankenexperiment reicht nicht aus, um über den abstrakten Begriff des subjektiv-öffentlichen Rechts hinaus politische Gerechtigkeit als einen dem Rechtssystem *innewohnenden* Maßstab zu operationalisieren.

(4) In einer juristischen Fachzeitschrift schließt die insgesamt wohlwollende Rezension des Buches mit der Bemerkung, philosophische Theorien der Gerechtigkeit im Stile von Rawls, Nozick und Höffe hätten mit dem wirklichen Recht des 19. und 20. Jahrhunderts nicht sehr viel zu tun. Gewiß, jeder Philosoph wird sich heute der Mahnung seiner juristischen Kollegen aussetzen, doch bitte »den Stand des positiven Rechts und seiner Handhabung zur Kenntnis zu nehmen« (H. Naucke, *Zeitschr. f. ges. Staatswiss.* 1988, 1878). Aber das demokratietheoretische Defizit eines Ansatzes, der alle moralischen Gehalte in vorpolitischen Menschenrechten unterbringt, mag noch größere Schwierigkeiten haben, sich dem beschleunigten Wandel sozialstaatlicher Rechtssysteme zu nähern, als eine Theorie, die mit einem prozeduralen Gerechtigkeitsbegriff operiert und, salopp gesprochen, die Moral nur noch in den Kommunikationsvoraussetzungen rechtlich institutionalisierter Formen der Argumentation verankert sieht. Dieser diskurstheoretische Ansatz ist in der Bundesrepublik durch Arbeiten von Robert Alexy und Klaus Günther zur Geltung gebracht worden.

Im übrigen geht Höffe nach wie vor von der Prämisse einer im Staat zentrierten Gesellschaft aus. Seine berechtigte Kritik an Luhmann (171 ff.) kann aber nicht jene sozialwissenschaftlichen Argumente entkräften, wonach in funktional differenzierten Gesellschaften das politische System keineswegs mehr das Zentrum eines gesamtgesellschaftlichen Bewußtseins und einer Selbstprogrammierung der Gesellschaft bildet. Das Modell des Ganzen und seiner Teile, dem die Tradition des Naturrechts verhaftet bleibt, prallt an der gesellschaftlichen Realität von heute ab.

Anmerkung

1 O. Höffe, *Politische Gerechtigkeit,* Frankfurt/Main 1987, Seitenangaben beziehen sich auf diese Ausgabe.

Interview mit Hans Peter Krüger

KRÜGER Sie sind in Westeuropa und Nordamerika als einer der wenigen Großen bekannt, die noch grundlagentheoretische Syntheseversuche auf philosophisch-gesellschaftstheoretischem Gebiet wagen. Vielleicht darf man Ihre Philosophie, die einen interdisziplinären Orientierungsrahmen bietet, kurz als die der »kommunikativen Vernunft« bezeichnen. Ihre Philosophie kommt einer selbstkritischen Neubegründung der unter Kritik geratenen Tradition sozialkritischer Aufklärung gleich. Wären Sie einleitend mit einer solchen Grobcharakterisierung einverstanden?

HABERMAS Sie wissen, lieber Herr Krüger, daß die deutschen Mandarine lange genug mit dem »Großen« – ebenso wie mit dem »Tiefen« – Unfug getrieben haben; abgesehen also von der captatio benevolentiae bin ich mit Ihrer Etikettierung einverstanden, sogar ohne Wenn und Aber. Früher, in den fünfziger Jahren, hätte ich Qualifikationen hinzugefügt; damals war nämlich die Formel von der »zweiten Aufklärung« unter den westdeutschen Intellektuellen so sehr eine Selbstverständlichkeit, daß sie ihre Unterscheidungskraft einzubüßen drohte. Vielen ist diese Floskel zu leicht von der Zunge gegangen. Nach dem Ende der Studentenrevolte, und mit der Verstetigung der ökonomischen Schwierigkeiten, ist das geistige Klima umgeschlagen. Heute mag man in Nietzsche beispielsweise nicht mehr den intransigenten Aufklärer, sondern nur noch den elitären Wegbereiter der Heideggerschen Spätphilosophie wiedererkennen. Inmitten einer verschwitzten Sinnsuche muß man wieder an Heines hellsichtige Ehrenrettung des Buchhändlers Nicolai erinnern, der schon im 19. Jahrhundert zum abschreckenden Symbol des »Aufklärichts« geworden war: Es sind die Obskuranten, sagte Heine, die den Armen zugrunde persifliert haben.

Sowenig die Aufklärung mit Diderot und Helvetius anfängt, sowenig hört sie mit Sartre auf. Sie beginnt schon in der Antike, mit der Skepsis gegen die Allgemeinbegriffe eines philosophischen Idealismus, der leichtfüßig über das konkrete Leiden an erniedrigenden Lebensumständen hinweggleitet – auch damit, daß dieser Protest im Namen der Vernunft und mit dem Blick auf die realen Bedürfnisse und das diesseitige Glück angemeldet wird. Die skeptischen, die hedonistischen, die materialistischen Motive sind Vorläufer einer nachmetaphysischen Denkweise; sie signalisieren keineswegs das Platte, Unsensible oder Grobe, allenfalls das Plumpe im Sinne von Brechts »plumper« Rede gegen jenen vornehmen Ton, der schon Kant auf die Nerven gegangen war. Was dann nach Kant zur Aufklärung hinzukommt, das Sozialkritische, wie Sie es nennen, zielt auch nicht nur auf die Produktionsverhältnisse, auf die gesellschaftliche Dynamik ab, die das objektiv vermeidbare Leid erst erzeugt, sondern auch auf ein Potential, das in der gesellschaftlichen Existenzform selber angelegt ist – auf das Versöhnliche eines humanen Umgangs, auf die unversehrte Intersubjektivität gegenseitiger Anerkennung, auf Autonomie und Würde, auch auf die vorübereilenden Glücksmomente im nicht-verfehlten Zusammenleben. Der granitne Sockel des existentiell unvermeidbaren Leids ist ohnehin so hoch, daß sich darauf nicht auch noch der Schutt der unsinnigen, weil selbst produzierten, uns selbst zugefügten Verheerungen und Versehrungen türmen sollte. Sich das klarzumachen, gegen einen funktionalen Fatalismus, das verstehe ich unter sozialkritischer Aufklärung.

KRÜGER Vernunft ist zumindest ein, wenn nicht der Grundbegriff modernen Philosophierens. Sie ist inzwischen zum Signalbegriff der Weltpolitik geworden, auch zur Aufforderung, neue Handlungsweisen in den industrialisierten Gesellschaften zu entwickkeln, angesichts der ökologischen Probleme wie auch des Gefälles zwischen entwickelten und sich entwickelnden Ländern. Was ist für Sie »Vernunft«, und wie unterscheidet sich Ihre Vernunftauffassung von anderen Vernunftkonzeptionen?

HABERMAS Ich weiß nicht, ob ich die Präsuppositionen Ihrer Frage richtig verstehe. Lassen Sie mich vorausschicken, daß ich skeptisch bin gegen zu schnelle Verbindungen zwischen Theorie und Weltgeschichte. In komplexen Gesellschaften schieben sich zwischen Theorie und Praxis so viele Mittelglieder, daß wir jedem Philosophen, der heute noch mit Schlüsselattitüde (Gehlen) auftritt, mißtrauen müssen. Hegel glaubte noch, daß sich in seiner Theorie die Wahrheit des historischen Verlaufs gleichsam entschlackt zusammenfaßte – die große Philosophie als Schale der Wahrheit. Heute sind die Wahrheiten zerstreut über viele Diskursuniversen, die nicht mehr in eine Hierarchie zu bringen sind; aber in jedem dieser Diskurse suchen wir hartnäckig nach Einsichten, die *alle* überzeugen könnten.

Die Vernunft ist das Vermögen möglicher universaler Verständigung geblieben – im Konditionalis. Aber nicht nur das, sie existiert auch schon in der Geschichte – in den Errungenschaften sozialer Bewegungen, z. B. in den Institutionen und den Grundsätzen des demokratischen Verfassungsstaates. Die Probleme, die Sie erwähnen, enthüllen ein Stück existierender Unvernunft und sind damit ein stummer Protest gegen das *erzeugte* Elend in der Dritten Welt, gegen die *erzeugten* Risiken einer aberwitzigen Rüstung und einer kaum beherrschbaren atomaren Energie, gegen die aggressive Vernichtung der natürlichen Ressourcen, der Tierarten, der ökologischen Gleichgewichte, der Naturschönheit. Damit stehen Gattungsinteressen auf dem Spiel, nicht nur Klasseninteressen. Nicht weniger schlimm ist freilich die Entrechtung und Entwürdigung des machtlosen einzelnen, der ethnischen Minderheit, des politischen Gegners. Die Vernunft ist dazu da, dieses Negative zur Sprache zu bringen, dem im Schmerz Verstummten unsere Stimme zu leihen, das Unvernünftige »zur Raison zu bringen« – in der Opposition gegen das existierende Unvernünftige verliert dieser Audruck alles bloß Autoritäre.

KRÜGER Im Westen scheint die totale Vernunftkritik während des letzten Jahrzehnts an Aufschwung gewonnen zu haben. Diese totale Vernunftkritik unterstellt häufig, Vernunft sei an die Macht gekommen: Vernünftige Aufklärung, die schon theoretisch in einer Orientierung auf Totalität bestehe, schlage bei ihrer praktischen Verwirklichung zwangsläufig ins Totalitäre, in demokratiefeindliche Machtstrukturen, um. Die Beweislast, die diese Kritiker für ihre Unterstellung abtragen müßten, haben sie wohl kaum übernommen. – Wie widerstehen Sie dieser totalen Vernunftkritik? – Einer Ihrer Aufsätze heißt programmatisch *Die Einheit der Vernunft in der Vielheit ihrer Stimmen.*

HABERMAS Jene Vernunftkritik, wie sie von den Neuen Philosophen und einigen französischen Poststrukturalisten ausgegangen ist, überschlägt sich und entwertet die Mittel der Kritik selber – sie wird sehenden Auges aporetisch. Damit will ich keineswegs die großen Leistungen beispielsweise der Foucaultschen Machtanalyse leugnen. Aber bei manchen der Gefolgsleute bleiben nur noch die falschen Prämissen, unter Abzug ihrer produktiven Folgen, übrig. Was nämlich in diesen Kreisen als »Vernunft« denunziert wird, ist lediglich die zum Ganzen aufgeplusterte Zweckrationalität, eine auf Selbstbehauptung sich versteifende Subjektivität.

Manchmal reibt man sich die Augen – als sei die ehrwürdige Unterscheidung zwischen Verstand und Vernunft ganz umsonst gewesen. Horkheimer und Adorno sprechen von »instrumenteller Vernunft« – ein ironischer Ausdruck, der besagt, daß Max Webers Zweckrationalität heute droht, den Platz der Vernunft zu usurpieren und darum totalitäre Konsequenzen zu erzeugen, beispielsweise in einer staatlichen Bürokratie, die sich fälschlich für das Zentrum und die Spitze der Gesellschaft hält.

KRÜGER Es bahnt sich inzwischen eine Rezeptionswelle Ihrer Schriften auch in unseren Ländern an. Sie haben im Juni 1988 erstmals offiziell einen Gastvortrag in Halle über Motive nachmetaphysischen Philosophierens gehalten. Auch Ihre Schriften werden nun endlich schrittweise bei uns erscheinen. Ihnen stehen Gastvorträge in Moskau bevor. – Sehen Sie einen Bezug zwischen Ihrer kommunikationsorientierten Philosophie- und Gesellschaftstheorie und der Forderung nach einem »neuen Denken« in der Weltpolitik sowie den in der Sowjetunion begonnenen Reformen, die unter den Stichworten »Perestroika« und »Glasnost« bekannt geworden sind?

HABERMAS Nun, Sie wissen, daß ich in der Tradition des »westlichen Marxismus« groß geworden bin – so hat jedenfalls Merleau-Ponty einmal die auf Gramsci, Lukács, Korsch, Horkheimer und andere zurückgehenden hegelmarxistischen Strömungen genannt. Ich habe freilich versucht, mich von dem teleologischen Weltbild freizumachen, das m. E. in den kryptonormativen Annahmen einer materialistischen Geschichtsphilosophie immer noch drinsteckt. Statt auf die Vernunft der Produktivkräfte, letztlich also der Naturwissenschaft und der Technik, vertraue ich auf die Produktivkraft der Kommunikation, die sich am deutlichsten in sozialen Befreiungskämpfen äußert. Diese kommunikative Vernunft hat sich auch in den bürgerlichen Emanzipationsbewegungen zur Geltung gebracht – in den Kämpfen für Volkssouveränität und Menschenrechte. Sedimentiert hat sie sich in den Einrichtungen des demokratischen Rechtsstaates und in den Institutionen der bürgerlichen Öffentlichkeit. Der Sowjetmarxismus hat sich den emanzipatorischen Gehalt dieser historischen Errungenschaften, statt ihn freizusetzen und zu radikalisieren, nicht auf ganzer Breite angeeignet.

Soweit Gorbatschows Reformen darauf abzielen, das Versäumte nachzuholen und einen demokratischen Pluralismus auf der

Grundlage eines unbürokratischen Sozialismus durchsetzen, könnten sie in der Tat so etwas wie die Produktivkraft Kommunikation entfesseln. Dabei denke ich nicht an Mikrochips und die Verbesserung von Informations- und Entscheidungsstrukturen, obwohl auch das wichtig ist. Wenn Sie mich fragen, was einem aus der Sicht einer »Theorie des kommunikativen Handelns« zu Perestroika einfällt, dann denke ich zunächst an die Revitalisierung einer ausgetrockneten politischen Öffentlichkeit.

KRÜGER Wenn Sie gestatten, könnten wir jetzt versuchen, eine Art Landkarte Ihrer Theorie auch für Nichtspezialisten zu skizzieren. Ihre Konzeption scheint mir wesentlich auf die Aufdekkung der sozialkulturellen Potentiale für moderne Gesellschafts- und Kulturentwicklung ausgerichtet zu sein. Sie hängen nicht an dem immer gerade empirisch Gegebenen fest, sondern fragen nach dem, was strukturell möglich war, ist und sein wird, wodurch die empirisch wechselnden Realitäten zum kritisierbaren Problem werden. Es scheint Ihnen weniger um die stofflich-energetischen Abhängigkeiten der Gesellschaftsentwicklung von der äußeren Natur, von den technologischen Produktionsweisen und damit zusammenhängenden sozialökonomischen Strukturierungsnöten zu gehen als vielmehr um die soziokulturellen Möglichkeiten, Gesellschaft auf moderne Weise zu entwickeln. Mit Marx gesprochen: Bei Ihnen steht meines Erachtens die Erklärung der positiven Potentiale des »Reichs der Freiheit« im Vordergrund gegenüber der Erklärung des »Reichs der Notwendigkeit«.

HABERMAS Ganz so würde ich das nicht sehen – jede Gesellschaftstheorie muß den Ehrgeiz haben, zu erklären, wie eine Gesellschaft funktioniert und wodurch sie sich reproduziert. Um diese Frage für den Spätkapitalismus zu beantworten, mußte aber schon die ältere Kritische Theorie die Erklärungsperspektive um 180 Grad drehen. Man mußte sich klarmachen, warum sich der Kapitalismus trotz der ihm innewohnenden Krisentendenzen immer weiter entfalten und stabilisieren konnte. Dafür hat man damals im Institut für Sozialforschung eine Theorie der Massenkultur entwickelt. Heute haben sich die Krisen verstetigt und normalisiert, freilich um den Preis der fortbestehenden Arbeitslosigkeit und der Marginalisierung, der Ausgrenzung von sozialstaatlich ausgehaltenen, realtiv machtlosen Unterklassen. Je besser die Mehrheit der Beschäftigten sozial integriert ist, um so wichtiger werden die kulturellen Faktoren. Es sind deshalb eher *kultur-*

revolutionäre Tendenzen, die in Gesellschaften unseres Typs zu einer vorübergehenden Destabilisierung führen. Natürlich ist die Kulturindustrie-Hypothese, wie man heute sieht, ein viel zu einfaches Schema.

Mein Interesse an den kulturellen Entwicklungen, an Religion, an Rechts- und Moralbewußtsein, an moderner Kunst, überhaupt am kulturellen Wandel der Wertorientierungen, ist nicht nur ein negatives. Je mehr sich die Integrationskraft der Gesellschaft aus diesem Reservoir speist, je mehr sich Politik und Verwaltung, um Massenloyalität zu schaffen, auf administrativ schwer zugängliche kulturelle Bereiche einstellen muß, umso mehr werden sie auch abhängig vom Potential der Lernmöglichkeiten und der explosiven Erfahrungen, die im »kulturellen Kapital« gespeichert sind – wenn ich meinem Freund Bourdieu diesen Ausdruck entwenden darf. Diese Gegenwartsdiagnose habe ich, wie Sie sagen, auch historisch fruchtbar zu machen versucht. Man kann, ohne den materialistischen Ansatz preiszugeben, auch im historischen Rückblick die Schrittmacherfunktionen zeigen, die wichtige kulturelle Innovationen hatten.

Im übrigen sieht man bei uns vielleicht etwas deutlicher, daß die Uhren des produktivistischen Paradigmas abgelaufen sind: was immer man dem Kapitalismus vorwerfen kann, die Produktivkräfte von Wissenschaft und Technik hat er nun wirklich nicht gefesselt. Der Kapitalismus wird höchstens durch seinen eigenen Erfolg gefährdet: durch das nahtlose Ineinandergreifen von Produktiv- und Destruktionskräften sowie durch die ökologischen Schranken, an die ein qualitativ ungesteuertes Wachstum und eine blinde Produktivkraftentfaltung stoßen.

KRÜGER Sie decken die soziokulturellen Potentiale für moderne Gesellschafts- und Kulturentwicklung im Prozeß der kommunikativen Rationalisierung der Lebenswelt auf. Sie fassen diesen Prozeß dreigliedrig, Ihrem Grundbegriff des kommunikativen Handelns entsprechend. Könnten Sie erläutern, wie Sie diesen Prozeß verstehen?

HABERMAS Im *Kommunistischen Manifest* heißt es, daß »alles Stehende und Ständische verdampft; alles Heilige wird entweiht, und die Menschen sind endlich gezwungen, ihre gegenseitigen Beziehungen mit nüchternen Augen anzusehen«. Die Modernisierung erfaßt eben nicht nur Verkehrsmittel, Wirtschaft und Verwaltung, sondern die Lebensverhältnisse im ganzen, die soziokulturellen

Lebensformen. Und diese wandeln sich nach einem eigenen Rhythmus, nach einer eigenen Logik. Gewiß sind es die Lokomotiven – das große Fortschrittssymbol des 19. Jahrhunderts –, die damals das alltägliche Zeitbewußtsein auf die gleiche Weise revolutioniert haben wie die aus Fertigteilen hergestellten Glaspaläste der Industrieausstellungen das Raumgefühl der staunenden Zeitgenossen. Aber die Akzeleration der Geschichte und die Mobilisierung von Räumen werden durch den technischen Fortschritt nur *angestoßen* – die Rationalisierung der berufsständisch geprägten Lebenswelten der frühbürgerlichen Gesellschaft hat sich auf eigenen, sagen wir: kulturellen Schienen vollzogen.

Seit dem frühen 19. Jahrhundert wird die Einstellung zum historisch Überlieferten reflexiv gebrochen. Es dringt mehr und mehr ins Bewußtsein der Bevölkerung, daß die noch so geheiligten Traditionen nichts Naturwüchsiges sind, sondern darauf warten, geprüft, angeeignet und *selektiv* fortgesetzt zu werden. Das gleiche gilt für den hypothetischen Umgang mit den bestehenden Institutionen. Es wächst das Bewußtsein der moralisch-politischen Autonomie: daß wir selbst es sind, die über die Normen unseres Zusammenlebens im Lichte strittiger Prinzipien zu entscheiden haben. Unter dem Druck diskursiv verflüssigter Traditionen und selbsterzeugter Normen bildet sich ein prinzipiengeleitetes moralisches Bewußtsein heraus, das auch die Sozialisationsmuster verändert. Wir können die Identität unseres Ich immer weniger an den konkreten Rollen festmachen, die wir als Angehörige einer Familie, einer Region oder Nation erwerben. Das, was uns inmitten komplexer und wechselnder Rollenerwartungen erlaubt, wir selber zu sein und zu bleiben, ist die abstrakte Fähigkeit zu einem ganz und gar individuellen Lebensentwurf.

Den Fluchtpunkt einer rationalisierten Lebenswelt, auf den diese Tendenzen strahlenförmig zulaufen, charakterisiere ich – darauf spielen Sie an – mit den Stichworten (1) einer Dauerrevision verflüssigter Traditionen und (2) einer Umpolung der Legitimität beanspruchenden Ordnungen auf diskursive Verfahren der Normsetzung und -begründung; für die vergesellschafteten Individuen bleibt (3) nur noch die Möglichkeit der riskanten Selbststeuerung durch eine hoch abstrakte Ich-Identität.

KRÜGER Sie erklären aus dem ersten Rationalisierungsschub der Lebenswelt zur Zeit der Entstehung der modernen bürgerlichen Gesellschaft die beidseitige Entkoppelung von System und Lebenswelt. Damit gewinnen zwei analytisch unterscheidbare, im realen Geschichtsverlauf miteinander verwobene Prozesse eine relative Eigenständigkeit: einerseits die kommunikative Rationalisierung der Lebenswelt, andererseits die mehr materielle Reproduktion der Gesellschaft durch die Bildung funktionsteiliger Subsysteme für die Lösung der ökonomischen und machtstaatlichen Problemlagen. Die Verselbständigung dieser beiden Subsysteme führt später zu quasi sozialpathogenen Übergriffen auf die kommunikative Rationalisierung der Lebenswelt. Die Lebensformen der Bürger werden mehr und mehr monetarisiert und bürokratisiert. Inwiefern bringen Sie mit dieser zweistufigen (System/Lebenswelt) Gesellschaftsauffassung auch einen Strukturierungsgewinn, moderne Errungenschaften überhaupt, auf den Begriff?

HABERMAS Ich denke, daß Marx die gesellschaftliche Modernisierung richtig beschrieben hat, nämlich auf der einen Seite als Ausdifferenzierung eines über Märkte gesteuerten Wirtschaftssystems aus den Ordnungen der politischen Herrschaft und auf der anderen Seite als die Etablierung eines wirtschaftlich unproduktiven Staatsapparats, der als Steuerstaat vom unpolitisch erwirtschafteten Sozialprodukt abhängig ist und zugleich funktional auf dieses Wirtschaftssystem bezogen bleibt. Ich meine aber, daß man diesen, die ganze Moderne bestimmenden evolutionären Schritt nicht *ausschließlich* unter dem Gesichtspunkt einer Veränderung der Klassenstrukturen begreifen darf. Die Systemtheorie macht klar, daß mit der kapitalistischen Wirtschaft und der legalen Herrschaft auch eine Spezifizierung gesamtgesellschaftlicher Funktionen eintritt, die ein höheres Niveau der Differenzierung des gesamten Systems bedeutet. Damit wird, grob gesagt, eine Steigerung seiner Leistungsfähigkeit erreicht, allerdings um den Preis einer wachsenden Krisenanfälligkeit. Die Klassenstrukturen bestimmen dann, wie die Medien, über die sich Wirtschaft und Staatsverwaltung ausdifferenzieren, wie also Tauschwert und administrative Macht in der Lebenswelt rechtlich institutionalisiert werden. Die Klassenstrukturen entscheiden über die inhaltliche Ungleichheit formal gleicher Rechte und geben den konkreten Lebensformen ein sozialschichtenspezifisches Profil. Aber diese Lebenswelten, die in der kommunikativen Alltagspraxis ihren Mittelpunkt haben, sind kein passives Medium. Sie stehen über Arbeits- und Konsumentenrollen, über Staatsbürger- und Klientenrollen mit der Ökonomie und dem Staatsapparat in Austausch. Sie werden von diesen auch kolonisiert, sich selbst »entfremdet«, aber sie sind den ökonomischen und administrativen Zugriffen nicht nur ausgeliefert. In extremen Fällen kommt es zu Abwehrschlachten der geknebelten Lebenswelt, zu sozialen Bewegungen, zu Revolutionen, wie vor zweihundert Jahren in Frankreich, oder zu Revolten wie jetzt, im Zeichen von Solidarność, in Polen.

Um auf Ihre Frage zurückzukommen: Wenn man die gesellschaftliche Dynamik aus dieser Doppelperspektive von System und Lebenswelt betrachtet, wird man vor *monistischen* Kurzschlüssen bewahrt. Verdinglichungseffekte können sich *gleichermaßen* aus der Bürokratisierung wie aus der Monetarisierung von öffentlichen und privaten Lebensbereichen ergeben. Man wird auch vor *holistischen* Kurzschlüssen bewahrt: eine moderne Ökonomie z. B. behält in allen Produktionsverhältnissen einen systemischen Eigensinn. Deshalb war die Erwartung falsch, daß der objektive Schein des Kapitals mit der Abschaffung des Privatkapitalismus einfach zerrinnen würde und gleichsam automatisch einer bis dahin unter dem Diktat des Wertgesetzes gefangengehaltenen Lebenswelt ihre Spontaneität zurückgeben könnte.

KRÜGER Sie behandeln nicht nur die Widersprüche zwischen der verselbständigten Dynamik der genannten Subsysteme einerseits und der kommunikativen Eigenlogik der modernen Lebenswelt andererseits. Sie untersuchen auch die der kommunikativen Rationalisierung inhärenten Widersprüche. Im kommunikativen Reproduktionsprozeß der Lebenswelt kommt es zur Differenzierung zwischen privater und öffentlicher Lebenswelt, zwischen kommunikativer Alltagspraxis und Expertenkulturen sowie zwischen den immer spezieller werdenden Expertenkulturen. An sich bringen auch diese Differenzierungen einen modernen Strukturierungsgewinn an Entwicklungsmöglichkeiten zum Ausdruck. Aber inwiefern schlagen solche Differenzierungen wieder um in verselbständigte, sich ausschließende Teilprozesse? – Sie haben in diesem Zusammenhang von der »Fragmentierung des Alltagsbewußtseins« gesprochen und auf Möglichkeiten zur Integration der auseinanderdriftenden Teilprozesse verwiesen.

HABERMAS Je mehr sich die Expertenkulturen von Wissenschaft und Technik, Recht und Moral, Kunst und Kritik in sich abkapseln, um so größer ist die Gefahr einer Parzellierung und Austrocknung der kommunikativen Alltagspraxis. Die politischen Ideologien des 19. Jahrhunderts versprachen immerhin noch eine globale Orientierung innerhalb einer hochkomplexen, zur zweiten Natur geronnenen Gesellschaft. Heute hat ein solcher Weltbildersatz, jedenfalls in den relativ offenen Massenkulturen des Westens, keine Chance mehr. Fundamentalistische Strömungen sind, glaube ich, kurzfristige Reaktionsbildungen. Aber gleichzeitig sind die Kommunikationsstrukturen der massenmedial beherrschten und verzerrten Öffentlichkeiten so sehr auf einen passiven, ablenkenden, privatisierten Verbrauch von Informationen abgestellt, daß sich *kohärente* Deutungsmuster (selbst mittlerer Reichweite) gar nicht mehr ausbilden können. Das *fragmentierte* Alltagsbewußtsein der Freizeitkonsumenten verhindert eine Ideologiebildung der klassischen Art – und ist selbst zur herrschenden Form der Ideologie geworden.

KRÜGER Sie decken einerseits progressive Potentiale moderner Gesellschafts- und Kulturentwicklung auf und verkennen andererseits nicht, daß sich dazu auch im Widerspruch empirisch massenhaft andere Realitäten durchgesetzt haben. Für die Erklärung dieser Differenz verweisen Sie – wie auch oben in Ihrer Antwort – auf klassenspezifische Mechanismen, durch die nur gewisse Kulturpotentiale in einseitigen Ausprägungen realisiert wurden und werden. Gelegentlich unterscheiden Sie auch zwischen zwei Modernisierungspfaden in unserem Jahrhundert, dem kapitalistischen und dem bürokratisch-sozialistischen. – Da wir beide keine Politiker sind, brauchen wir hier keine derzeit politisch verhandlungsfähigen Formulierungen zu finden. Ich weiß, daß Sie unseren Modernisierungspfad nicht näher untersuchen, sondern den in Ihrer Gesellschaft. – Aber im sowjetischen Reformprogramm der letzten Jahre taucht immer häufiger die Formulierung auf, es gehe nunmehr um einen »modernen Sozialismus«, woraus auf einen bisher vor- oder frühmodernen Sozialismus geschlossen werden kann. An letzterem wird das Vorherrschen bürokratisch-administrativer Entscheidungsstrukturen kritisiert. So verschieden unsere Gesellschaften zweifellos sind, wie charakterisieren Sie jene spezifisch sozialen Selektionsmechanismen, durch die sozialkulturelle Potentiale verkehrt, destruktiv oder einseitig realisiert werden?

HABERMAS Das Sozialstaatsprogramm, das sich nach dem Zweiten Weltkrieg in Gesellschaften unseres Typs durchgesetzt hat, ist ein relativer Erfolg. Es bedeutet einerseits eine spürbare Kompensation der mit abhängiger Arbeit verbundenen Risiken und Belastungen, andererseits eine gewisse Disziplinierung des zugleich gehegten kapitalistischen Wachstums. Gewiß, der Geburtsfehler des vom kapitalistischen Arbeitsmarkt verhängten Naturschicksals ist vorerst nicht beseitigt, nur kosmetisch behandelt. Aber im Augenblick sieht es so aus, als ob die sozialistische Linke im Westen weitere Fortschritte vor allem deshalb nicht erzielt, das Erreichte nicht einmal stabilisieren kann, weil alle sozialistischen Perspektiven, alle unsere ohnehin schon defensiv gewordenen Entwürfe durch eine Art von Kontaktschuld entwertet sind. Das desolate, zum Teil katastrophale Bild, das der real existierende Sozialismus seinen Bevölkerungen und den westlichen Fernsehzuschauern bietet, dementiert, so scheint es, von *vornherein* die historische Möglichkeit des Sozialismus. Ich meine einen Sozialismus, der den gesellschaftlichen Reichtum und die politischen Freiheiten sozialstaatlicher Massendemokratien einbringen würde in den radikalen Pluralismus und die autonomen Praktiken einer Gesellschaft, die es verdient, fundamentaldemokratisch genannt zu werden. Ich habe das Gefühl, daß sich eine solche Perspektive überhaupt erst wieder öffnen könnte, wenn Gorbatschows Projekt Erfolg hätte.

Die außenpolitischen Randbedingungen sind dafür so ungünstig nicht; die westlichen Regierungen scheinen zu begreifen, daß ein Scheitern der Reformvorhaben nicht in ihrem Interesse liegen kann. Eine Reform müßte freilich bedeuten, daß der bürokratische Sozialismus zu einer Selbstkorrektur fähig ist, die ein Äquivalent darstellt zur schon vollzogenen sozialstaatlichen Selbstkorrektur des Kapitalismus. Ich sage ein *Äquivalent*, denn der sozialdemokratische Kompromiß war nur möglich und nötig innerhalb des institutionellen Rahmens einer spätkapitalistischen Gesellschaft. Ich weiß viel zu wenig von sowjetischen Verhältnissen, um angeben zu können, wie das Äquivalent in der UdSSR aussehen müßte. Die Details wird man ohnehin durch trial and error herausfinden müssen; aber die innovativen Weichenstellungen sind wichtig. Eines wird man sogar vom Beispiel der Sozialstaatsentwicklung lernen können: diese betraf ja nicht nur einen Umbau in der Ökonomie, sondern wäre ohne den Umbau des Staates zur parteienstaatlichen Massendemokratie nicht möglich gewesen.

Das Nullsummenspiel zwischen etwas mehr Markt und wieder etwas mehr Plan wird in den realsozialistischen Ländern schon seit längerem gespielt – ohne großen Erfolg. Gewiß, Dezentralisierung der Entscheidungen, besseres Management, mehr know how, größere Flexibilität usw. – das alles ist wichtig. Aber Perestroika müßte vor allem die Reform des politischen Systems betreffen, müßte heißen: das Übel an der Wurzel packen, an der bürokratischen Herrschaft der Nomenklatura. Glasnost müßte wirklich etwas mit Transparenz und Öffentlichkeit zu tun haben, vor allem im Politischen, müßte heißen: Vitalisierung der Öffentlichkeit, Pluralisierung der Meinungsbildung, breite Partizipation an den Entscheidungsprozessen, kurz: Entfesselung der Produktivkraft Kommunikation. Die Freisetzung der spontanen Kräfte von unten darf nicht nur, nicht einmal in erster Linie, die Form von breitgestreuten incentives für's Eigeninteresse annehmen; sie muß zur Befreiung gelähmter *politischer* Energien führen. Die administrative Macht kann sich nicht selbst begrenzen, sie muß – wie Hannah Arendt sagt – von der kommunikativ erzeugten Macht derer, die gegenseitig ein Interesse *aneinander* nehmen, begrenzt werden.

KRÜGER Eine Schlüsselfrage für die progressive Realisierung moderner Möglichkeiten ist, was Sie eine »neue Gewaltenteilung« zugunsten von Öffentlichkeit nennen. Was heißt dies im Unterschied zur alten Gewaltenteilung?

HABERMAS Sie und Ihre Kollegen, Herr Krüger, sprechen von gesamtgesellschaftlichen Kommunikationsweisen. Damit meinen Sie, daß komplexe Gesellschaften in verschiedener Weise über Kommunikationsmedien zusammengehalten und gesteuert werden. Ich selbst unterscheide nun von den Steuerungsmedien des Tauschwerts und der administrativen Macht das Medium, aus dem solche Spezialkodes erst ausdifferenziert worden sind: die Umgangssprache, das Medium unserer Alltagspraxis, über das die kommunikativen Handlungen laufen. Diese Kommunikation über Wertorientierungen, Ziele, Normen und Tatsachen bildet eben auch eine Ressource der gesellschaftlichen Integration. Neben den über's Eigeninteresse laufenden Medien Geld und Macht bildet Verständigung oder Solidarität eine dritte und grundlegende Ressource.

Die Teilung der Staatsgewalten ist das normative Fundament des Rechtsstaates. In Analogie dazu können wir von einer Teilung der drei Gewalten der gesellschaftlichen Integration sprechen, um uns über das normative Fundament einer selbstorganisierten Gesellschaft klarzuwerden. Dabei sollten wir nicht mehr auf die blaß gewordenen Utopien der Arbeitsgesellschaft, also in erster Linie auf Ideen der Arbeiterselbstverwaltung, setzen. Die Geld- und Machtkreisläufe von Ökonomie und öffentlicher Verwaltung müssen *eingedämmt* werden durch, und sie müssen zugleich getrennt werden von den kommunikativ strukturierten Handlungsbereichen des privaten Lebens und der spontanen Öffentlichkeit; sonst werden sie die Lebenswelt noch mehr mit ihren dissonanten Formen der ökonomischen und bürokratischen Rationalität überziehen. Eine politische Kommunikation, die den Verständigungsressourcen der Lebenswelt entspringt und nicht durch verstaatlichte Parteien erst hergestellt wird, muß die Grenzen der Lebenswelt schützen und deren Imperativen, also den gebrauchswertorientierten Forderungen Nachdruck verschaffen.

KRÜGER Eines der schwierigsten Probleme in modernen gesellschaftlichen Entwicklungen besteht darin, demokratische Verhältnisse zu schaffen und diese entwicklungsfähig zu halten. In den antifaschistisch-demokratischen Lehren, die Sie gerade aus der deutschen Geschichte immer wieder gezogen haben, stellen Sie eine doppelte Aufgabe: politische Demokratie zur sozialen Demokratie erweitern und zugleich durch politische Kultur sichern. Was bedeuten für Sie »Soziale Demokratie« und »Politische Kultur«?

HABERMAS Bei uns kann nur die Fortsetzung eines reflexiv gewordenden Sozialstaatsprojektes zu so etwas wie sozialer Demokratie führen, zur endgültigen Neutralisierung der unerwünschten Folgen des kapitalistischen Arbeitsmarktes, zur Abschaffung der realen Arbeitslosigkeit. »Reflexiv werden« soll aber auch heißen, daß man Konsequenzen zieht aus Erfahrungen im Umgang mit dem Medium der Macht, deren sich die sozialstaatlichen Politiken für ihre Eingriffe ins gesellschaftliche Substrat bedienen müssen. Diese administrative Macht ist kein passives, eigenschaftsloses Medium; mit ihr kann man keine neuen, erst recht keine emanzipierten Lebensformen schaffen. Die müssen sich spontan bilden und selbst transformieren können. Spontane Lebensformen sind auch das Unterfutter der politischen Kultur. In einer Demokratie, die diesen Namen verdient, müssen die rechtlich institutionalisierten, die »verfaßten« politischen Willensbildungsprozesse – einschließlich der Wählervoten – rückgekoppelt sein an, und porös bleiben für, eine nicht verfaßte, möglichst argumentativ gesteuerte

Meinungsbildung. Dazu bedürfte es eines Netzes freier Assoziationen *unterhalb* der Organisationsebene verstaatlichter Parteien, vermachteter Medien, abhängiger Interessenverbände usw.

Ich kann das nicht weiter ausmalen, denn eine solche Vision kann nur in dem Maße Realitätsgehalt gewinnen, wie die öffentlichen Kommunikationsströme eingebettet sind in eine politische Kultur, die demokratische Grundüberzeugungen lautlos in die Köpfe und die Herzen aller einsenkt und zur täglichen Gewohnheit macht. Eine solche von Klassenstrukturen abgelöste Kultur läßt sich nicht administrativ herstellen. Die Muster des zivilisierten Umgangs, die Toleranz gegenüber dem anderen als einem, der ein Recht darauf hat, ein anderer zu bleiben, die Selbstverständlichkeiten eines sensiblen, geradezu nervösen Egalitarismus ergeben sich aus vielfältig verschlungenen Prozessen. Da gibt es große nationale Unterschiede. In Holland oder in den skandinavischen Ländern begegnet man schon einem Stück fundamental demokratischen Alltagslebens, von dem jeder weiß, daß es sich nicht *organisieren* läßt. Politische Kulturen brauchen ein günstiges Klima – kein Preußenklima.

KRÜGER Gerade wenn man Demokratie verteidigt, also auch Verantwortung für ihr Funktionieren übernimmt, muß man ihre Schwachpunkte kennen. Für Demokratie ist die Mehrheitsregel konstitutiv. Aber Mehrheiten können unter bestimmten Bedingungen manipuliert werden. Mehrheit und Wahrheit fallen nicht zwangsläufig zusammen. Welche Rolle kommt den Minderheiten in der Demokratie zu? Welche Rechte müssen den Minderheiten eingeräumt werden, ohne die Mehrheitsregel außer Kraft zu setzen? – Sie haben selbst z. B. das Recht auf symbolischen Widerstand angesprochen, als die Gegner der Stationierung neuer atomarer Mittelstreckenwaffen 1983 in der Bundesrepublik von der parlamentarischen Vertretung her in der Minderheit waren.

HABERMAS Der zivile Ungehorsam berührt komplizierte Fragen. Der Begriff meint eine symbolische Regelverletzung als ultimatives Mittel des Appells an die Mehrheit, damit diese in einer Prinzipienfrage ihre Entscheidungen noch einmal überdenken und möglichst revidieren möge. Das setzt konsequent rechtsstaatliche Verhältnisse voraus, auch die psychologische Identifikation des Regelverletzers mit der bestehenden Rechtsordnung im ganzen. Nur dann können er oder sie ihren Protest im Lichte der Verfassungsprinzipien begründen, an denen sich die herrschende

Ordnung selber legitimiert. Es ist wahr: Mehrheit und Wahrheit fallen nicht zwangsläufig zusammen. Aber schon unsere Vormärz-Demokraten haben die Mehrheitsentscheidung als *bedingte* Zustimmung einer Minderheit verstanden, die der Mehrheit ihren Willen läßt, jedoch mit dem Vorbehalt, daß die Mehrheitsentscheidung unter Bedingungen einer öffentlichen und diskursiven Meinungsbildung zustande kommt und deshalb im Lichte besserer Gründe revidierbar bleibt. Um sich auf Zeit einem Mehrheitswillen zu unterwerfen, darf von der Minderheit nicht verlangt werden, ihrer (vermeintlich besseren) Überzeugung abzuschwören. Sie muß nur warten, bis sie in der freien und öffentlichen Konkurrenz der Meinungen die Mehrheit überzeugen kann, um dann auch ihren Willen zu bekommen. Das klingt altliberal, ist es auch; aber ohne ein solches diskursives Verfahren gibt es keine demokratische Willensbildung.

KRÜGER In den Gesamtzusammenhang Demokratie und neue Gewaltenteilung gehört auch die Bestimmung des Intellektuellen. Sie gelten international als solcher und haben selbst eindrucksvoll über die Rolle des Intellektuellen geschrieben. Ich denke z. B. an Ihren Heine-Aufsatz über die Schwierigkeiten der Anerkennung dieser Rolle, insbesondere in der deutschen Geschichte. Sie verstehen sich auch selbst als Intellektueller, wenngleich in dem bescheidenen Sinne Ihrer Dankesrede bei der Entgegennahme des Geschwister-Scholl-Preises 1985 im Münchener Rathaus. Damals sagten Sie: »Wohl dem Land, das nur Intellektuelle nötig hat.« Die Anspielung auf Brechts *Galilei* war deutlich: Wohl dem Land, das keine Helden nötig hat. – Was heißt es für Sie, heute Intellektueller zu sein?

HABERMAS Nun ja, eine Intellektuelle – heute sind es Gottseidank auch Frauen, wie man an Christa Wolf sieht – ist eine, die sich kompetenzfrei verantwortlich fühlt für Dinge, die sie nicht nur persönlich etwas angehen. Von ihren professionellen Kenntnissen macht sie in der politischen Öffentlichkeit einen sozusagen nebenberuflichen Gebrauch. Die Intellektuellen sind heute nicht mehr nur Schriftsteller oder Philosophen wie Sartre und Adorno, sondern Experten, die etwas von Ökonomie oder Gesundheitsfragen oder Atomenergie verstehen. Sie wissen, daß sie keinen privilegierten Zugang zur Wahrheit haben, daß sie sich auch mit ihren Gegenexpertisen oder ihren moralisch-politischen Gegenmeinungen irren können. Aber diese Spezies ist heute notwendiger denn je, um das Spektrum der strittigen Themen und Gründe zu erweitern und die politische Kommunikation *offen* zu halten. Für den einzelnen ist das nicht nur ein Vergnügen; ich empfinde die Intellektuellenrolle oft als störend und irritierend für meine wissenschaftliche Arbeit. Im übrigen gehört etwas dazu, was uns Intellektuellen ja oft fehlt – Selbstkritik; sonst degeneriert das Geschäft leicht zur narzißtischen Selbstdarstellung eines Medienintellektuellen.

KRÜGER Sie haben sich seit 1985 mehrfach publizistisch engagiert gegen Versuche in Ihrem Land, die faschistische Vergangenheit und die daraus resultierende besondere Verantwortung in der Gegenwart zu »entsorgen«. Ich erinnere an Ihre Rolle im sogenannten »Historikerstreit«, der uns hier aber nicht als Ereignis innerhalb der Bundesrepublik interessiert. Allgemeiner relevant scheint mir zu sein, daß Sie gegenüber der Wiederbelebung deutschen Nationalbewußtseins vom »Verfassungspatriotismus« in Ihrem Land sprachen. Dieser mag ein noch labiles Übergangsphänomen sein, aber wohin? – Sie stellen schon seit Mitte der siebziger Jahre die Frage nach »posttraditionalen gesellschaftlichen Identitäten«, die über die Bedeutung nationaler Identifikation im 18. und 19. Jahrhundert heute hinausführen könnten. Was verstehen Sie unter einer solchen postnationalen Identität?

HABERMAS In beiden Teilen Deutschlands ist der Nationalismus ausgereizt. Aber wir im Westen, habe ich das Gefühl, können relativ leichten Herzens auf Wiedervereinigungsträume verzichten. Die Bürden der Nachkriegsentwicklung waren nicht symmetrisch zwischen West und Ost verteilt. Deswegen mögen bei Ihnen andere Sentiments herrschen. Im *Spiegel* habe ich im vergangenen Jahr das Plädoyer von Rolf Schneider für eine Wiedervereinigung gelesen; das erinnerte mich an eine geographische Differenz der Perspektiven, die wir leicht vergessen. Auch den moralischen Aspekt der ungleichen Lasten leugne ich nicht. Gleichwohl sehe ich nicht, wer oder was die kulturelle Einheit der Nation bedrohen sollte – und warum der Zusammenhalt der Kulturnation nicht genügen sollte. Wir studieren doch Kant keinen Deut anders, seitdem Königsberg Kaliningrad heißt. Was sollte uns, den Nachgeborenen, da »verloren« gegangen sein?

Allgemein gesehen befinden sich auch die westeuropäischen Staatsnationen schon auf dem Wege zu postnationalen Gesellschaften. Das multiethnische Element wird immer stärker, und nach 1992 wird in Westeuropa die horizontale Mobilität und damit die Sprach- und Völkermischung noch stärker werden. Die beiden Weltmächte waren seit eh und je multiethnische Gebilde – die Sowjetunion bekommt das ja jetzt drastisch zu spüren. Da bietet es sich an, eine politische Kultur, die, wie Rousseau sagt, die »Verankerung der Gesetze in den Sitten« ermöglicht, als Ebene der normativen Integration ernster zu nehmen als 75 Jahre mehr oder weniger unglückliche staatliche Einheit. Die Westorientierung der Bundesrepublik hat ja nicht nur einen militärischen und einen ökonomischen Sinn. Der normative Sinn, nämlich die vorbehaltlose Zuwendung zum moralischen Universalismus der westeuropäischen Aufklärung, ist der Westorientierung bester und wichtigster Teil – vielleicht der einzige Garant dafür, daß der Trend unserer Nachkriegsentwicklung nicht umgekehrt wird. Wir haben nach 1945 mit den schwarzen Attraktionen unserer Überlieferung, mit dem, was Lukács die »Zerstörung der Vernunft« genannt hat, gebrochen. Lassen wir doch einfach mit Lessing und Kant, Freud, Kafka und Brecht unsere besten Traditionen fortsetzen, statt auf Klages, den späten Heidegger oder C. Schmitt zurückzufallen – oder gar auf die geistige Traditionslinie des Bismarck-Reiches. Wenn sich zwischen den beiden deutschen Staaten eine vitale Konkurrenz darum, wer das Beste aus unserem gemeinsamen Erbe macht – eine intellektuelle Konkurrenz, keine von Parteiführern, Regierungsbeamten und Museumsgründern – entwickeln könnte – auf deutschem Boden gab es schon Schlimmeres, als es eine *solche* Konkurrenz zwischen der Bundesrepublik und der DDR sein würde, meinen Sie nicht?

Interview mit Barbara Freitag

FREITAG Paris schmückt sich, um am 14. Juli die Französische Revolution vor 200 Jahren zu feiern. Marx hat die Fähigkeit der Franzosen zur politischen und der Engländer zur ökonomischen Revolution gefeiert und die Unfähigkeit der Deutschen zu solchen Leistungen satirisch geschildert: wo Engländer aus Menschen Hüte machen, machen die Deutschen aus Hüten Ideen; wo die Franzosen Revolution machen, machen die Deutschen Konter-Revolution oder allenfalls »Revolution in ihren Köpfen«. Wie würden Sie *heute* die politischen und ökonomischen Fähigkeiten der »Deutschen« einschätzen?

HABERMAS Die Westdeutschen haben sich ja in den letzten Jahrzehnten eher durch ökonomische als durch geistige Produktivität hervorgetan. Aber aufs Ganze gesehen, kann ein verlorener Krieg, eine Niederlage, die in moralische Dimensionen hineinreicht, auch eine Chance bedeuten. Nach 40 Jahren Bundesrepublik zeichnen sich einige Konstanten unserer Nachkriegsentwicklung ab: eine beharrliche Integration in den Westen, verbunden mit Flexibilität und Offenheit gegenüber dem Osten – ohne dabei klassische Mitteleuropa-Träume wiederzubeleben. Die Öffnung nach Osten steht unter den Prämissen der Friedenssicherung (es liegt einfach in unserem Interesse, daß wir die idiotischen Waffenarsenale auf deutschem Boden abbauen); sie ist deshalb von nationalem Revanchismus einigermaßen entkoppelt. Die Westintegration besiegelt den Verzicht auf alle Großmacht- oder auch nur Souveränitätsvorstellungen. In der Bundesrepublik hat man gelernt, daß die Deutschen nur noch als Ferment in einem größeren, übernationalen Zusammenhang wirksam werden können. Das alles halte ich für vernünftig. Wir sind zum ersten Mal ein halbwegs normaler Bestandteil der westlichen Staatengemeinschaft geworden.

Freilich hat sich dieser Prozeß zunächst ökonomisch und politisch, später in Ansätzen auch kulturell vollzogen. Dieser Prozeß wird erst irreversibel, wenn die kulturelle Verwestlichung die Mentalität der gesamten Bevölkerung durchdrungen haben wird. Das setzt auf der intellektuellen Ebene eine *veränderte* Aneignung unserer nationalen geschichtlichen Tradition voraus, nämlich eine kritische, das heißt sondierende Aneignung unserer Überlieferungen gerade im Licht jenes Erbes der europäischen Aufklärung, das bei uns während des 19. und in der ersten Hälfte des 20. Jahrhunderts niemals vorbehaltlos akzeptiert worden ist. Auch das kann man eine »Revolution in den Köpfen« nennen.

Im Marxschen Sinne »revolutionär« ist ja heute niemand mehr in der westlichen Welt. Aber die jungen Leute in der Bundesrepublik haben andererseits jenen autoritären Muff verloren, den Marx an seinen Zeitgenossen beobachtet hat.

FREITAG Die Pariser Feierlichkeiten können zwei Dinge bedeuten: zum einen die Feier eines abgeschlossenen Kapitels der französischen, besser gesagt, der Weltgeschichte (wie für François Furet); zum anderen den Hinweis auf die nicht eingelösten Versprechen der Ideale der Revolution (wie es die Erben der Jakobiner vorziehen würden) und die Offenheit eines historischen Prozesses, der uns weitere, unvorhergesehene Revolutionen bescheren kann.

Wie stehen Sie zu dieser Frage? Muß die Idee der Revolution als ein romantisches Überbleibsel der alteuropäischen Geschichtstradition archiviert werden, oder kann sie als Paradigma künftiger gesellschaftlicher Umwälzungen weiterhin virulent werden?

HABERMAS Ich bin weder der Meinung von F. Furet, der mit großer Geste erklärt, »die Revolution beenden« zu wollen; noch teile ich die Meinung der orthodoxen Marxisten, gegen die sich Furet wendet. Die bolschewistische Revolution entläßt Dissidenten, die gegen nichts anderes mehr rebellieren als gegen die Revolution selber. Was uns bleibt, ist die Trauer über das Scheitern eines *gleichwohl unaufgebbaren* Projektes.

Sie fragen nach den uneingelösten Versprechen der Revolutionsideale. Die Französische Revolution hat ein vieldeutiges Erbe hinterlassen. Mit dem demokratischen Nationalstaat haben sich jedenfalls viele Ideen verbunden: der Nationalismus des Staatsbürgers in Uniform, die Gerechtigkeitsideologie der Arbeitsgesellschaft, das im Zentralstaat verkörperte Ethos der Zweckrationalität usw. Das alles steckt uns heute nicht mehr an. Was vorbildlich geblieben ist, sind Demokratie und Menschenrechte. Sie erfordern politische Institutionen der Freiheit. Aber diese Institutionen werden vom Alltag der sozialen Ungleichheit, der Repression und des Elends fortwährend dementiert, wenn nicht eine Politik der Erneuerung auf Dauer gestellt werden kann, die in der politischen

Kultur, d. h. in den Herzen einer an Freiheit *gewöhnten* Bevölkerung verankert ist. Letztlich sehe ich die fortwirkende Errungenschaft der Französischen Revolution in einer *neuen Mentalität.*.

Das Revolutionsbewußtsein, das damals entstanden ist, ist die Geburtsstätte einer neuen Mentalität, die heute in nicht-revolutionärer Form die Antriebskraft für Demokratisierungsprozesse geblieben ist. Zu dieser Mentalität gehört ein historisches Bewußtsein, das mit dem Traditionalismus blinder, fatalistisch hingenommener Kontinuitäten bricht; ein Verständnis von politischer Praxis, das im Zeichen von Selbstbestimmung und Selbstverwirklichung steht; schließlich das Vertrauen auf einen öffentlichen, möglichst rational geführten Diskurs, an dem sich jede politische Herrschaft legitimieren soll. Das sind die Züge eines radikal innerweltlichen Begriffs des Politischen, der nichts an Aktualität verloren hat.

FREITAG Im Verlauf der Französischen Revolution kamen zumindest zwei sehr unterschiedliche Strömungen zum Ausdruck: die eine, wie sie vor allem von Mirabeau verkörpert wurde, drängte auf die Verwirklichung der Ideale der Menschenrechte und somit der Grundideen der Aufklärung; die andere, wie sie von den Jakobinern (Robespierre), den Sansculotten – und von Früh-Sozialisten wie Babeuf vertreten wurde, kämpfte für die Verwirklichung der sozialen Rechte und der ökonomischen Gleichstellung. Letztere behielt die Oberhand im 20. Jahrhundert, wo sie in den Ostblock-Ländern und in den Revolutionen der Dritten Welt autoritäre Formen annahm. Die andere Strömung, nachdem sie sich in westlichen Demokratien teilweise verwirklicht hatte, schien ihr dynamisches Potential in unserem Jahrhundert erschöpft zu haben.

Könnte man, Ihrer Auffassung nach, die politischen Bewegungen in Polen (Solidarität), in der Sowjetunion (Glasnost) oder gar in China (die Studentenrevolte auf dem Friedensplatz) als ein wieder virulent werden der ersten – auf der Erklärung der Menschenrechte fußenden – Strömung der Französischen Revolution betrachten, die nun, ihrerseits, doch auf weltweite Verwirklichung drängt?

HABERMAS Soweit die Französische Revolution durch Rousseau inspiriert war, hat sie sich von der Amerikanischen Revolution dadurch unterschieden, daß die Menschenrechte nicht wie ein Filter der autonomen Praxis der Gesetzgebung vorgeschaltet werden, sondern aus dieser sich herleiten sollten. In den Menschenrechten erkennt Rousseau nichts anderes als die Strukturen und die Voraussetzungen des demokratischen Willensbildungsprozesses selber. Wenn man sie so versteht, vermeidet man die selektive Lesart des Liberalismus; man setzt dann nicht die individualistisch verstandenen Menschenrechte in Gegensatz zu den Zielen der sozialen Emanzipation. Deshalb würde ich Ihrer Zweiteilung nicht zustimmen.

Auch in den westlichen Industriegesellschaften sind die Menschenrechte noch nicht auf ganzer Breite verwirklicht; sogar die sozialistischen Parteien haben vor den weitergesteckten Zielen einer Demokratisierung der Gesellschaft resigniert. In diesen Gesellschaften lebt die Mehrheit nach wie vor auf Kosten der Marginalisierung großer, verarmter und aus der kulturellen Kommunikation ausgeschlossener Gruppen. Andererseits haben diese Gesellschaften seit dem Zweiten Weltkrieg eine wohlfahrtsstaatliche Entwicklung eingeleitet, die man als Selbstkorrektur und Lernschritt des Kapitalismus begreifen kann.

Die Entwicklungen in der Sowjetunion und deren Herrschaftsbereich verstehe ich eher so, daß der bürokratische Sozialismus einen vergleichbaren Lernschritt, der ein Äquivalent zum sozialstaatlichen Kompromiß in westlichen Gesellschaften bedeuten würde, erst noch tun müßte. Über die Entwicklung in China traue ich mir kein Urteil zu.

FREITAG Inwieweit kann Ihre Theorie des kommunikativen Handelns, in der die kommunikative Vernunft, der befreiende Dialog, der hinterfragende theoretische und praktische Diskurs zum Tragen kommen sollen, als eine moderne Fassung der Ideale der Aufklärung der Französischen Revolution im allgemeinen und der von Kant auf Mündigkeit drängenden Aufklärung *(Sapere aude!)* im besonderen angesehen werden?

HABERMAS Die Theorie des kommunikativen Handelns ist breiter angelegt als eine Moraltheorie. Sie ist etwas anderes als die praktische Philosophie, wie wir sie von Aristoteles und Kant her kennen. Sie begründet nicht einfach moralische Normen oder politische Ideale. Sie hat vielmehr auch einen deskriptiven Sinn, indem sie in der Alltagspraxis selber die beharrliche Stimme einer kommunikativen Vernunft noch dort identifiziert, wo diese unterdrückt, verzerrt und entstellt ist. Es geht mir um die vernünftigen Potentiale einer Lebenswelt, in der sich Ressourcen des Widerstandes selbst unter verzweifelten Umständen regenerieren können. Das hat mit Optimismus nichts zu tun. Noch der Pessimist unterscheidet sich vom Zyniker dadurch, daß er die Dinge stereoskopisch, das heißt: nicht nur von einer Seite betrachtet. Das war ja schon der Sinn einer »Dialektik der Aufklärung«, die von Hegel bis Adorno den Prozeß der Modernisierung von beiden Seiten und in seiner ganzen Ambivalenz entschlüsselt: als einen Fortschritt in Potentialen der Freiheit, die sich in Kräfte der Destruktion verkehren können.

FREITAG Heidegger ist im In- und Ausland als großer deutscher Philosoph – ungeachtet seiner »nazifreundlichen« Haltung – auch nach dem Zweiten Weltkrieg gefeiert worden. Die moderne und post-moderne Philosophie in Frankreich (und auch Brasilien) ist durch die Heidegger-freundliche Rezeption von Sartre und der »post-strukturalistischen Linken« entscheidend beeinflußt worden. Sie, Herr Habermas, gehören demgegenüber zu jenen unerbittlichen Heidegger-Kritikern, die bereits im Jahre 1953 auf die »zwielichtige« Genialität des Autors von *Sein und Zeit* hingewiesen haben. In Ihrer Heidegger-Vorlesung (in: *Der philosophische Diskurs der Moderne*, Frankfurt/M. 1985) zeigen Sie sich »irritiert« über die Unwilligkeit Heideggers, seinen Irrtum über die NS-Zeit lebzeitens zuzugestehen. Wie erklären Sie sich daher die Tatsache, daß das Buch von Farias (1987) über Heidegger wie eine »Bombe« einschlug und eine völlig neue Kontroverse auslöste?

HABERMAS Ich denke, daß dieses Theater eine ziemlich triviale Ursache hat: in Frankreich und in den USA ist Heidegger nach dem Kriege eher unhistorisch, sozusagen in entnazifizierter Gestalt rezipiert worden – so als hätte sich zwischen *Sein und Zeit* (1927) und dem *Humanismusbrief* (1946) nichts ereignet. Tatsächlich hatte ja der *Brief über den Humanismus* den Sinn, die politischen Spuren der Entstehungsgeschichte der Spätphilosophie zu verwischen; das ist Heidegger im Ausland offensichtlich gelungen. In der Bundesrepublik war Heideggers Rolle während der Nazizeit bekannt; da war nichts zu beschönigen. Freilich hat eine einflußreiche Generation von Heidegger-Schülern bis in die sechziger Jahre hinein den akademischen Einfluß des Lehrers auch bei uns gesichert; politische Zweifel sind auch bei uns bis zur Studentenrevolte marginalisiert worden.

FREITAG Farias' Buch hat allem Anschein nach erneut die Frage in den Mittelpunkt gerückt, inwieweit das philosophische Werk eines großen Denkers und seine politischen Überzeugungen (und die sich hieraus ergebenden Taten) zu trennen sind oder nicht. Sie, Herr Habermas, gehören offensichtlich zu jenen Denkern, die den politischen Irrtum Heideggers nicht von seinem Werk zu trennen bereit sind und eine Wahlverwandtschaft zwischen politischer Zugehörigkeit und philosophischem System postulieren. Wie erklärt es sich jedoch, daß kritische Autoren wie Sartre, Marcuse, Hannah Arendt und andere, denen eine eindeutige Anti-Nazi-Einstellung schwerlich abzusprechen wäre, sich ungeachtet der nazi-freundlichen Haltung Heideggers von seinem Werk entscheidend beeinflussen ließen?

HABERMAS Inzwischen sind so viele Texte aus den dreißiger Jahren publiziert, daß man klarer als früher die einzelnen Schritte der *Verweltanschaulichung* des Heideggerschen Denkens, die etwa 1929 eingesetzt hat, verfolgen kann. Ich habe in meiner Einleitung zur deutschen Ausgabe des Buches von Farias nachzuweisen versucht, daß die Entstehungsgeschichte der Spätphilosophie ohne Heideggers atemlose Anpassungen an, und Reaktionen auf die zeitgeschichtlichen Entwicklungen gar nicht zu erklären ist. Das berührt nicht die bahnbrechende Bedeutung von *Sein und Zeit*, an der ich niemals einen Zweifel gelassen habe.

Heideggers Denken ist erst in den dreißiger Jahren in seiner Substanz angegriffen und in den Strudel jungkonservativer Zeitdiagnosen hereingerissen worden. Wenn man das Format und das unerhört Innovative von *Sein und Zeit* bedenkt, ist es doch nur natürlich, daß Studenten wie Hannah Arendt und Herbert Marcuse vor 1933, auch ein so unpolitischer Intellektueller, wie es Sartre zu jener Zeit gewesen ist, von diesem Denken angezogen werden mußten. (Auch ich bin als Student nach dem Zweiten Weltkrieg, nebenbei gesagt, Heideggerianer gewesen, bis ich 1953 die *Einleitung in die Metaphysik* gelesen habe.) Dieser prägende Einfluß hat aber Marcuse 1949, wie seine jetzt veröffentlichten Briefe zeigen, nicht davon abgehalten, Heideggers Verhalten mit unüberbietbarer philosophischer Klarsicht und politischer Schärfe zu verurteilen – und die Spätphilosophie für nonsense zu halten. Auch Hannah Arendt hat sich bis zum Tode ihres Lehrers Karl Jaspers gehütet, öffentlich für Heidegger Partei zu nehmen. Ihre persönlichen Bindungen an Heidegger waren allerdings lebensgeschichtlich so tief verankert, daß sie nach dem Tode von Jaspers den Versuch gemacht hat, den Philosophen Heidegger von dem politisch unzurechnungsfähigen Privatmann zu trennen. Wir Nachgeborenen haben aber keinen Grund, solche Kapriolen mitzumachen.

FREITAG Sie haben als Intellektueller, »nebenberuflich«, wie Sie sagen, an einer hochaktuellen und brisanten Kontroverse, dem sogenannten »Historikerstreit« engagiert teilgenommen. Damit haben Sie sich gegen jene Historiker (aber auch Politiker in Bonn und Bayern) gewendet, die einen »Schlußstrich« unter die jüngste deutsche NS-Geschichte ziehen wollen. Welche Möglichkeiten sehen Sie heute zu einer bewußten Aufarbeitung der Vergangenheit, in Anbetracht der jüngsten Wahlergebnisse in Berlin und Frankfurt? Diese Frage ist auch für Brasilien aktuell, zumal hier die aufsehenerregenden Fälle wie die Inhaftierung Wagners (und sein anschließender Selbstmord), die angebliche Auffindung der Leiche von Mengele oder etwa der 100. Geburtstag von Hitler leichtsinnige Stimmen aufkommen lassen, die ebenfalls die »Schluß-Strich-These« vertreten und sogar die »guten« Seiten des NS-Regimes hervorkehren wollen.

HABERMAS Der Erfolg der Republikaner, die wohl auch in den nächsten Bundestag einziehen werden, sollte nüchtern eingeschätzt werden. Man kann ihn auch unter dem Aspekt einer gewissen Normalisierung betrachten. Wir hatten in der Bundesrepublik immer schon unter den Wählern ein autoritäres Potential von 10 bis 15%. Das ist bis vor kurzem von den konservativen Parteien aufgesogen worden. Dafür haben wir allerdings einen hohen Preis bezahlt. Denn über ihrer Integrationsleistung sind diese Parteien gleichsam von innen vergiftet worden. Soweit es faschistoide Tendenzen gegeben hat, waren sie eben nicht beim lunatic fringe zu suchen, sondern am rechten Rande der etablierten christlichen Parteien – bis in deren Führungsspitzen hinein. Heute wird nun diese Mentalität zum ersten Mal von pragmatischen Rücksichten entbunden und öffentlich greifbar. Dafür gibt es einen einfachen Grund. Wenn Sie den jetzigen Bundespräsidenten, Richard von Weizsäcker, als Integrationssymbol der Mitte verstehen, dann sehen Sie, daß der Schwerpunkt der politischen Integration nach links gewandert ist. Während bis vor wenigen Jahren, bis in die Anfänge der Regierungszeit von Kohl hinein, die Integrationskraft des politischen Systems nicht weiter gereicht hatte als bis zur linken Mitte der sozialdemokratischen Partei, so daß die Linke in der Bundesrepublik sich niemals wirklich repräsentiert fühlen konnte, verläuft die Bruchlinie nunmehr durch das rechte Spektrum von CDU und CSU hindurch. Das ist eine Folge der Umstellung der Politik der CDU-Führung, die nach dem Spektakel von Bitburg begriffen hatte, daß die jüngeren Generationen nur noch mit einem liberalen Profil und einem offenen historischen Bewußtsein zu gewinnen oder bei der Stange zu halten sind.

Insofern mag auch der Historikerstreit mit dem Erfolg der Republikaner zusammenhängen. Wie das symbolische Verhalten unserer politischen Elite am 10. November des vergangenen Jahres, der 50. Wiederkehr der Pogrome von 1938, gezeigt hat, hat nun auch die CDU jene Strategie der Geschichtsverdrängung, die sie unter Adenauer eingeübt und bis vor kurzem praktiziert hat, aufgegeben. Nach dieser Kehrtwendung lassen sich die Potentiale am rechten Rande eben nicht mehr einbinden; aber so weiß man wenigstens, woran man ist.

FREITAG Sie stehen kurz vor einer Brasilienreise, die hier mit großer Spannung erwartet wird. Welche Vorstellungen verbinden Sie mit diesem Lande? Welchen Platz räumen Sie ihm in Ihrer Evolutionstheorie ein? Welche Perspektiven sehen Sie für Lateinamerika an der Jahrhundertwende?

HABERMAS Ich komme zum ersten Mal nach Südamerika. Auch die Verhältnisse in Brasilien kenne ich nicht. Ich sehe meiner Reise mit großer Spannung entgegen. Daß ich dabei Vorträge halten muß, ist mir eher peinlich. Es könnte ein falscher Eindruck entstehen – tatsächlich komme ich, um zu lernen. Ich fühle mich keineswegs in der Lage, irgend jemanden vor Ort einen Rat zu geben.

FREITAG Die Diskussion der Moderne und Postmoderne wurde in Brasilien von drei Quellen gespeist: der französischen (Foucault bis Deleuze); der amerikanischen (Bell bis Baermann) und nicht zuletzt der deutschen (Sloterdijk bis Kamper). Sie, Herr Habermas, haben sich mit diesen drei Quellen gründlich auseinandergesetzt und die These vertreten, daß man auf die Pathologien der Moderne nicht mit der Ablehnung und Verurteilung der modernen Welt als ganzer reagieren darf. Ganz im Gegenteil, haben Sie dazu aufgerufen, die Moderne als den noch nicht vollkommen eingelösten Anspruch auf Verwirklichung von Vernunftsphären zu interpretieren. Statt an der »Zerstörung der Vernunft« weiterzuarbeiten, sollten die uneingelösten und noch nicht verwirklichten Dimensionen der Vernunft reflektiert und die Sackgasse der Bewußtseinsphilosophie verlassen werden, damit zur kommunikativen Vernunft vorgestoßen werden kann und die bereits bestehenden »Nischen der Vernunft« weiter ausgebaut werden können. Dies hat auch hier in Brasilien ein »klärendes Licht« auf die erhitzte und postmodern engagierte Diskussion geworfen.

Kann man die postmoderne Philosophie Ihrer Meinung nach einfach als ein »Unbehagen der Moderne« banalisieren und sie nur als eine andere Fassung der Modernitätsfeindlichkeit ansehen, die immer eine Begleiterscheinung der Moderne selbst gewesen ist, oder muß man fürchten, daß diese Tendenz neue, bedrohliche Risiken birgt?

HABERMAS Wie bei allen tiefergehenden intellektuellen Moden muß man auch beim sogenannten Postmodernismus das, was sich aus einer bloßen Reaktionsbildung erklären läßt, von dem unterscheiden, was dabei an neuen Einsichten gewonnen wird. Offenbar besteht ja zwischen den eher esoterischen Schriften von Intellektuellen wie Foucault und Derrida, um die beiden Substantiellsten auf dieser Szene zu nennen, und den diffus verbreiteten öffentlichen Stimmungslagen eine gewisse Korrespondenz. Diese Stimmungslagen, die in der poststrukturalistischen Bewegung nur eine kulturelle Resonanz finden, sind nicht leicht zu analysieren. In Ländern wie der Bundesrepublik und den USA sind solche Stimmungen vielleicht symptomatisch für das, was man das Ende der Nachkriegszeit genannt hat. Diese war ökonomisch durch eine anhaltende Konjunktur, ideologisch durch die Vorherrschaft technokratischer Vorstellungen bestimmt. Das Klima war geprägt durch ein Vertrauen in die Machbarkeit und Entwicklungsfähigkeit linearer gesellschaftlicher Prozesse, durch eine gewisse Wissenschaftsgläubigkeit, durch einen unbestrittenen Modernismus in der Kunst, durch analytische Strömungen in der Philosophie, durch den internationalen Stil des Bauens, insgesamt durch Rationalismus, Nüchternheit, Abstraktion und Selbstvertrauen. Damit war es, schon aus ökonomischen Gründen, Anfang der siebziger Jahre vorbei. Hinzu kam auf der Linken die Enttäuschung über das Scheitern der Jugendrevolte, die Erfahrung mit den Grenzen des administrativen Reformismus und den dysfunktionalen Nebenfolgen sozialdemokratischer Programme. Gegen Marx bekam sozusagen Max Weber Recht, weil man nun auch den Eigensinn der Bürokratie und nicht mehr nur die instrumentalisierende Macht des Marktes zu spüren bekam.

Nun, diese Stichworte können natürlich eine Analyse nicht ersetzen; sie sollen nur den Kontext andeuten, aus dem die Rückwendung von Marx zu Nietzsche eben auch zu erklären ist: die Polemik gegen die Meisterdenker, die Aufwertung des Narrativen gegenüber der Theorie, der Verdacht gegen den Universalismus, der Aufstand der Peripherie gegen das Zentrum usw. usw. In diesen Stereotypen des Postmodernismus werden ja durchaus linke Impulse aufgenommen, übrigens auch alte antimetaphysische Affekte gegen die Herrschaftsgebärden des platonischen Idealismus. Kein Wunder, daß heute die Antiplatoniker Heidegger und Wittgenstein erneut Resonanz finden. Die Parteinahme für das Nicht-Integrierte, Abweichende, Periphere, Ausgeschlossene, für das Partikulare, Einzelne, Konkrete, Vieldeutige, Kontextabhängige usw. mag also den üblichen Ausschlag eines intellektuellen Pendels, eine normale Dialektik von geistigen Bewegungen spiegeln. Auf den unteren Etagen der Nachahmer erschöpft sich der Postmodernismus in solchen Reflexen.

Das gilt nicht für die Vordenker. Deren Schriften muß man auch ernstnehmen. Insofern spiegelt sich darin mehr als nur das übliche Unbehagen der Moderne. Foucault und Derrida vollziehen tatsächlich eine Distanzierung von einem Selbstverständnis der Moderne, das weithin von den Grundbegriffen der Subjektphilosophie abhängig gewesen ist. Aber ein wachsender Abstand zu den Ursprüngen der Moderne im 18. Jahrhundert heißt noch nicht, daß wir uns auch von deren normativen Gehalten lösen können. Wenn sich der Horizont der Moderne verschiebt, heißt das noch nicht, daß wir aus ihm *heraustreten*. Die Kritik an der Moderne lebt von deren eigenen Maßstäben. Philosophisch gesehen, sind die produktiven Denker des Poststrukturalismus, zu denen ich in den USA auch meinen Freund Richard Rorty rechnen würde, interessant, weil sie eine mit Dilthey und den Pragmatisten einsetzende Detranszendentalisierung einer fälschlich im Subjekt zentrierten Vernunft soweit radikalisieren, daß man die aporetischen Konsequenzen eines sich gleichsam überschlagenden Antiplatonismus wie im Reagenzglas studieren kann. Das habe ich im *Philosophischen Diskurs der Moderne* zu zeigen versucht – ein Buch, das inzwischen auch ins Spanische (wenn auch nicht ins Portugiesische) übersetzt ist.

FREITAG In Ihrem Vortrag vor der Internationalen Hegelvereinigung vom Juni 1981 (in: *Moralbewußtsein und kommunikatives*

Handeln, Frankfurt/M. 1983) sprechen Sie von der Philosophie »als Platzhalter« für empirische Theorien mit universalistischem Anspruch und streiten ihr die Rolle des Platzanweisers (für die Wissenschaften) oder des Richters (über Wissenschaft, Moral und Kunst) ab. Die spanischen und portugiesischen Übersetzer hatten Schwierigkeiten mit diesem Begriff und führten das Wort des »vigilantes« (Wärters) ein, der m. E. jedoch nicht das zum Ausdruck bringt, was Sie damit meinten. Könnten Sie die Rolle der Philosophie, so wie Sie sie heute sehen (vor allem nach der Veröffentlichung von *Nachmetaphysisches Denken,* Frankfurt/M. 1988), etwas weiter ausführen? Wie ist die »Platzhalter-These« in Zusammenhang mit Ihrer Aufassung zu bringen, die Soziologie sei heute die natürliche Erbin der Philosophie, wie es in der *Theorie des kommunikativen Handelns* (1981) heißt?

HABERMAS In einem früheren Buch, in *Erkenntnis und Interesse* (1968), hatte ich tatsächlich die Tendenz, die Substanz des philosophischen Denkens in Gesellschaftstheorie aufzulösen. Aber das war schon in der *Theorie des kommunikativen Handelns* (1982) nicht mehr meine Position, wie Sie aus dem letzten Kapitel ersehen können. Allerdings meine ich, daß die Philosophie auch auf ihrem genuinen Feld, nämlich der Untersuchung allgemeiner Bedingungen des Erkennens, Sprechens und Handelns, eine gewisse Arbeitsteilung mit bestimmten empirischen Wissenschaften, die dieselbe Rationalitätsproblematik (wie Piaget, Max Weber, Freud oder Chomsky) von einer anderen Seite aufgreifen, nicht scheuen sollte. Mit Max Webers Theorie der gesellschaftlichen Rationalisierung, die über Lukács auch auf den westlichen Marxismus eingewirkt hat, wird ja »Rationalität« zu einem Schlüsselbegriff der Gesellschaftstheorie. Schon das zeigt, daß die philosophischen Disziplinen das Vernunftthema nicht ausschließlich in eigene Regie nehmen können. Abgrenzungskämpfe haben eher etwas Komisches. Deshalb habe ich seinerzeit in dem Vortrag, auf den Sie verweisen, die These vertreten, daß die Philosophie eine Doppelrolle als *Platzhalter* und *Interpret* spielen muß.

Innerhalb des Wissenschaftssystems muß sie sich auf Seiten von und in Kooperation mit jenen Wissenschaften behaupten, die universalistische Fragestellungen (beispielsweise der Urteilsbildung, der Kulturentwicklung, des Spracherwerbs, der Handlungsfähigkeit verfolgen; als Resultat lösen sich dann gelegentlich Teildisziplinen aus dem Verband der Philosophie; retrospektiv sieht man, daß die Philosophie eine Platzhalterrolle gespielt hat. Diese Funktion wird sie auch weiterhin spielen, wenn meine Vermutung zutreffen sollte, daß die Humanwissenschaften eher immer philosophischer werden müssen, statt falschen naturwissenschaftlichen Modellen nachzulaufen. Diese kooperative Rolle der Philosophie im Wissenschaftssystem bewahrt sie auch vor fundamentalistischen Ansprüchen kantischer Observanz oder vor Totalitätsansprüchen, wie sie zuletzt Hegel vertreten hat. Die Philosophie kann nicht mehr, wie Arnold Gehlen das genannt hat, mit »Schlüsselattitüde« auftreten, so als habe sie die Schlüssel zur Lösung der Welträtsel. Das dispensiert sie andererseits nicht von ihrer der Lebenswelt zugewandten Interpretenrolle. Sie unterhält nach wie vor ein intimes Verhältnis zum common sense, steht dem, was wir intuitiv immer schon wissen, besonders nahe – und untergräbt doch den gesunden Menschenverstand zur gleichen Zeit. Ich denke also, daß Philosophen in der Öffentlichkeit sehr wohl eine Intellektuellenrolle übernehmen können. Aber auch dabei teilen sich die Philosophen das Geschäft der Aufklärung unserer Kultur über sich selber mit anderen Experten.

FREITAG 1983 nahmen zwei wichtige Publikationen (Kohlberg et alii, *Moral Stages: A current Formulation and a Response to Critics,* und Ihr Buch *Moralbewußtsein und kommunikatives Handeln*) eine Kernfrage der Moraldiskussion wieder auf, die auf Kant zurückführt. Kohlbergs Argumentation ist entwicklungsgenetisch begründet und versucht den Aufbau innerer Beurteilungskriterien vom Kinde bis zum Erwachsenen empirisch nachzuweisen. Der »kategorische Imperativ« ist für ihn zwar nicht angeboren, doch das Ergebnis einer Konstruktion, deren letzte Stufe die praktische Vernunft von Kant als Zielpunkt hat. Ihre Diskursethik ist handlungstheoretisch begründet. Die Lösung eines moralischen Dilemmas kann nicht individuell (monologisch), sondern nur dialogisch mit Hilfe eines »öffentlichen« praktischen Diskurses gefunden und begründet werden. Beide Ansätze sind nicht »deckungsgleich«. Das »aufeinander Eingehen« wird vor allem dann eher ein »aneinander Vorbeireden«, wenn man berücksichtigt, daß jeweils auf der Grundlage bereits überholter Argumente des anderen (aus den siebziger Jahren) argumentiert wird. Ein scheinbares Paradoxon wird in diesen Auseinandersetzungen meiner Ansicht nach nicht gelöst. Die Diskursethik kann nur als »praktischer Diskurs« verwirklicht werden, wenn alle Teilnehmer die Stufe 6 der

Kohlbergschen Leiter erreicht haben. Die Erreichung dieser Stufe setzt aber Situationen voraus, die ihrerseits den eingespielten praktischen Diskurs zur Voraussetzung haben. Die letzten Publikationen Kohlbergs (*The Measurement of Moral Judgment*, 1987/1988) lösen dieses Paradoxon in meinen Augen nicht. Könnten Sie hierzu einige klärende Worte sagen?

HABERMAS Ich sehe keinen so großen Gegensatz zwischen Kohlberg und mir. Er hat ja die Fähigkeiten des moralischen Urteils mit den von Selman untersuchten sozialkognitiven Fähigkeiten zusammengebracht, also mit der Kompetenz, in Interaktionszusammenhängen die Perspektiven des Anderen zu übernehmen. Diese auf George Herbert Mead zurückgehenden Momente habe ich nur etwas stärker herausgearbeitet. Sie haben recht, daß wir im Laufe unserer Bildungsprozesse die Fähigkeit zu postkonventionellen moralischen Urteilen erworben haben müssen, wenn wir an moralischen Argumentationen sollen teilnehmen können. Indem wir in moralische Argumentationen eintreten, müssen wir die oft kontrafaktische Voraussetzung machen, daß wir uns in einer Kommunikationssituation befinden, in der wir den anderen *überzeugen* können oder uns von ihm überzeugen lassen: nur der Zwang des besseren Arguments darf zählen. Nun hindern uns die faktischen Umstände sehr oft daran, mit allen Beteiligten oder gar allen Betroffenen eine solche Diskussion aufzunehmen. Aber selbst dann, wenn wir nur in unserer eigenen Vorstellung ersatzweise überlegen, wie ein solcher Diskurs aussehen müßte und welche Argumente in dessen Verlauf vorgebracht würden, stehen wir unter dem Zwang, uns so weit als möglich in die Situation, in die Lebensform, in die Interessenlage aller anderen Personen, so fremd sie uns auch sein mögen, hineinzuversetzen. Selbst wenn wir einen Diskurs in foro interno durchspielen, unterscheidet sich das diskursive Verfahren von einem Moralprinzip, das wie der Kategorische Imperativ von Haus aus auf eine monologische Anwendung zugeschnitten ist.

FREITAG In *Moralität und Sittlichkeit* (1986) schließen Sie mit der Feststellung, daß die moderne Moraltheorie, vor allem Ihre Diskursethik, den moralischen Standpunkt zwar erklären und begründen, den universellen Kern unserer moralischen Intuitionen aufklären und den Wertskeptizismus widerlegen kann, jedoch gegenüber den »vier großen moralisch-politischen Belastungen unserer eigenen Existenz« (Hunger, Folter, Arbeitslosigkeit, atomares Wettrüsten) machtlos sei. Hier könnten, Ihrer Ansicht nach, eher die Geschichts- und Sozialwissenschaften zur »Entlastung« beitragen. Wie?

HABERMAS Kantische Moraltheorien, auch die Diskursethik, werden in einem schlechten Sinne abstrakt und setzen sich all den Einwänden aus, die Hegelianer und Neoaristoteliker gegen sie vorbringen, wenn man zwei Dinge vergißt.

Erstens erfordert die *Anwendung* von gültigen Normen auf einzelne Situationen eine andere Art von Diskursen und Gesichtspunkten als die *Begründung* dieser Normen. Während diese unter dem Gesichtspunkt, was alle wollen könnten, vorgenommen wird, verlangt die konkrete Anwendungssituation etwas anderes als eine solche Universalisierung. Anwendungsdiskurse verlangen die Überlegung, welche der prima facie in Frage kommenden und schon als gültig unterstellten Normen der gegebenen Situation angemessen ist, wenn diese in allen ihren normativ relevanten Zügen möglichst vollständig beschrieben wird. Angemessenheit, nicht Verallgemeinerung, ist hier der maßgebende Gesichtspunkt, durch den sich die praktische Vernunft zur Geltung bringt.

Wichtiger ist aber, zweitens, der Vorbehalt, der sich aus dem Universalisierungsgrundsatz einer Prämisse ergibt, unter der Normen allein als gültig akzeptiert werden: eine gültige, dem Verallgemeinerungstest standhaltende moralische Norm ist nur den Personen *zuzumuten,* die erwarten dürfen, daß *diese auch von allen anderen Personen* tatsächlich befolgt wird. In der Welt, wie wir sie kennen, ist das nun oft nicht der Fall. Deshalb sind Rechtsnormen nötig und der Einsatz politischer Macht, die ein für legitim gehaltenes Handeln erzwingen. Freilich ist das rechtlich oder politisch durchgesetzte Verhalten nur dann legitim, wenn das Recht und die politischen Institutionen selber ihren Anspruch auf Legitimität erfüllen. Das ist nun, weiß Gott, noch viel seltener der Fall.

In diesem Zusammenhang habe ich von den großen moralisch-politischen Belastungen gesprochen, die Sie erwähnen. Angesichts dieser Situationen, die ja in Südamerika besonders drastisch sind, genügt eben eine abstrakte moralische Einsicht nicht. Es sind empirische Analysen notwendig und eine normative Bewertung von staatlichen Institutionen, Rechtsnormen, einzelnen Politiken. Nur im Hinblick auf einen Staat, der Legitimitätsansprüche stellt, kann sich die Frage erheben, ob und gegebenenfalls wann die evidente Ungerechtigkeit bestehender Verhältnisse zivilen Ungehorsam oder Widerstand rechtfertigt. Das bloße Auge der Moral ist der Unübersichtlichkeit anonym verketteter Handlungssequenzen nicht gewachsen; auch die moralische Substanz von Recht und Politik, die die face-to-face Interaktionen vermitteln, ist in unserer komplexen Welt ohne Mikroskop, ohne wissenschaftlich aufbereitete Daten oder Gesellschaftsanalysen oft nicht zu beurteilen.

Interview mit T. Hviid Nielsen

NIELSEN Unser hauptsächliches Thema bilden Ihre Auffassungen zur Moraltheorie und zur Ethik, insbesondere in der Gestalt, wie sie sich seit der *Theorie des kommunikativen Handelns* darstellen. Wir wollen uns zunächst auf den Begriff der Moralität und die Beziehung zwischen Gerechtigkeit, Recht und Fürsorge konzentrieren. Darauf folgen dann zweitens Fragen zur universalpragmatischen Begründung einer Diskursethik. Es geht um die Geltung von Normen, den Status der sogenannten idealen Sprechsituation und die Abgrenzung vom demokratischen Verfahren. Drittens möchte ich Moral und Ethik im Verhältnis zu System und Lebenswelt behandeln.

Wie sollen wir die Entwicklung verstehen, die Sie von der soziologischen Kritik der Pathologien der Moderne (in der *Theorie des kommunikativen Handelns*) zu Ihrer Moraltheorie (in *Moralbewußtsein und kommunikatives Handeln* und in den darauffolgenden Artikeln und Vorlesungen) geführt hat? Kann man die Diskursethik als eine aus individueller Sicht gegebene philosophische Antwort auf die soziologische Frage verstehen, wie die richtige, nicht-pathologische Beziehung zwischen System und Lebenswelt in der Moderne aussehen soll? Warum haben Sie sich seit 1981 mehr mit Fragen der philosophischen Etik als mit dieser in der *Theorie des kommunikativen Handelns* offengebliebenen soziologischen Frage beschäftigt?

HABERMAS Ich sehe das anders. Für die philosophischen Grundlagen der *Theorie des kommunikativen Handelns* war vor allem die sprachpragmatische Einführung des Begriffs kommunikativer Rationalität wichtig. Im Anschluß an Weber und Durkheim bin ich zwar auch auf die Rechts- und Moralentwicklung eingegangen; aber die beiden theoretischen Ansätze, auf die ich mich dabei gestützt habe, die Diskursethik und Kohlbergs Theorie der Stufen des moralischen Bewußtseins, sind damals im Hintergrund geblieben. Diese liegengebliebenen Dinge habe ich erst in den folgenden Jahren aufgearbeitet. Der Titelaufsatz von *Moralbewußtsein und kommunikatives Handeln* stammt noch aus der Zeit und dem Forschungskontext des Starnberger Instituts. Der Aufsatz über die Diskursethik ist aus Seminaren hervorgegangen, die ich unmittelbar nach meiner Rückkehr nach Frankfurt, und das heißt: an einem philosophischen Fachbereich durchgeführt habe. Seit 1983 arbeite ich ja in einer veränderten professionellen Umgebung; auch das spielt für die Akzentuierung von Forschungsinteressen eine Rolle.

Ihre Vermutung trifft auch deshalb nicht zu, weil diese Beschäftigung mit moraltheoretischen Fragen wieder anknüpft an Probleme, die ich 1973, im letzten Teil der *Legitimationsprobleme im Spätkapitalismus,* behandelt hatte. Damals hatte ich ein Modell »unterdrückter verallgemeinerungsfähiger Interessen« vorgeschlagen, um zu zeigen, in welchem Sinne man zwischen »allgemeinen« und »besonderen« Interessen unterscheiden könne. Später, in der *Theorie des kommunikativen Handelns,* bin ich darauf nicht mehr zurückgekommen, sondern habe Sozialpathologien, woran Sie mit Recht erinnern, mit Hilfe eines zweistufigen Gesellschaftskonzepts zu erfassen versucht: nämlich als Deformationen, die auf Störungen der Reproduktion der Lebenswelt zurückgehen (Bd. 2, S. 215). Insbesondere habe ich mich dort für Pathologien interessiert, die eintreten, wenn krisenhafte Systemungleichgewichte in der Ökonomie oder im Staatsapparat auf die Lebenswelt abgeschoben werden und in deren symbolische Reproduktion eingreifen (Bd. 2, S. 565 f.). Wenn ich nun diese durch Monetisierung und Bürokratisierung hervorgerufenen Phänomene der Verdinglichung kommunikativer Beziehungen, also das, was Marx global »Entfremdung« genannt hat, genauer hätte analysieren wollen, wären keineswegs moraltheoretische Überlegungen am Platze gewesen. Für diese Dinge würde man vielmehr eine Präzisierung des Begriffs der systematisch verzerrten Kommunikation brauchen. Diese habe ich – auf der Grundlage der empirischen Forschungen zu Familienpathologien – als das interpersonelle Gegenstück zu jenen intrapsychischen Störungen begriffen, die die Psychoanalyse auf unbewußte Konfliktabwehr zurückführt und mit entsprechenden Abwehrmechanismen erklärt. Auf diese Ideen zu Kommunikationspathologien, die auf der Ebene einfacher Interaktionen entstehen, bin ich allerdings seit 1974 nicht mehr zurückgekommen.[1] Ich halte meine Anregungen übrigens nach wie vor für relevant, und fühle mich in dieser Einschätzung durch die interessanten Arbeiten von Jim Bohman und Martin Löw-Beer bestätigt.

NIELSEN Die Diskursethik präsentieren Sie als Fortsetzung und

Ergänzung Ihrer früheren moraltheoretischen Arbeiten wie auch als eine Antwort auf die politische Agenda der in den achtziger Jahren geführten öffentlichen Diskussionen. Fühlen Sie zwischen diesen beiden Polen eine gewisse Spannung, d. h. zwischen Ihrer eigenen theoretischen Entwicklung, die auf Fragen der sechziger Jahre zurückgeht, und den politischen Themen der achtziger Jahre? Haben diese Themen zu der Wende beigetragen, die Sie von einer sozialen, eher Hegelschen Ethik zu einer individuellen, eher kantischen Moralauffassung geführt hat?

HABERMAS Eigentlich verfolge ich seit etwa 1970, seit jenen Überlegungen zur Formalpragmatik und zur Diskurstheorie der Wahrheit, die ich zuerst in den Christian-Gauss-Lectures vorgetragen habe[2], *dasselbe* Forschungsprogramm. Andererseits wird jeder, der sich eine gewisse politische (und theoriepolitische) Sensibilität bewahrt, auf veränderte Kontexte auch reagieren. In den sechziger Jahren mußte man sich mit den Technokratietheorien der einen Seite auseinandersetzen, in den frühen siebziger Jahren mit den Krisentheorien der anderen Seite. Seit der Mitte der siebziger Jahre verspürte man den Druck der neokonservativen ebenso wie der der poststrukturalistischen Vernunftkritik – darauf habe ich mit dem Begriff der kommunikativen Rationalität geantwortet. Diese Konstellation hat sich in den achtziger Jahren zunächst nicht geändert; deshalb habe ich das Thema einer Kritik der Subjektphilosophie weiter verfolgt und mit philosophischen Mitteln präzisiert. Im *Philosophischen Diskurs der Moderne* wollte ich zeigen, daß das »vorstellende Denken« durch etwas anderes als durch den Defaitismus der Dekonstruktivisten oder durch den Kontextualismus der Neoaristoteliker abgelöst werden kann.

In diesem Zusammenhang einer intersubjektivistischen Selbstkritik der Vernunft habe ich dann auch auf die nicht ganz unverdächtige Konjunktur, die die philosophische Ethik heute genießt, reagiert, und habe die Dinge ausgearbeitet, die mich ja im Anschluß an Meads Kommunikationsethik immer schon interessiert hatten (*Theorie des kommunikativen Handelns* Bd. 2, S. 141 ff.). Die Diskursethik knüpft deshalb wie schon Mead an Intuitionen der kantischen Moraltheorie an, ohne deren individualistische Prämissen zu übernehmen.

NIELSEN Die Diskursethik bezieht sich auf spezifisch moderne Verhältnisse (so wie auch die *Theorie des kommunikativen Handelns* und *Der philosophische Diskurs der Moderne*). Die Aufklärung und die Moderne verteidigen Sie gegen den Traditionalismus einerseits und die Postmoderne andererseits. So ist etwa das Konzept der Tugend für Sie wie für einen Ihrer hauptsächlichen Opponenten, den Neoaristoteliker A. MacIntyre, mit modernen Verhältnissen unvereinbar. Wie kommt es, daß alle traditionellen und substantiellen Moralen veraltet sind? Und worin besteht Ihre Lösung: in einer nicht-substantiellen Moral, die besser gerechtfertigt ist als MacIntyres Antwort, d. h. besser als die von ihm vorgeschlagene Rückkehr zu traditionellen Tugenden?

HABERMAS *After Virtue* hat nach meiner Auffassung vor allem zwei Schwächen. Zum einen macht MacIntyre sich die Kritik zu leicht: er wählt mit der Theorie von A. Gewirth ein untypisches und eher leicht zu kritisierendes Beispiel für eine universalistische Position, statt auf Rawls oder Dworkin oder Apel einzugehen. Zum anderen kommt er mit seinem Rückgriff auf den aristotelischen Begriff der Praxis ins Gedränge, sobald er aus dem in der Moderne unvermeidlichen Pluralismus gleichermaßen legitimer Lebensformen einen universellen Kern herausschälen will. Woher nimmt er das Äquivalent für etwas, das sich Aristoteles noch zutrauen konnte – ich meine einen Ersatz für die metaphysische Auszeichnung der Polis als der vorbildlichen Lebensform, wo Menschen, und zwar alle Menschen, die keine Barbaren bleiben, das Telos eines guten Lebens verwirklichen können? Weil sich in der Moderne die Vielfalt individueller Lebensentwürfe und kollektiver Lebensformen nicht mehr philosophisch präjudizieren läßt, weil die Art zu leben allein in die Verantwortung der vergesellschafteten Individuen selbst gegeben ist und aus der Perspektive der Teilnehmer beurteilt werden muß, zieht sich eben das, was alle überzeugen kann, ins *Verfahren* rationaler Willensbildung zurück.

NIELSEN Die Diskursethik bietet in zweifacher Hinsicht ein enges oder minimales Verständnis der Ethik. Sie ist im Ansatz deontologisch, kognitivistisch, formalistisch und universalistisch; und sie beschränkt sich auf Gerechtigkeit als ihren zentralen Gegenstand. Auf diese Weise schließt sie die traditionelle Orientierung am Guten oder an Glückseligkeit (oder einer Kombination von beiden) aus. Warum diese Beschränkung auf Gerechtigkeit? Betrachten Sie das als einen notwendigen Zug aller modernen Ethiken?

HABERMAS Unter modernen Lebensbedingungen kann keine der konkurrierenden Überlieferungen mehr prima facie allgemeine

Verbindlichkeit beanspruchen. Auch in praktisch relevanten Fragen können wir deshalb überzeugende Gründe nicht mehr auf die Autorität fragloser Traditionen stützen. Wenn wir normative Fragen des elementaren Zusammenlebens nicht durch direkte oder verschleierte Gewalt, durch Pression, Einflußnahme oder durch die Macht des stärkeren Interesses, sondern durch gewaltlose Überzeugung auf der Grundlage eines rational motivierten Einverständnisses entscheiden wollen, dann müssen wir uns auf den Kreis von Fragen konzentrieren, die einer unparteilichen Beurteilung zugänglich sind. Eine allgemein verbindliche Antwort dürfen wir nicht erwarten, wenn wir fragen, was gut für mich oder gut für uns oder gut für sie ist; dann müssen wir vielmehr fragen: was *gleichermaßen gut für alle* ist. Dieser »moralische Gesichtspunkt« bildet einen scharfen, aber engen Lichtkegel, der aus der Masse aller evaluativen Fragen diejenigen Handlungskonflikte heraushebt, die mit Bezugnahme auf ein verallgemeinerbares Interesse *gelöst* werden können; das sind Fragen der Gerechtigkeit.

Damit behaupte ich nicht, daß Gerechtigkeitsfragen die einzig relevanten Fragen sind. Ethisch-existenzielle Fragen brennen uns meistens viel mehr auf den Nägeln – Probleme, die den einzelnen oder ein Kollektiv dazu nötigen, sich darüber klar zu werden, wer sie sind und sein möchten. Solche Probleme der Selbstverständigung können uns härter bedrängen als Probleme der Gerechtigkeit. Aber nur die letzteren sind so strukturiert, daß sie im wohlerwogenen und gleichmäßigen Interesse aller gelöst werden können. Moralische Urteile müssen aus der Perspektive eines jeden möglicherweise Betroffenen Zustimmung finden können – und nicht nur wie ethische Urteile aus der Perspektive je meines oder je unseres Selbst- und Weltverständnisses. So kommt es, daß Moraltheorien, wenn sie einem kognitivistischen Ansatz folgen, wesentlich Theorien der Gerechtigkeit sind.

NIELSEN Wie kommt es, daß die Dimension von »Gerechtigkeit« nicht weiter differenziert wird? Warum sollen die Entzweiungen der Moderne gleichsam an den Grenzen der drei Kantschen Kritiken und den entsprechenden Wertsphären Halt machen, so daß Gerechtigkeitsfragen nur unter ein und demselben Aspekt behandelt werden können. Man kann Michael Walzers Buch *Spheres of Justice* als ein einziges langes Argument für eine Aufgliederung des Begriffs der Gerechtigkeit nach verschiedenen Sphären (der Mitgliedschaft, der Wohlfahrt, der Ökonomie, der Erziehung usw.)

verstehen; auf diese Weise will er Pluralismus und Gleichheit verteidigen. »Die Prinzipien von Gerechtigkeit besitzen ihrerseits eine plurale Form, verschiedene soziale Güter sollten aus verschiedenen Gründen verteilt werden nach unterschiedlichen Verfahren, durch unterschiedliche Akteure« (S. 6).

HABERMAS Diesem Satz kann ich ohne weiteres zustimmen, nur nicht den Konsequenzen, die Michael Walzer daraus ziehen möchte.

Daß eine Norm gerecht ist oder im allgemeinen Interesse liegt, heißt nichts anderes, als daß diese Norm Anerkennung verdient oder gültig ist. Gerechtigkeit ist nichts Materiales, kein bestimmter »Wert«, sondern eine Dimension der Gültigkeit. Wie deskriptive Sätze wahr sein, also ausdrücken können, was der Fall ist, so können normative Sätze richtig sein und ausdrücken, was zu tun geboten ist. Auf einer anderen Ebene liegen aber die einzelnen Prinzipien oder Normen, die einen spezifischen Inhalt haben – unabhängig davon, ob sie nun gültig sind oder nicht.

Beispielsweise gibt es verschiedene Prinzipien der Verteilungsgerechtigkeit. Das sind materiale Gerechtigkeitsprinzipien wie »Jedem nach seinen Bedürfnissen« oder »Jedem nach seinen Leistungen« oder »Für jeden den gleichen Anteil«. Prinzipien der Gleichberechtigung wie die Grundsätze der gleichen Achtung für jeden, der Gleichbehandlung oder der Gesetzesanwendungsgleichheit beziehen sich auf eine andere Sorte von Problemen. Dabei geht es nicht um die Verteilung von Gütern und Diensten, sondern um die Sicherung von Freiheiten und Unantastbarkeiten. Nun können alle diese Gerechtigkeitsprinzipien unter dem Gesichtspunkt der Universalisierung begründet werden und prima facie Geltung beanspruchen. Aber erst im Hinblick auf konkrete Einzelfälle wird sich herausstellen, *welcher* der konkurrierenden Grundsätze im *jeweiligen* Kontext der angemessene ist.

Das ist die Aufgabe von Anwendungsdiskursen: innerhalb der Familie werden z. B. Verteilungskonflikte eher nach dem Bedarfsprinzip zu entscheiden sein als nach dem Leistungsprinzip, während es sich in gesamtgesellschaftlichen Verteilungskonflikten umgekehrt verhalten mag. Das hängt davon ab, welches Prinzip auf die in allen relevanten Zügen möglichst vollständig beschriebene Situation *am besten paßt*. Eine generelle Zuordnung von Gerechtigkeitsprinzipien zu Handlungssphären halte ich jedoch für höchst problematisch. In Anwendungsdiskursen könnten

Überlegungen der Art, wie Walzer sie anstellt, ihren Platz finden; aber hier müßten sie sich je nach Kontext von Fall zu Fall bewähren.

NIELSEN Die Beschränkung der Moraltheorie auf Fragen der Gerechtigkeit bringt Sie zu einer scharfen Unterscheidung zwischen »moralischen Fragen« (die unter Universalisierungsgesichtspunkten grundsätzlich rational entschieden werden können) und »evaluativen Fragen« (die Fragen des guten Lebens darstellen und einer rationalen Erörterung nur innerhalb des Horizonts einer geschichtlich konkreten Lebensform oder einer individuellen Lebensgeschichte zugänglich seien sollen). Aber schließen Sie tatsächlich die Möglichkeit einer Übereinstimmung zwischen Gerechtigkeit und gutem Leben aus? John Rawls, der ja ebenfalls eine Priorität des Gerechten vor dem Guten behauptet, geht von einer solchen Kongruenz aus, »zumindest bei Bestehen einer wohl geordneten Gesellschaft«. Nach seiner Ansicht soll eine Moraltheorie auch die Beziehung zwischen dem Gerechten und dem Guten bestimmen.

HABERMAS Ja, in einer Gesellschaft, die über alle Ressourcen einer modernen Gesellschaft verfügt und zugleich wohlgeordnet, also gerecht und emanzipiert wäre, würden die vergesellschafteten Individuen nicht nur Autonomie und einen hohen Grad der Partizipation genießen, sie hätten auch einen relativ weiten Spielraum für ihre Selbstverwirklichung, d. h. für die bewußte Projektion und Verfolgung individueller Lebensentwürfe.

NIELSEN Sie trennen zwar die Gerechtigkeit vom guten Leben, aber Sie schließen Aspekte der Fürsorge und der Verantwortung in Ihr Konzept der Gerechtigkeit ein. Wie soll das gehen, Carol Gilligans »care« und »responsibility« zu einem Bestandteil Ihrer diskurstheoretischen Auffassung von Gerechtigkeit zu machen? Die Ethik der Fürsorge bezieht sich doch auf den konkreten Anderen, nicht auf den generalisierten Anderen. Sie verlangt eine kontextuierende anstelle einer formal-abstrakten Betrachtungsweise. Sie hat soziale Beziehungen im Blick, nicht fixierte Rollen, und sie führt moralische Fragen auf konfligierende Interessen, nicht auf widerstreitende Rechte zurück. Wie können alle diese Differenzen unter formaler Gerechtigkeit subsummiert werden?

HABERMAS Lassen Sie mich die ersten beiden und die letzten beiden Gesichtspunkte paarweise behandeln.

Der Eindruck, daß deontologische Ethiken wie die kantische

dazu nötigen, den konkreten Anderen und dessen jeweils besondere Situation zu vernachlässigen, entsteht nur durch die einseitige Konzentration auf Begründungsfragen, die sich vermeiden läßt. Kant hatte die Moralität im ganzen auf die Rousseausche Perspektive eines Gesetzgebers zugeschnitten, der überlegt, wie eine Materie im gemeinsamen Interesse aller Bürger, also unter Gesichtspunkten der Universalisierbarkeit geregelt werden kann. Dabei gerät die Anwendungsproblematik aus dem Blick. Die einmalige Konstellation eines entscheidungsbedürftigen Falls, die konkreten Züge der beteiligten Personen kommen erst ins Spiel, *nachdem* die Begründungsprobleme gelöst sind. Allein, sobald geklärt werden muß, welche der prima facie gültigen Normen der gegebenen Situation und dem anhängigen Konflikt am *angemessensten* ist, muß eine möglichst vollständige Beschreibung aller relevanten Merkmale des jeweiligen Kontextes gegeben werden. Klaus Günther hat seiner vorzüglichen Untersuchung von Anwendungsdiskursen den Titel *Der Sinn für Angemessenheit* (Frankfurt/M. 1988) gegeben. Die Praktische Vernunft kann sich in Begründungsdiskursen allein gar nicht vollständig zur Geltung bringen. Während sie sich bei der Begründung von Normen im Grundsatz der Universalisierung ausspricht, kommt sie bei der Anwendung von Normen mit einem Angemessenheitsprinzip zum Zuge. Wenn man sich nun die Komplementarität von Begründung und Anwendung klar macht, sieht man, wie die Diskursethik jenen Bedenken, die Sie mit Carol Gilligan oder auch mit Sheyla Benhabib teilen, Rechnung tragen kann.[3]

Nun zu dem anderen Bedenken, daß deontologische Ethiken allein auf Rechte, nicht auf Bedürfnisse abstellten und auch den Aspekt von Mitgliedschaftsbeziehungen gegenüber den institutionell verfestigten Rollenaspekten vernachlässigten. Im historischen Rückblick auf den Individualismus der kantischen Tradition ist dieses Bedenken berechtigt; aber die Diskursethik trifft es nicht. Diese nimmt nämlich den intersubjektivistischen Ansatz des Pragmatismus auf und begreift den praktischen Diskurs als eine *öffentliche* Praxis *gemeinsamer* gegenseitiger Perspektivenübernahme: jeder sieht sich genötigt, die Perspektive eines jeden anderen zu übernehmen, um zu prüfen, ob eine Regelung auch aus der Perspektive des Welt- und Selbstverständnisses eines jeden anderen akzeptabel ist. Gerechtigkeit und Solidarität sind zwei Seiten derselben Medaille, weil der praktische Diskurs ein Verfahren ist, das einerseits jeden einzelnen mit seinem Ja und Nein zum Zuge kommen läßt und insofern einem individualistischen Verständnis von Gleichberechtigung Rechnung trägt; andererseits bleibt im Diskurs jenes soziale Band intakt, das alle Argumentationsteilnehmer dazu anhält, sich ihrer Zugehörigkeit zu einer unbegrenzten Kommunikationsgemeinschaft bewußt zu sein. Nur wenn der Bestand der Kommunikationsgemeinschaft, die allen mit der idealen Rollenübernahme eine selbstlose empathische Leistung abverlangt, gesichert ist, können sich jene Verhältnisse reziproker Anerkennung reproduzieren, ohne die auch die Identität eines jeden Einzelnen zerfallen müßte.

NIELSEN Wie sollen wir die Trennung von Moral und Recht verstehen? Nach Durkheim und Weber sind das zwei verschiedene Sphären, die aus dem Zerfall traditionaler Ethiken hervorgehen; aber irgendwie bleiben sie durch ein gemeinsames Zentrum auch miteinander verbunden. Muß man Moral und Recht in der Moderne nur als verschiedene Formen der Institutionalisierung von Verfahren begreifen, die demselben Zweck dienen?

HABERMAS Positives Recht und postkonventionelle Moral ergänzen einander und überlagern gemeinsam die traditionelle Sittlichkeit. Unter normativen Gesichtspunkten kann man sich die Ergänzungsbedürftigkeit universalistisch begründeter Moralnormen leicht klar machen. Eine Norm, die den Verallgemeinerungstest besteht, verdient allgemeine Anerkennung nur unter der Voraussetzung, daß sie auch faktisch von jedermann befolgt wird. Eben diese Bedingung kann eine Reflexionsmoral, die mit den Selbstverständlichkeiten der konkreten Sittlichkeit bricht, von sich aus nicht garantieren. So erzeugen die Prämissen eines anspruchsvollen postkonventionellen Begründungsmodus selbst ein *Problem der Zumutbarkeit:* die Befolgung einer gültigen Norm kann nur von jemandem erwartet werden, der sicher sein kann, daß auch alle anderen der Norm Folge leisten. In dieser Weise begründet schon Kant den Übergang von der Moral zum staatlich sanktionierten Recht. Und schon Kant erkennt das Folgeproblem, das mit der Inanspruchnahme des Mediums staatlicher Macht entsteht. Die politische Macht ist kein eigenschaftsloses Medium; ihr Gebrauch und ihre Organisation müssen selber moralischen Beschränkungen unterworfen werden. Darauf antwortet wiederum die Idee des Rechtsstaates.

Bei Kant und im frühen Liberalismus besteht freilich eine Vorstellung von der Herrschaft der Gesetze, die suggeriert, daß die Rechtsordnung selbst ausschließlich moralischer Natur, jedenfalls eine Implementationsform der Moral sei. Diese Assimilation des Rechts an die Moral führt in die Irre. Mit dem politischen Element des Rechts kommen ganz andere Momente ins Spiel. Nicht alle Materien, die einer rechtlichen Regelung bedürftig und zugänglich sind, sind moralischer Art. Auch wenn sich die Gesetzgebung den idealen Bedingungen einer diskursiven Meinungs- und Willensbildung hinreichend angenähert hätte, könnten sich die Entscheidungen des Gesetzgebers nicht nur auf moralische Gründe stützen – erst recht nicht die eines sozialstaatlichen Gesetzgebers. Eine erhebliche Rolle spielen stets *pragmatische* Gründe für einen (mehr oder weniger fairen) Ausgleich von Interessen, die keiner Verallgemeinerung fähig sind, ferner *ethische* Gründe für das akzeptierte Selbstverständnis und die präferierte Lebensform eines Kollektivs, in dem sich verschiedene identitätsverbürgende Traditionen treffen und miteinander in Einklang gebracht werden müssen. Darum könnte der Legitimitätsanspruch des positiven Rechts auch dann, wenn er sich auf eine rationale Willensbildung stützte, nicht im Anspruch auf moralische Geltung aufgehen. Mit den pragmatischen und ethischen Gründen fließt in die Legitimität des Rechts auch anderes ein: die *Legitimität* stützt sich auf ein breiteres Spektrum von Geltungsaspekten als die Sollgeltung von moralischen Handlungsnormen.

Im übrigen ist die Rechtsgeltung aus zwei Komponenten zusammengesetzt; mit der rationalen Komponente des Anspruchs auf Legitimität verbindet sich die empirische Komponente der Rechtsdurchsetzung. Die Rechtsgeltung muß auf Seiten der Adressaten beides zugleich begründen können: die kognitive Erwartung, daß die allgemeine Befolgung der einzelnen Rechtsnormen gegebenenfalls erzwungen wird (weshalb dem Recht Legalität des Verhaltens, d. h. bloß normenkonformes Verhalten *genügt*); zugleich muß die Rechtsgeltung die normative Erwartung begründen, daß das Rechtssystem im Ganzen aus guten Gründen Anerkennung verdient (weshalb das Recht mehr als nur Legalität, nämlich Gehorsam aus Einsicht in die Legitimität der Rechtsordnung jederzeit *möglich machen* muß).

NIELSEN Wechseln wir zum Thema Ihrer sprachpragmatischen Begründung der Diskursethik, insbesondere zu Ihrer Weiterentwicklung von Toulmins Analyse in den *Uses of Argument*, von

Wittgensteins »Sprachspielen« und Chomskys »Universalgrammatik« zu einer Formalpragmatik. Schon auf dieser methodologischen Ebene möchte ich Sie mit einem Argument konfrontieren, das den alten Einwand gegen den Eurozentrismus Ihrer Verteidigung der Aufklärung und Ihres Evolutionsbegriffs variiert.

Man kann sich ja fragen, ob der ganze Begriff der Formalpragmatik aus einer schlechten Generalisierung von Beispielen der indoeuropäischen Sprachfamilie gewonnen wird. B. Lee Whorf hat das »Standard Average European« mit nicht-europäischen Sprachen verglichen und herausgefunden, daß solche zentralen Dinge wie erstens die Funktion der Verben, zweitens die Zeitstruktur und drittens die grammatische Beziehung von Subjekt und Prädikat in diesen Sprachen prinzipiell verschieden sind von den Merkmalen, die Sie für universal halten. Die Einzelheiten kann ich hier nicht rekapitulieren. Aber es scheint doch eine Fülle linguistischer Daten zu geben, die schon den Ansatz einer Universalpragmatik in Frage stellen oder widerlegen. Vielleicht können Sie entgegnen, daß die nicht-europäischen Sprachen weniger entwickelt sind; aber dann übernehmen Sie die Beweislast zu zeigen, wie überhaupt eine Entwicklung in den grammatischen Tiefenstrukturen möglich ist.

HABERMAS Die Sapir-Whorf-Hypothese ist in den fünfziger Jahren ausführlich diskutiert worden, im großen und ganzen mit negativem Erfolg. Die Oberflächenstrukturen der Einzelsprachen können offensichtlich stark divergieren, ohne daß dadurch die Übereinstimmungen in der semantischen Grundstruktur einfacher assertorischer Sätze oder in der pragmatischen Grundstruktur der Sprechsituation (z. B. Personalpronomina, Raum- und Zeitdeixis) beeinträchtigt werden. Was Whorf vorschwebte, sind eher jene Differenzen zwischen sprachlichen Weltbildern, für die sich schon Humboldt interessiert hat, ohne daraus Konsequenzen zugunsten eines Sprachrelativismus zu ziehen. Um diesen zu vermeiden, braucht man keineswegs zu Vorstellungen einer Evolution von Sprachsystemen Zuflucht zu nehmen. In Ansehung natürlicher Sprachen ist ein Evolutionismus ganz unangebracht. Offensichtlich verändert sich über Zeit die grammatische Komplexität von Sprachen kaum.

Die Whorfschen Intuitionen sind heute auf einer anderen Ebene wieder zur Geltung gebracht worden, nämlich in der von Anthropologen ausgelösten Rationalitätsdebatte, die sich inzwischen weit verzweigt hat. Für den entscheidenden Punkt *dieser* Kontroverse halte ich die Frage, ob wir einer Asymmetrie Rechnung tragen müssen, die zwischen den Interpretationskapazitäten verschiedener Kulturen dadurch entsteht, daß einige sogenannte second-order concepts eingeführt haben, andere nicht. Diese Begriffe zweiter Ordnung erfüllen notwendige kognitive Bedingungen für das Reflexivwerden einer Kultur, also dafür, daß deren Mitglieder zu ihren eigenen Überlieferungen eine hypothetische Einstellung einnehmen und auf dieser Grundlage kulturelle Selbstrelativierungen vornehmen können. Ein solches dezentriertes Weltverständnis kennzeichnet moderne Gesellschaften. Der Streit geht also darum, ob solche kognitiven Strukturen eine Schwelle bedeuten, die von *jeder* Kultur, die diese Schwelle passiert, *ähnliche* Lern- und Anpassungsprozesse verlangt.

Die Kontextualisten behaupten, daß der Übergang zu nachmetaphysischen Naturbegriffen, zu posttraditionellen Rechts- und Moralvorstellungen nur eine Tradition neben anderen charakterisiert – und keineswegs das Reflexivwerden von Tradition überhaupt. Ich sehe nicht, wie sich diese These im Ernst verteidigen ließe. Ich denke, daß Max Weber recht hatte, und zwar in jener vorsichtig universalistischen Deutung, die Schluchter der These von der allgemeinen Kulturbedeutung des okzidentalen Rationalismus gegeben hat.[4]

NIELSEN Ihre Moraltheorie hat die Form einer Untersuchung moralischer Argumentation. Und als einziges Moralprinzip stellen Sie einen Universalisierungsgrundsatz auf, der in moralischen Argumentationen eine ähnliche Rolle haben soll wie das Induktionsprinzip bei empirisch-theoretischen Fragen. Eine Norm ist danach nur gültig, wenn sie in realen Argumentationen von allen potentiell Betroffenen akzeptiert werden könnte; das bedeutet, daß sie die Interessen eines jeden Teilnehmers befriedigen können muß. Warum sollen die Beteiligten mit den Konsequenzen einer allgemeinen Normbefolgung einverstanden sein? Oft gelangen sie doch nur zur konsensuellen Feststellung ihres Dissenses. Das wäre eine gewisse Analogie zum Verfahren politischer Willensbildung, das den Konsens darüber ausdrückt, bestimmte Kontroversen und Themen *anderen* Formen der Auseinandersetzung zu überlassen.

HABERMAS Argumentation ist kein Entscheidungsverfahren, das in *Beschlüssen* resultiert, sondern ein Problemlösungsverfahren, das zu *Überzeugungen* führt. Natürlich kann der argumentative Streit über den Wahrheitsanspruch von assertorischen, oder über den Richtigkeitsanspruch von normativen Aussagen offen ausgehen, so daß kein Einverständnis zustandekommt; dann wird man, for the time being, diese Frage offenlassen, aber doch in dem Bewußtsein, daß nur eine Seite recht haben kann. In praktischen Diskursen kann sich allerdings herausstellen, daß der anhängige Konflikt gar nicht moralischer Natur ist. Es mag sich um eine ethisch-existentielle Frage handeln, die das Selbstverständnis bestimmter Personen oder eines bestimmten Kollektivs betrifft; dann wird eine noch so vernünftige Antwort nur relativ auf das Ziel je meines oder je unseres guten bzw. nicht-verfehlten Lebens gültig sein und keine Allgemeinverbindlichkeit beanspruchen können. Vielleicht handelt es sich aber auch um die pragmatische Frage des Ausgleichs zwischen gegensätzlichen, nicht-verallgemeinerungsfähigen Interessen; dann können die Beteiligten allenfalls einen fairen oder guten Kompromiß erzielen. So kann das Scheitern von Argumentationsversuchen im Bereich der Praxis auch den Sinn haben, sich darüber klar zu werden, daß keine moralischen Diskurse, sondern Selbstverständigungsdiskurse oder Verhandlungen am Platz sind.

Auch in der parlamentarischen Willensbildung steckt ein rationaler Kern; denn politische Fragen sind je nachdem sowohl unter empirischen und pragmatischen wie unter moralischen und ethischen Gesichtspunkten einer diskursiven Behandlung fähig. Diese rechtlich institutionalisierten Meinungsbildungsprozesse sind freilich auf eine zeitlich terminierte Beschlußfassung programmiert. Die Geschäftsordnungen kombinieren die wahrheitsorientierte Meinungsbildung mit einer majoritären Willensbildung. Aus der Sicht einer Diskurstheorie, die solche Verfahren auf ihren normativen Gehalt hin abklopft, muß freilich die Mehrheitsregel eine interne Beziehung zur kooperativen Wahrheitssuche behalten. Der Idee nach darf eine Mehrheitsentscheidung nur unter diskursiven Bedingungen derart zustandekommen, daß ihr Ergebnis die Vermutung der Rationalität für sich hat. Der Inhalt einer verfahrensgerecht erzielten Entscheidung muß als das rational motivierte, aber fehlbare Ergebnis einer unter Entscheidungsdruck vorläufig beendeten Diskussion gelten können. Man darf deshalb den Diskurs als Verfahren der moralischen oder ethischen *Urteils*bildung nicht mit den rechtlich institutionalisierten Verfahren einer (wie immer auch durch Diskurse vermittelten) politischen *Willens*bildung verwechseln.

NIELSEN Ihr moraltheoretischer Kognitivismus stützt sich auf die Behauptung einer Analogie zwischen Wahrheitsansprüchen und normativen Geltungsansprüchen. Aber diese Analogie läßt sich nur aufrechterhalten, wenn man die Normen, die hinter dem Universalisierungsgrundsatz stehen, an so etwas wie normative Geltung überhaupt assimiliert. Wie kann und warum muß die Moraltheorie jene anderen Normen vernachlässigen, die zwar de facto in Geltung sind, ohne im strikten Sinne gültig zu sein? Und ist diese Ausgrenzung möglich, ohne daß man dabei die dialektische Beziehung zwischen abstrakter Moral und gesellschaftlicher Ethik abschneidet?

HABERMAS Normen treten, aus der performativen Einstellung ihrer Adressaten betrachtet, mit einem wahrheitsanalogen Geltungsanspruch auf. »Analog« heißt freilich, daß man die Sollgeltung von Normen nicht an die Wahrheitsgeltung von Sätzen assimilieren darf. Die Unterschiede zeigen sich nicht erst an den Argumentationsregeln und der Art der jeweils zulässigen Argumente; sie beginnen schon damit, daß normative Geltungsansprüche in Normen, also in den (gegenüber moralischen Handlungen und regulativen Sprechakten) höherstufigen Gebilden ihren Sitz haben, während Wahrheitswerte nur den einzelnen assertorischen Sätzen zugeschrieben werden, nicht den Theorien. Hier verdanken die höherstufigen Gebilde, d. h. die Theorien, ihre Gültigkeit der Menge der wahren Sätze, die aus ihnen abgeleitet werden können, während auf der anderen Seite partikulare Gebote oder Verbote ihre Gültigkeit den zugrundeliegenden Normen entlehnen.

Ein interessanter Unterschied besteht sodann darin, daß das Fürwahr-halten von Sätzen jene Dimension gar nicht berührt, die für die Wahrheit von Sätzen wesentlich ist, nämlich die Existenz von Sachverhalten. Hingegen berührt das Für-richtig-halten von Normen unmittelbar die diesen wesentliche Dimension der Regelung von Handlungen. Sobald eine Handlungsnorm im Kreise ihrer Adressaten hinreichend anerkannt und befolgt wird, konstituiert sich eine entsprechende Praxis – gleichviel, ob die Norm gerechtfertigt werden kann und Anerkennung *verdient* oder ob sie nur *faktisch*, z. B. aus den falschen Gründen anerkannt bzw. aus schierer Gewohnheit befolgt wird. Deshalb wird die Unterscheidung zwischen der Gültigkeit und der sozialen Geltung, d. h. dem generellen Für-gültig-halten einer Norm wichtig. Soweit kann ich Ihnen zustimmen.

Allerdings bin ich dann unsicher, ob ich den Sinn Ihrer Frage verstehe. Der *Moraltheoretiker* wählt ja eine normative Betrachtungsweise; er teilt die Einstellung eines Normadressaten, der an Begründungs- oder Anwendungsdiskursen teilnimmt. Aus dieser Perspektive müssen wir zunächst von den bestehenden Traditionen, den eingespielten Praktiken und den vorhandenen Motiven, kurz: von der in einer Gesellschaft etablierten Sittlichkeit absehen. Andererseits muß den *Soziologen* in erster Linie diese Sittlichkeit interessieren. Aber der nimmt die objektivierende Einstellung eines teilnehmenden Beobachters ein. Wir können die Zweite-Person-Einstellung eines Normadressaten und die Dritte-Person-Einstellung eines soziologischen Beobachters nicht zur gleichen Zeit einnehmen. Sie denken vermutlich an den komplizierten Fall, wo man in der einen Einstellung die Erkenntnisse interpretiert, die in der jeweils anderen Einstellung gewonnen worden sind. Das ist der Fall eines Soziologen, der einen deskriptiv erfaßten Legitimitätsglauben an den guten Gründen mißt, die für die Legitimität der von ihm beobachteten (und sozial geltenden) Ordnung aus der Perspektive *möglicher* Adressaten angeführt werden könnten. Entsprechend wechselt auch der Argumentationsteilnehmer (oder der Moraltheoretiker als dessen philosophisches Alter Ego) seine Rolle, sobald er mit den Augen eines Gesetzgebers die empirischen Aspekte der regelungsbedürftigen Materien und die Zumutbarkeit oder Akzeptanz von Regelungen in seine Überlegungen einbezieht. Man muß diese verschiedenen Betrachtungsweisen und die verschiedenen Gegenstände auseinanderhalten. Aus solchen Differenzen läßt sich aber kein Argument für eine kurzschlüssige Soziologisierung der Moraltheorie ableiten.

Sie sprechen sodann von empirisch gültigen Normen ohne (normative) Gültigkeit. Diese Formulierung trifft strenggenommen nur auf Konventionen wie z. B. Tischsitten zu, also auf Regeln, die eingewöhnt sind und durchschnittlich befolgt werden, ohne einer rationalen Begründung bedürftig und fähig zu sein.

NIELSEN Die Bedingungen für eine Diskursethik sind, ontogenetisch gesehen, nur erfüllt auf L. Kohlbergs letzten, postkonventionellen Stufen. Aber nur eine Minderheit der erwachsenen Bevölkerung erreicht diese Stufen (wenn man sich auf einschlägige Längsschnittuntersuchungen verläßt). Dann gelangt man aber zu dem Paradox, daß wir postkonventionelle gesellschaftliche Institutionen haben, während eine Mehrheit der Bevölkerung auf präkonventionellen oder konventionellen Stufen des moralischen Bewußtseins verharrt. Wie ist das möglich? Und wie läßt sich das vereinbaren mit Ihrer Behauptung, daß normative Strukturen so etwas wie Schrittmacher der sozialen Evolution sind? Wenn die Antwort darin besteht, daß die postkonventionelle Moral in Rechtsstrukturen eingebettet ist, dann müssen Sie plausibel machen, wie eine solche Situation überhaupt stabilisiert werden kann.

HABERMAS Gesellschaftliche Innovationen werden oft von marginalen Minderheiten angestoßen, auch wenn sie später auf der institutionellen Ebene gesellschaftlich verallgemeinert werden. Das mag eine Erklärung dafür sein, warum in modernen Gesellschaften das positive Recht als eine Verkörperung postkonventioneller Bewußtseinsstrukturen zu begreifen ist, obwohl bei zahlreichen Mitgliedern nur eine konventionelle Stufe des moralischen Bewußtseins festgestellt werden kann. Das konventionelle Verständnis eines postkonventionellen Rechtssystems muß auch nicht zu Instabilitäten führen; es verhindert manchmal radikale Deutungen, die beispielsweise zu zivilem Ungehorsam führen.

Außerdem sind die Befunde über das Moralbewußtsein der Bevölkerung problematisch; es ist sehr umstritten, ob nicht Kohlbergs Erhebungsmethode zu artifiziellen Ergebnissen führt. Performativ beherrschen beispielsweise Kinder die moralischen Urteile einer Stufe, lange bevor sie in der Lage sind, dieses intuitive Wissen in Beantwortung der bekannten Dilemmata auch als solches zu explizieren.

NIELSEN Die Frage nach dem wahrheitsanalogen Sinn normativer Geltung ist nur die Variation einer Frage, die ursprünglich in Ihrem Interview mit der *New Left Review* gestellt worden und unbeantwortet geblieben ist: »Welches ist Ihrer Ansicht nach die Beziehung zwischen philosophischen und wissenschaftlichen Wahrheitsbehauptungen? Sind philosophische Wahrheitsbehauptungen kognitive Behauptungen und würde ein rationaler Konsens letztlich die Wahrheit der Konsensus-Theorie der Wahrheit selbst garantieren?« (*Die Neue Unübersichtlichkeit*, S. 229).

HABERMAS Ich denke, daß die Philosophie heute zwei Rollen gleichzeitig spielt – eine Interpretenrolle, in der sie zwischen der Lebenswelt und den Expertenkulturen vermittelt, und eine speziellere Rolle innerhalb des Wissenschaftssystems, wo sie insbesondere mit verschiedenen rekonstruktiven Wissenschaften kooperiert. Dabei erzeugt sie Aussagen, die wie andere wissenschaftliche Aussagen mit Wahrheitsanspruch auftreten. Auch die Diskurstheorie der Wahrheit enthält Behauptungen, die gegen konkurrierende Wahrheitstheorien innerhalb eines entsprechenden Diskursuniversums verteidigt werden müssen.

Aber Ihre Frage drückt einen anderen Zweifel aus. Sie scheinen nahezulegen, daß die Selbstbezüglichkeit philosophischer, in diesem Fall wahrheitstheoretischer Aussagen die Diskurstheorie der Wahrheit ad absurdum führen müsse. Das sehe ich nicht so. Natürlich kann sich meine Rekonstruktion, die ich für unser intuitives Verständnis von Wahrheit mit Hilfe einer Diskurstheorie vorschlage, als falsch, mindestens als ungenügend herausstellen. Aber die Praxis, die im Alltag oder in der Wissenschaft vom richtigen Gebrauch dieses intuitiven Wissens abhängt, bleibt doch von den Rekonstruktionsversuchen und ihren Revisionen unberührt. Nicht das Gebrauchswissen selber kann widerlegt werden, sondern nur dessen falsche Beschreibungen.

NIELSEN Für Ihre Moralbegründung ist der Begriff des performativen Widerspruchs entscheidend, den Sie von Karl-Otto Apel (ohne dessen transzendentalphilosophische Konnotationen) übernommen haben. Das Argument hinter Ihrem Gebrauch von performativen Selbstwidersprüchen erscheint überzeugend in dem engen Sinne, daß niemand im kommunikativen Handeln systematisch dessen notwendige Voraussetzungen bestreiten kann, ohne seine eigene Rationalität oder Zurechnungsfähigkeit in Frage zu stellen. Aber wie kann man auf diesem Wege rechtfertigen, daß der eine moraltheoretische Ansatz besser ist als der andere?

HABERMAS Der Nachweis performativer Selbstwidersprüche spielt von Fall zu Fall eine Rolle in der Widerlegung skeptischer Gegenargumente. Er kann auch zur Methode ausgebildet werden und dient dann, wie bei Strawson, der Identifizierung von nichtverwerfbaren Voraussetzungen einer Praxis, für die es in unserer Lebensform keine funktionalen Äquivalente gibt. K.-O. Apel und ich verwenden diese Methode, um allgemeine pragmatische Voraussetzungen der Argumentationspraxis zu entdecken und diese auf einen normativen Gehalt hin zu analysieren. Auf diesem Wege versuche ich einen Universalisierungsgrundsatz als Moralprinzip zu begründen. Damit soll zunächst nur gezeigt werden, daß moralisch-praktische Fragen überhaupt mit Gründen, also rational, entschieden werden können. Diese allgemeinen Argumentations-voraussetzungen haben in der Diskursethik den gleichen Stellen-wert wie in Rawls' Theorie der Gerechtigkeit die Konstruktion des Urzustandes. Welche Version einer kantischen Ethik die besere ist, muß sich dann in der Diskussion zwischen solchen theoretischen Ansätzen zeigen. Diese professionelle Auseinandersetzung wird unter vielen Aspekten geführt, sie kann gewiß nicht im direkten Durchgriff auf performative Selbstwidersprüche entschieden werden.

NIELSEN Welches ist der Status der »idealen Sprechsituation«? Ist sie teilweise kontrafaktisch? Oder ist sie Teil einer als Lebenswelt fingierten Gesellschaft? Oder handelt es sich um eine Hypostasierung? Oder wie hängen gegebenenfalls diese drei Thesen miteinander zusammen? Die erste These machen Sie sich ausdrücklich in *Moralbewußtsein und kommunikatives Handeln* (S. 102) zu eigen. Die zweite These ergibt sich dann, wenn man die Diskursethik als eine Weiterentwicklung jener dritten in der *Theorie des kommunikativen Handelns* erwähnten Fiktionen versteht, die notwendig sind, wenn man die Gesellschaft im ganzen als Lebenswelt begreifen will – ich meine die Unterstellung einer vollständig transparenten Verständigung (Bd. II, S. 224). Die dritte These schließlich wird ihnen von Wolfgang Schluchter zugeschrieben. Er behauptet, daß es in der Logik Ihrer Argumentation liege, die ideale Sprechsituation von einer notwendigen Kommunikations-voraussetzung in ein Ideal der Wirklichkeit zu verwandeln und damit zu hypostasieren.

HABERMAS Die zweite Position können wir hier beiseite lassen, weil es an der angegebenen Stelle um ein Konzept der Lebenswelt geht, das ich selbst als idealistisch zurückweise. Die erste Position besagt nur, daß die (im sozialen Raum und in der historischen Zeit) unbegrenzte Kommunikationsgemeinschaft eine Idee ist, der wir unsere tatsächlichen Argumentationssituationen annähern können. Wir orientieren uns zu jedem beliebigen Zeitpunkt an dieser Idee, wenn wir uns darum bemühen, daß (a) alle irgend relevanten Stimmen Gehör finden, (b) die besten aller beim gegenwärtigen Wissensstand verfügbaren Argumente zur Geltung gelangen und (c) nur der zwanglose Zwang des besseren Arguments die Ja- und Nein-Stellungnahmen der Teilnehmer bestimmt. Leider habe ich einmal den Zustand, in dem jene idealisierenden

Voraussetzungen erfüllt wären, »ideale Sprechsituation« getauft; aber diese Formel ist mißverständlich, weil sie zu konkretistisch ist. Sie verleitet zu der Art von Hypostatisierung, die mir Schluchter, obgleich mit Vorbehalten, zuschreibt.[5] Dabei stützt sich Schluchter u. a. auf die Formel vom »Vorschein einer Lebensform«, die ich schon vor zehn Jahren zurückgezogen habe.[6] Zu keiner Zeit habe ich jedoch »die unbegrenzte Kommunikationsgemeinschaft von einer notwendigen Unterstellung zu einem Ideal in der Wirklichkeit hypostasiert«, wie Schluchter mit Berufung auf Wellmer meint.

Tatsächlich zögere ich, diese Kommunikationsgemeinschaft eine regulative Idee im Sinne Kants zu nennen, weil sich der Sinn einer »unvermeidlichen idealisierenden Voraussetzung pragmatischer Art« dem klassischen Gegensatz von »regulativ« und »konstitutiv« nicht fügt.

Regulativ ist aus der Sicht der Teilnehmer die Idee der Wahrheit von Aussagen, die wir hier und jetzt fallibel behaupten. Einerseits berechtigen uns alle hic et nunc verfügbaren Gründe, für ›p‹ Wahrheit zu beanspruchen; andererseits können wir nicht sicher sein, daß ›p‹ allen künftigen Einwänden wird standhalten können – wir können nicht wissen, ob sie unter den gültigen Aussagen sein wird, die in der unbegrenzten Kommunikationsgemeinschaft *immer wieder ad infinitum* Zustimmung finden würden. Keineswegs nur regulativ sind aber die allgemeinen pragmatischen Voraussetzungen von Argumentation überhaupt, weil diese Bedingungen hic et nunc in hinreichender Annäherung erfüllt werden müssen, wenn wir überhaupt argumentieren wollen. Dabei gilt dasjenige Maß der Erfüllung als »hinreichend«, welches unsere tatsächliche Argumentationspraxis zu einem in Raum und Zeit lokalisierbaren Bestandteil des universellen Diskurses der unbegrenzten Kommunikationsgemeinschaft qualifiziert. Diese verwandelt sich damit aber nicht etwa in eine Idee, die eine Wirklichkeit konstituiert. Die Begrifflichkeit der Konstituierung einer Welt findet hier keine Anwendung. Es verhält sich vielmehr so, daß wir die Argumentationsvoraussetzungen, obwohl sie einen idealen und nur annäherungsweise zu realisierenden Gehalt haben, *faktisch* machen müssen, wenn wir überhaupt in eine Argumentation eintreten wollen.

Mit den im kommunikativen Handeln erhobenen Geltungsansprüchen zieht in die sozialen Tatsachen selbst eine ideale Spannung ein, die sich den beteiligten Subjekten als eine kontextsprengende, alle bloß provinziellen Maßstäbe transzendierende Kraft zu Bewußtsein bringt. Mit einem paradoxen Ausdruck: die regulative Idee der Gültigkeit von Äußerungen ist konstitutiv für die durch kommunikatives Handeln erzeugten sozialen Tatsachen. Insofern gehe ich, wie Schluchter bemerkt, über die Denkfiguren Kants hinaus; das tue ich aber, ohne dafür Hegels Denkfiguren in Kauf zu nehmen. Die Idee der unbegrenzten Kommunikationsgemeinschaft dient schon bei Peirce der Ersetzung des Ewigkeitsmomentes oder des überzeitlichen Charakters der Unbedingtheit von Wahrheit durch die Vorstellung eines Interpretations- und Verständigungsprozesses, der die Beschränkung des sozialen Raums und der historischen Zeit gleichsam von innen, *aus der Welt heraus* transzendiert. *In* der Zeit sollen die Lernprozesse der unbegrenzten Kommunikationsgemeinschaft einen Bogen bilden, der alle zeitlichen Distanzen übergreift; *in* der Welt sollen sie die Bedingungen realisieren, die für den unbedingten Anspruch transzendierender Geltungsansprüche als erfüllt vorausgesetzt werden müssen.

Dieses wahrheitstheoretisch eingeführte Konzept prägt auch einen Begriff der Gesellschaft, der vom kommunikativen Handeln aus entwickelt wird; denn diese Interaktionen laufen nur über die Schienen intersubjektiv anerkannter Geltungsansprüche. Mit diesen unbedingten Geltungsansprüchen zieht die Transzendenz in die Lebenswelt ein und durchtränkt deren symbolische Strukturen. Darum können auch noch die kontrafaktischen Unterstellungen der kommunikativ handelnden Subjekte auf ein Entgegenkommen der sozialen Realität rechnen: jeder faktisch erhobene Geltungsanspruch, der den Kontext unserer jeweiligen Lebenswelt transzendiert, schafft mit der Ja- oder Nein-Stellungnahme des Adressaten eine neue Tatsache. Vermittelt über diese kognitivsprachliche Infrastruktur der Gesellschaft sedimentieren sich die Ergebnisse des Zusammenspiels von innerweltlichen Lernprozessen und welterschließenden Innovationen. Das ist das Hegelsche Element, das Schluchter spürt, worin er aber aus seiner kantischen Perspektive (fälschlich, wie ich meine) nur die unerlaubte Vergegenständlichung einer regulativen Idee zu erkennen vermag.

NIELSEN Sie verstehen Diskurse als eine Art reflexiv gewordenes kommunikatives Handeln, welches seinerseits in der Lebenswelt situiert ist. Demgegenüber verschwindet alles Normative auf der

Ebene der über Geld und Macht gesteuerten gesellschaftlichen Subsysteme. Nun haben Sie an anderem Ort schon erklärt, wie der von Ihnen verwendete Ausdruck einer »normfreien Sozialität« zu Mißverständnissen geführt hat. Die Systemintegration bleibt selbst nach der in der Moderne zustandegekommenen Entkoppelung von System und Lebenswelt auf indirekte Weise mit der Lebenswelt verbunden, nämlich über die rechtliche Institutionalisierung der Steuerungsmedien. Sie wollen nur behaupten, daß die Integration der Subsysteme *in letzter Instanz* eben nicht auf die sozialintegrativen Leistungen kommunikativen Handelns angewiesen ist. Sie sagen: »Es sind nicht illokutionäre Bindungseffekte, sondern Steuerungsmedien, die das ökonomische und das administrative Handlungssystem zusammenhalten.« Diese Antwort macht Ihre Auffassung flexibler, aber Sie behaupten immer noch, daß das Geld- und Machtmedium vom Handelnden eine strategische Einstellung erfordert. Daran habe ich meine Zweifel.

Ihr Bild vom ökonomischen Aktor teilt wichtige Züge mit den Modellvorstellungen der Neoklassik. Warum vernachlässigen Sie die von der institutionalistischen Wirtschaftstheorie entwickelten Argumente, die klarmachen, daß das Modell des rein strategischen und utilitären Handelns spätestens mit Adam Smiths »Invisible Hand« ausgestorben ist. A. Etzionis letztes Buch enthält zahlreiche Argumente und Evidenzen dafür, »daß die wichtigste Basis für Entscheidungen (auch im Marktverhalten) im effektiven und normativen Bereich liegen. Das heißt, die Menschen entscheiden sich aus nicht-rationalen oder vorrationalen Überlegungen, hauptsächlich deshalb, weil sie auf ihren normativ-affektiven Grundlagen aufbauen und erst in zweiter Linie weil sie nur geringe und begrenzte intellektuelle Fähigkeiten besitzen« (*The Moral Dimension*, 1988, S. 90).

HABERMAS Ich glaube, das ist ein Mißverständnis. Ich gebrauche »System« und »Lebenswelt« als Konzepte für gesellschaftliche Ordnungen, die sich nach den Mechanismen der gesellschaftlichen Integration, d. h. der Vernetzung von Interaktionen unterscheiden. In »sozial integrierten« Handlungsbereichen kommt diese Verkettung oder Sequenzbildung über des Bewußtsein der Aktoren selbst zustande oder über ihr intuitiv gegenwärtiges Hintergrundverständnis der Lebenswelt; in »systemisch integrierten« Handlungsbereichen stellt sich Ordnung objektiv, gleichsam

»über die Köpfe der Beteiligten« hinweg her, und zwar auf dem Wege eines funktionalen Ineinandergreifens und einer gegenseitigen Stabilisierung von Handlungsfolgen, die den Aktoren nicht bewußt sein müssen. Das Lebensweltkonzept muß handlungstheoretisch eingeführt werden. Aber nur wenn der Systembegriff auf dieselbe Weise eingeführt würde, könnte man die umkehrbar eindeutige Beziehung zwischen systemisch integrierten Handlungsbereichen und Typen zweckrationalen Handelns herstellen, die Sie mir unterstellen.

Tatsächlich führe ich den Begriff systemisch ausdifferenzierter und selbstgesteuerter, rekursiv geschlossener Handlungsbereiche über Mechanismen der funktionalen Integration ein, und zwar über die Steuerungsmedien Geld und Macht. Diese haben auf der Ebene von sozialen Handlungen gewiß ihre Korrelate, nämlich mediengesteuerte Interaktionen. Damit wird jedoch die Rationalität des Wahlverhaltens der Interaktionsteilnehmer keineswegs präjudiziert. Das Medium legt jeweils fest, nach welchen Maßstäben Konflikte in letzter Instanz entschieden werden. Insoweit geben die strukturellen Beschränkungen, denen mediengesteuerte Interaktionen unterliegen, eine *Veranlassung* zu mehr oder weniger rationaler Handlungsplanung; aber weder machen sie rationale Handlungsorientierungen notwendig, noch können sie gar die Aktoren dazu *verpflichten*. Deshalb sind die empirischen Evidenzen, die Sie erwähnen, mit einer medientheoretischen Beschreibung von Wirtschafts- und Verwaltungshandeln vereinbar.

NIELSEN Sie haben von T. Parsons den Systembegriff des Staates und den Medienbegriff der Macht übernommen. Beides läuft auf eine Trennung von Politik und Verwaltung hinaus. Das hat T. McCarthy kritisiert, weil diese Trennung sowohl empirischen Evidenzen als auch Ihrem eigenen Begriff von Demokratie widerspräche; wenn Selbstbestimmung, politische Gleichheit und Partizipation der Bürger an Entscheidungsprozessen die Kennzeichen einer wahren Demokratie seien, dann könne doch eine demokratische Regierung nicht in Ihrem Sinne ein politisches *System* sein. Sie selbst betonen, daß der demokratische Staat nicht aufs positive Recht reduziert werden kann. Im Falle des zivilen Ungehorsams soll die Legalität sogar denen überantwortet werden, die für die Legitimität der Herrschaft Sorge tragen müssen, eben den Bürgern. Wie kann man den zivilen Ungehorsam auf diese Weise interpretieren, ohne jene Trennung von Politik und Verwaltung aufzugeben, die hinter dem Systembegriff des Staates und dem Medienbegriff der Macht steht?

HABERMAS Die Legitimationsprozesse rechne ich nicht per se zum machtgesteuerten administrativen System, sie laufen in der politischen Öffentlichkeit ab. Hier begegnen und durchkreuzen sich zwei gegenläufige Tendenzen: die aus demokratischen Meinungs- und Willensbildungsprozessen hervorgehende, kommunikativ erzeugte Macht (H. Arendt) stößt auf eine Legitimationsbeschaffung durchs (und fürs) administrative System. Wie sich diese beiden Prozesse, also die mehr oder weniger spontane Meinungs- und Willensbildung in öffentlichen Kommunikationskreisläufen einerseits und die organisierte Beschaffung von Massenloyalität andererseits, aneinander abarbeiten, und wer wen überwältigt, ist eine empirische Frage. Eine ähnliche Interferenz findet statt in den institutionalisierten Formen der politischen Willensbildung, z. B. in parlamentarischen Körperschaften. Diese institutionalisierte Willensbildung würde erst mit der vollständigen Verstaatlichung der politischen Parteien *ganz* in einem administrativen System aufgehen, das sich (innerhalb der Grenzen des geltenden Rechts) selber programmiert.

Um nun auf Ihre Frage zurückzukommen: Die Grenzen zwischen kommunikationsgesteuerter politischer Meinungs- und Willensbildung einerseits und machtgesteuerter Administration andererseits könnten unter modernen Lebensbedingungen nur um den Preis einer Entdifferenzierung der öffentlichen Verwaltung verwischt werden. Die Erzeugung kommunikativer Macht und die Behauptung und Verwendung administrativer Macht gehorchen einer anderen Logik.

Hingegen ist bürgerlicher Ungehorsam – im Sinne einer gewaltlosen Regelverletzung als symbolischer Appel an eine andersdenkende Mehrheit – nur ein extremer Fall, an dem man das Zusammenspiel der nicht-institutionalisierten öffentlichen Kommunikation mit der verfaßten demokratischen Willensbildung studieren kann. Die eine kann auf die andere Einfluß nehmen, weil die institutionalisierte Willensbildung unter der Idee steht, die ich eben erwähnt habe: in den Parlamenten soll die wahrheitsorientierte Meinungsbildung den majoritären Entscheidungen als eine Art Filter so vorgeschaltet werden, daß diese die Vermutung der Vernünftigkeit für sich reklamieren können.

NIELSEN Wie kann man Macht, selbst wenn wir sie als Steuerungsmedium verstehen, in eine Analogie zum Geld bringen? Sie nennen zwar in der *Theorie des kommunikativen Handelns* (wiederum wie Parsons) die Unterschiede, die im Hinblick auf Messung, Zirkulation und Speicherung zwischen beiden Medien bestehen, behaupten dann aber, daß beide die Handlungskoordinierung gleichermaßen von den Ressourcen der Lebenswelt unabhängig machen würden. Doch die Art der Institutionalisierung von Macht und Geld in der Lebenswelt weist große Unterschiede auf. So ist Gehorsam die angemessene Einstellung gegenüber einer Administration, während der Markt die Orientierung am aufgeklärten Selbstinteresse erfordert. Beide Einstellungen müßte man beispielsweise verschiedenen Stufen des moralischen Bewußtseins zurechnen. Wie kann man solche Unterschiede erklären, wenn beide Steuerungsmedien in der Architektonik Ihrer Theorie dieselbe oder eine parallele Stellung einnehmen?

HABERMAS Der Widerspruch, den Sie konstruieren, läßt sich folgendermaßen auflösen. Die beiden Medien, Geld und Macht, arbeiten insofern symmetrisch, als sie den Zusammenhalt ausdifferenzierter selbstgesteuerter Handlungssysteme unabhängig vom *intentionalen* Aufwand, also den Koordinierungs*leistungen* der Aktoren, sichern. Asymmetrisch verhalten sie sich im Hinblick auf die Art der Abhängigkeit von der Lebenswelt, obwohl beide rechtlich institutionalisiert und somit lebensweltlich verankert sind. Allein, während sich die kapitalistische Wirtschaft auch noch den Produktionsprozeß einschließlich der Arbeitsleistungen (als das Substrat, von dem die Tauschwerte zehren) subsumiert, bleibt der demokratische Staatsapparat von Legitimationszufuhren abhängig, die er niemals *im ganzen* durch den Einsatz administrativer Macht unter Kontrolle bringen kann. Hier bildet die kommunikativ erzeugte Macht das Substrat, das sich von den Wurzeln diskursiver – und insoweit administrativ nicht steuerbarer – Prozesse öffentlicher Meinungs- und Willensbildung niemals so weit abschneiden läßt wie die über Märkte gesteuerte Produktion von den lebensweltlichen Kontexten der lebendigen Arbeit.

Diese Asymmetrie sollte andererseits nicht dazu verleiten, das administrative System in Lebensweltkategorien aufgehen zu lassen. Sie bildet freilich eine notwendige Bedingung dafür, daß dem administrativen System gleichsam im Namen lebensweltlicher Imperative Auflagen gemacht werden können; und diese müssen nicht – wie im Falle von Konsumentenentscheidungen – sogleich in der Sprache des entsprechenden Steuerungsmediums, also in Preisen oder Anordnungen, formuliert sein, um für das System »verständlich« zu bleiben. Das kann man sich daran klar machen, wie Politik und Verwaltung in verschiedener Weise mit dem Recht umgehen – in normativer Einstellung oder eher instrumentell.[7] Das administrative System geht mit dem Recht in erster Linie instrumentell um; aus der Perspektive der Verwendung administrativer Macht zählt nicht die praktische Vernunft der Normenbegründung oder -anwendung, sondern die Wirksamkeit der Implementierung eines teils vorgegebenen, teils selbst ausgestalteten Programms. Jene normativen Gründe, die in der Sprache der Politik die gesetzten Normen rechtfertigen müssen, gelten in der Sprache der Administration als Beschränkungen und nachträgliche Rationalisierungen für anderwärts induzierte Entscheidungen. Gleichzeitig bleiben aber normative Gründe die einzige Währung, in der sich die kommunikative Macht zur Geltung bringt. Sie kann in der Weise auf das administrative System einwirken, daß sie den Pool von Gründen bewirtschaftet, aus dem sich administrative Entscheidungen, die unter rechtsstaatlichen Beschränkungen stehen, alimentieren müssen. Es »geht« eben nicht alles, was für das administrative System machbar wäre, wenn die ihm vorgeschaltete politische Kommunikation und Willensbildung die erforderlichen Gründe diskursiv entwertet hat.

NIELSEN Hinter den drei letzten Fragen stand das Argument, daß Ihre Analyse der Pathologien der Moderne einer Ergänzung aus umgekehrter Blickrichtung bedarf. Sie sagen, daß die Systeme die Lebenswelt kolonisieren. Es gibt aber auch gegenläufige Tendenzen. Normative Erwartungen und demokratische Willensbildungsprozesse können auf die beiden Subsysteme soweit einwirken, daß diese nicht mehr allein über ihre systemischen Mechanismen zusammengehalten werden. So könnte Ihre Analyse von Verrechtlichungsprozessen beispielsweise ergänzt werden durch eine Analyse von sozialen Bewegungen, die auf eine Demokratisierung der Wirtschaft, eine Mitbestimmung der Verbraucher usw. abzielen. Warum vernachlässigen Sie das? Würden die Resultate solcher Untersuchungen die Theoriearchitektonik sprengen?

HABERMAS Seinerzeit ging es mir vor allem darum, ein theoretisches Instrument zu entwickeln, mit dem sich Phänomene der »Verdinglichung« (G. Lukács) fassen lassen. Aber dieser Blick auf systemisch induzierte Störungen kommunikativ rationalisierter

Lebenswelten war einseitig ausgerichtet. Er hat das analytische Potential nicht ausgeschöpft, das die Theorie des kommunikativen Handelns anbietet. Man muß die Frage, wessen Imperative welcher Seite in welchem Maße Beschränkungen auferlegen, als eine empirische Frage behandeln und darf sie nicht auf analytischer Ebene zugunsten der Systeme vorentscheiden. In Reaktion auf ähnliche Einwände von Johannes Berger habe ich schon im Vorwort zur dritten Auflage des Buches betont, daß Kolonialisierung der Lebenswelt und demokratische Eindämmung der Dynamik von Systemen, die gegenüber den von ihnen erzeugten »Externalitäten« unempfindlich bleiben, gleichberechtigte analytische Perspektiven darstellen. Die Vereinseitigung des zeitdiagnostischen Blickes ist in der Theoriearchitektonik keineswegs angelegt.

NIELSEN In einer Reihe von Artikeln (nach *Moralbewußtsein und kommunikatives Handeln*) haben Sie den Hegelschen Begriff der »Sittlichkeit« oder sagen wir: einer »pragmatischen Ethik« behandelt, um zwischen der Diskursethik und der gesellschaftlichen Realität zu vermitteln. Sie bemessen die Rationalität einer Lebensform daran, in wieweit diese die Angehörigen dazu befähigt und ermutigt, ein prinzipiengeleitetes und moralisches Bewußtsein auszubilden und in die Praxis umzusetzen. Aber darf man Rationalität und Moralität gleichsetzen? Sittlichkeit oder pragmatische Ethik scheint auf die jeweils bestehenden normativen Kontexte einer Gesellschaft reduziert zu sein. Dann ist die Frage, ob die sozialen Normen auch gültig sind – oder ob sie solche gültigen Normen wenigstens fördern? Sie scheinen die Gültigkeit oder das reine Sollen nur im Rahmen von Kants individueller Moralität beibehalten zu wollen, während Hegels Bemühungen, Sein und Sollen zusammenzuführen, auf der Strecke bleibt.

HABERMAS Der Begriff der kommunikativen Rationalität umfaßt mehrere Geltungsaspekte, nicht nur den moralischen der Sollgeltung von Geboten oder Handlungen. Deshalb bemißt sich die Rationalität einer Lebensform auch nicht nur an den normativen Kontexten bzw. an den Motivationspotentialen, die der Umsetzung postkonventioneller moralischer Urteile in die Praxis »entgegenkommen«. Gleichwohl scheint es mir für den Grad der Liberalität einer Gesellschaft wesentlich zu sein, inwieweit die Sozialisationsmuster und die Institutionen, die politische Kultur, überhaupt die identitätsverbürgenden Traditionen und die alltäglichen Praktiken eine zwanglose, nicht-autoritäre Form der Sittlichkeit darstellen, in der sich eine autonome Moral verkörpern, eben konkrete Gestalt annehmen kann. Intuitiv erkennen wir – sozusagen als eingemeindete Ethnologen in einer fremden Gesellschaft – relativ schnell, wie emanzipiert, sensibel und egalitär die Umgebung wirklich ist, wie man mit den Minderheiten, mit sozialen Randgruppen, mit Behinderten, mit Kindern und Alten umgeht, was Krankheit, Einsamkeit und Tod sozial bedeuten, wieviel an Exzentrischem und Abweichendem, an Innovativem und Gefährlichem man zu tolerieren gewöhnt ist usw.

In Ihrer Frage scheinen allerdings zwei Dinge vermischt zu werden. Wenn ich in der normativen Einstellung eines Moraltheoretikers (oder auch eines Argumentationsteilnehmers) die Unterscheidung zwischen Moralität und Sittlichkeit vornehme, habe ich einen anderen Sachverhalt vor Augen, als wenn ich in der Rolle des Soziologen die Moralvorstellungen der beobachteten Individuen oder den moralischen Gehalt ihrer Rechtsprinzipien mit den in dieser Gesellschaft etablierten Praktiken, den Erscheinungsformen konkreter Sittlichkeit, vergleiche. Selbst aus dieser soziologischen Perspektive stellt es sich aber nicht so dar, daß gleichsam die ganze normative Substanz in den Köpfen der moralisch Urteilenden (oder im Wortlaut der juristischen Texte) stecken, also von der universalistischen Moral aufgebraucht würde. Natürlich hat auch die faktisch eingespielte sittliche Praxis, wie sehr sie auch von der geltenden Moral abweichen mag, Teil an dieser normativen Substanz.

NIELSEN In Ihrer »Howison-Lecture« von 1988 in Berkeley machen Sie einen weiteren Versuch zur Vermittlung von Diskursethik und Gesellschaft. In der Vorlesung sagen Sie, daß die Anwendung von Normen einen zusätzlichen Diskurs eigenen Rechts erfordert. Die Unparteilichkeit eines moralischen Urteils könne in Anwendungsfragen nicht wiederum durch einen Universalisierungsgrundsatz gesichert werden. Wie kann aber ein neuer Relativismus vermieden werden, wenn ein sogenanntes Angemessenheitsprinzip in allen Zusammenhängen der kontextsensitiven Anwendung von Normen als Ersatz dient?

HABERMAS In der normativen Einstellung des Philosophen oder des Rechtstheoretikers läßt sich die Logik von Anwendungsdiskursen untersuchen; R. Dworkin liefert dafür Beispiele und eine Theorie, Klaus Günther gibt diesem Ansatz eine überzeugende diskurstheoretische Fassung.[8] Er zeigt, daß das Prinzip der Angemessenheit ebenso wie der Universalisierungsgrundsatz die Unparteilichkeit der Beurteilung praktischer Fragen zur Geltung bringt und somit ein rational begründetes Einverständnis ermöglicht. Auch in Anwendungsdiskursen verlassen wir uns auf Gründe, die nicht nur für mich und dich, sondern prinzipiell für jedermann gelten können. Man muß sich vor einem Kurzschluß hüten: ein analytisches Vorgehen, das Kontextsensibilität verlangt, muß nicht selber kontextabhängig sein und zu kontextabhängigen Ergebnissen führen.

NIELSEN In der »Howison-Lecture« machen Sie klar, daß ethische Fragen im Gegensatz zu moralischen keinen vollständigen Bruch mit der egozentrischen Perspektive erfordern, weil sie auf das Telos je meines oder je unseres guten Lebens bezogen bleiben. Sie führen auch Handlungsmaximen als eine Art Brücke zwischen Moral und Ethik ein, weil diese sowohl unter moralischen als unter ethischen Gesichtspunkten beurteilt werden könnten. Wie verhalten sich diese Maxime zu normativen Geltungsansprüchen? Beanspruchen Maximen nicht irgendwie gleichzeitig empirische und normative Geltung?

HABERMAS Ja, ethische Fragen, Fragen der Selbstverständigung orientieren sich am Ziel je meines oder unseres guten, sagen wir lieber: nicht-verfehlten Lebens. Wir schauen auf unsere Lebensgeschichte oder unsere Traditionen zurück und fragen uns mit jener für starke Präferenzen kennzeichnenden Zweideutigkeit, wer wir sind und sein möchten. Die Antworten müssen sich deshalb auf den Kontext einer besonderen, für bestimmte Personen oder bestimmte Kollektive als verbindlich unterstellten Lebensperspektive beziehen. Solche Antworten können nicht beanspruchen, eine exemplarische, für alle verbindliche Lebensform auszuzeichnen – so wie Aristoteles die Polis ausgezeichnet hat. Aber relativ auf den gegebenen Kontext können ethische Fragen rational, d. h. so beantwortet werden, daß sie jedermann einleuchten – keineswegs nur den unmittelbar Betroffenen, aus dessen Perspektive die Frage gestellt wird.

Sie berühren noch einen anderen Punkt: Was sind Maximen? Darunter verstehen wir mit Kant Handlungsregeln oder Gewohnheiten, die Praktiken oder gar eine Lebensführung im ganzen konstituieren, indem sie die Aktoren von alltäglichem Entscheidungsaufwand entlasten. Kant hatte vor allem die Maximen der frühbürgerlichen, berufsständisch stratifizierten Gesellschaft vor Augen. Nun habe ich in meiner Vorlesung gesagt, daß sich Maximen sowohl unter *ethischen* wie auch unter *moralischen* Gesichtspunkten beurteilen lassen. Was für mich, so wie ich mich sehe und gesehen werden möchte, gut sein mag, muß nicht gleichermaßen gut sein für alle. Daß Maximen aus einer doppelten Perspektive beurteilt werden können, verleiht ihnen selbst aber noch keinen Doppelcharakter.

Wiederum muß man die normative Diskussion, die wir soeben führen, von einer soziologischen Diskussion unterscheiden. Aus dem Blickwinkel eines soziologischen Beobachters mögen sich Maximen als eine Klasse von Phänomenen empfehlen, an denen sich die konkrete Sittlichkeit einer Gruppe gut studieren läßt. Maximen genießen soziale Geltung; damit sind sie, soweit es sich nicht um schiere Konventionen handelt, für die Aktoren selbst auch normativ verbindlich. Deshalb können wir die Perspektive wechseln und von der Betrachtung zur Beurteilung übergehen, nämlich überlegen, ob die Gründe, aus denen *sie* ihre Maximen gewählt haben, auch noch *für uns* gute Gründe sind.

NIELSEN Den ethischen Kognitivismus verteidigen Sie gegen den Skeptiker, aber die moralischen Gefühle lassen Sie beiseite. Diese kommen jedoch spätestens bei der Anwendung von Normen wieder ins Spiel. Welche Stellung nehmen moralische Gefühle ein? Haben nicht Gefühle und »Herzensneigungen« einen intrinsischen Wert? Oder haben sie nur eine katalysatorische Funktion für die Entwicklung des moralischen Bewußtseins, so daß sie überflüssig werden, wenn eine bestimmte moralische Kompetenz erst einmal ausgebildet ist?

HABERMAS Moralische Gefühle sind ein großes Thema und ein weites Feld zugleich. Dazu nur ein paar Bemerkungen.

Erstens spielen moralische Gefühle eine wichtige Rolle für die *Konstituierung* moralischer Phänomene. Wir werden bestimmte Handlungskonflikte überhaupt nicht als moralisch relevante wahrnehmen, wenn wir nicht *empfinden*, daß die Integrität einer Person bedroht oder verletzt wird. Gefühle bilden die Basis unserer *Wahrnehmung* von etwas als etwas Moralischem. Wer blind ist gegenüber moralischen Phänomenen, ist gefühlsblind. Ihm fehlt das Sensorium, wie wir sagen, für das Leiden einer versehrbaren Kreatur, die einen Anspruch darauf hat, daß ihre Integrität gewahrt wird, ihre personale nicht weniger als ihre leibliche. Und dieses Sensorium ist offensichtlich mit Sympathie oder Mitgefühl verschwistert.

Zweitens und vor allem geben uns moralische Gefühle, wie Sie mit Recht erwähnen, eine Orientierung für die *Beurteilung des moralisch relevanten Einzelfalls*. Gefühle bilden die Erfahrungsbasis für unsere ersten intuitiven Urteile: Scham- und Schuldgefühle sind die Basis für Selbstvorwürfe, Schmerz und das Gefühl der Kränkung für den Vorwurf gegenüber einer zweiten Person, die mich verletzt, Empörung und Wut für die Verurteilung einer dritten Person, die eine andere verletzt. Moralische Gefühle reagieren auf Störungen intersubjektiver Anerkennungsverhältnisse oder interpersonaler Beziehungen, an denen die Aktoren in der Einstellung einer ersten, zweiten oder dritten Person beteiligt sind. Deshalb sind moralische Gefühle so strukturiert, daß sich in ihnen das System der Personalpronomina spiegelt.

Drittens spielen freilich moralische Gefühle nicht nur bei der Anwendung moralischer Normen eine wichtige Rolle, sondern auch bei deren *Begründung*. Mindestens Empathie, also die Fähigkeit, sich über kulturelle Distanzen hinweg in fremde und prima facie unverständliche Lebensumstände, Reaktionsbereitschaften und Deutungsperspektiven einzufühlen, ist eine emotionale Voraussetzung für eine ideale Rollenübernahme, die von jedem verlangt, die Perspektive aller anderen einzunehmen. Etwas unter dem moralischen Gesichtspunkt zu betrachten, heißt ja, daß wir nicht unser eigenes Welt- und Selbstverständnis zum Maßstab der Universalisierung einer Handlungsweise erheben, sondern deren Verallgemeinerbarkeit auch aus den Perspektiven aller anderen prüfen. Diese anspruchsvolle kognitive Leistung wird kaum ohne jenes generalisierte Mitgefühl möglich sein, das sich zur Einfühlungsfähigkeit sublimiert und über die Gefühlsbindungen an die nächsten Bezugspersonen hinausweist, uns die Augen öffnet für die »Differenz«, d. h. für die Eigenart und das Eigengewicht des in seiner Andersheit verharrenden Anderen.

Freilich haben moralische Gefühle, so sehr sie auch eine unverzichtbare kognitive Funktion erfüllen, die Wahrheit nicht gepachtet. Am Ende sind es die moralischen Urteile, die eine emotional nicht mehr auszufüllende Kluft überbrücken. Letztlich müssen wir uns auf moralische *Einsichten* verlassen, wenn alles, was Menschenantlitz trägt, Anspruch auf moralische Schonung haben soll. Daß alle Menschen Brüder – und Schwestern – sind, ist als ein kontrafaktischer Gedanke schon schwer genug zu vollziehen; als noch fragiler erweist sich der weit gespannte Horizont der

Menschheit, wenn er durch spontane Gefühle ausgefüllt werden sollte. Deswegen ist Ihre Frage gar nicht so leicht zu beantworten. Gewiß, Gefühle sensibilisieren erst für moralische Phänomene; in Fragen der Begründung von Normen und deren Anwendung haben sie zudem eine unschätzbare heuristische Funktion. Aber für die Beurteilung der Phänomene, die sie erschließen, können sie nicht *letzte* Instanz sein.

NIELSEN Sie haben oft betont, daß ein enges Moralkonzept eine bescheidene Selbsteinschätzung der Moraltheorie verlangt. Nach Ihrer Auffassung soll der Philosoph den »moral point of view« erklären und soweit wie möglich dessen Universalitätsanspruch rechtfertigen. Alles weitere wollen Sie den moralischen Argumentationen der Beteiligten selbst überlassen. Mir scheint jedoch, daß diese Bescheidenheit und diese Rollentrennung in Ihren letzten Schriften durch eine neue Dreiteilung ersetzt wird, wo eine neokantische Moralität (die Diskursethik) durch einen erweiterten Begriff der praktischen Vernunft oder gar Kierkegaards »radikale Wahl« mit einer reduzierten Form der Hegelschen Sittlichkeit (einer pragmatischen Ethik) vermittelt werden soll. Wie sehen Sie das?

HABERMAS Ich halte es für die Aufgabe der Philosophie, die Bedingungen zu klären, unter denen sowohl moralische wie ethische Fragen von den Beteiligten selbst rational beantwortet werden können. Dem moralischen Gesichtspunkt, der uns gemeinsam die verallgemeinerungsfähigen Interessen sehen läßt, entspricht ein ethischer Entschluß zur bewußten Lebensführung, der eine Person oder eine Gruppe erst die rechte Einstellung gibt, um sich die eigene Lebensgeschichte oder die identitätsbildenden Traditionen im Lichte eines authentischen Lebensentwurfes kritisch anzueignen. Aber die Beantwortung substantieller Fragen der Gerechtigkeit oder eines authentischen, nicht-verfehlten Lebens kann die Philosophie den Beteiligten nicht abnehmen. Sie kann Konfusionen vermeiden helfen; sie kann etwa darauf dringen, daß moralische und ethische Fragen nicht miteinander verwechselt und aus einer unangemessenen Perspektive beantwortet werden. Aber wenn sie materiale Beiträge zu einer Theorie der Gerechtigkeit entwirft – wie Rawls in Teilen seines Buches – oder wenn sie sich an normativen Entwürfen zu einer emanzipierten Gesellschaft beteiligt – wie Ernst Bloch oder Agnes Heller –, dann tritt der philosophische Autor zurück in die Rolle eines Experten, der aus der Perspektive der beteiligten Bürger seine Vorschläge unterbreitet.

Wer über die prozeduralen Fragen einer Diskurstheorie der Moral und der Ethik hinausgeht und sich in normativer Einstellung *geradewegs* auf eine Theorie der wohlgeordneten oder gar emanzipierten Gesellschaft einläßt, wird übrigens sehr schnell an die Grenzen des eigenen historischen Standortes und seines unreflektierten Entstehungskontextes stoßen. Deshalb plädiere ich für ein asketisches Verständnis der Moraltheorie und sogar der Ethik, überhaupt der Philosophie, um Platz zu gewinnen für eine kritische Gesellschaftstheorie. Diese kann auf ganz andere Weise der wissenschaftlichen Vermittlung und Objektivierung von Selbstverständigungsprozessen dienen; diese sollten weder einem hermeneutischen Idealismus anheimfallen noch zwischen philosophischem Normativismus und soziologischem Empirismus hindurchfallen. Das ist ungefähr die Architektonik, die mir negativ, d. h. unter Vermeidungsgesichtspunkten vor Augen steht.

Anmerkungen

1 J. Habermas, *Vorstudien und Ergänzungen zur Theorie des kommunikativen Handelns,* Frankfurt/M. 1984, S. 226–270.
2 *Vorlesungen zu einer sprachtheoretischen Grundlegung der Soziologie,* in: J. Habermas (1984), S. 11–126.
3 S. Benhabib, *The Generalized and the Concrete Other,* in: S. Benhabib und Drucilla Cornell (Eds.), *Feminism as Critique,* Minneapolis, 1987, S. 77–96.
4 W. Schluchter, *Die Entwicklung des okzidentalen Rationalismus,* Tübingen 1979, S. 15 ff.
5 W. Schluchter, 1988, Bd. 1, S. 322–333.
6 J. Habermas (1984), S. 126 Fußnote 94.
7 J. Habermas, *Volkssouveränität als Verfahren,* in: *Forum f. Philosophie* (Hg.), *Die Ideen von 1789,* Frankfurt/M. 1989, S. 28 f.
8 K. Günther, *Ein normativer Begriff der Kohärenz,* in: *Rechtstheorie,* Bd. 20, 1989, 163–190.

5. Verfassungspatriotismus –
im allgemeinen und im besonderen

Die Bedeutung des Verfassungspatriotismus für die Frage der nationalen Identität der Deutschen hat im sogenannten Historikerstreit eine Rolle gespielt und durch die jüngsten Entwicklungen in der DDR eine unerwartete Aktualität erhalten. Das für die Pariser Zeitschrift *Globe* mit Jean-Marc Ferry Ende 1988 geführte Gespräch behandelt diese Frage noch in abstracto. Sehr viel konkreter stellte sich die Frage im November 1989. Zwei Wochen nach der Öffnung der Mauer habe ich Überlegungen notiert, die ich seinerzeit nicht veröffentlicht, sondern nur einigen `Freunden zugeschickt habe. Auf eine ganz andere Weise berührt das Endgutachten der von der Bundesregierung eingesetzten Gewaltkommission die Verankerung der Verfassungsprinzipien im Rechtsbewußtsein demokratischer Bürger. Anlaß zur Stellungnahme bot eine auf Initiative Bielefelder Kollegen zustande gekommene Pressekonferenz am 1. Februar 1990.

Grenzen des Neohistorismus

FERRY Es ist mittlerweile klargeworden, daß der »Historiker-streit« keine scholastische Kontroverse ist, sondern vielmehr eine Debatte über das Selbstverständnis der Bundesrepublik. In welchem Sinne hat also Ihrer Meinung nach Auschwitz die Bedingungen für die Kontinuität geschichtlicher Lebenszusammenhänge so verändert, daß es heute unmöglich ist, jene Geschichtsbetrachtung, die der Neohistorismus erneuern will, schlechthin anzunehmen?

HABERMAS Vielleicht sollten wir uns kurz über den Ausdruck »Neohistorismus« verständigen. In der Bundesrepublik hat sich seit den siebziger Jahren eine Art Reaktion gegen das Vordringen sozialwissenschaftlicher Methoden und Betrachtungsweisen in den Geisteswissenschaften herausgebildet. Diese Reaktion versteht sich auch als Rückkehr zu der bedeutenden Tradition der deutschen Geisteswissenschaften des 19. Jahrhunderts. Das wichtigste Stichwort ist die Rehabilitierung der Erzählung, d. h. der narrativen Darstellung von Ereignissen gegenüber theoretischen Erklärungsansprüchen. Die *FAZ* hat unter dem Titel »Geisteswissenschaften« eine neue Sektion eingerichtet, um diese Wende publizistisch zu unterstützen.

Während des Historikerstreites hat vor allem Saul Friedländer auf Grenzen und Gefahren des Neohistorismus im Hinblick auf die historische Darstellung der Katastrophe von Auschwitz hingewiesen. In dieser Kontroverse hat sich niemand gegen eine »Historisierung«, also eine wissenschaftlich distanzierte Erfassung der NS-Zeit gewendet. Bedenklich ist nur ein hermeneutisch unreflektiertes Vorgehen. Wenn man sich schlicht in die Situation der Beteiligten hineinversetzen möchte, um die Akteure und ihre Handlungen aus deren eigenem Kontext zu verstehen, läuft man Gefahr, den unheilvollen Zusammenhang der Epoche im ganzen aus den Augen zu verlieren. Im Kaleidoskop der kleinen, der bunten, der grauen Normalitäten zerfällt die Perspektive, aus der allein die Doppelbödigkeit jener *scheinbaren* Normalität erkannt werden könnte. Man darf die Details nicht nur um des empathischen Verstehens willen aus der Nähe betrachten – was beispielsweise Martin Broszat, mit dem Friedländer eine interessante

Kontroverse geführt hat, auch nicht tut. Dolf Sternberger hat mehrfach darauf beharrt, »daß die ehrwürdige Lehre vom Verstehen an massive Wände stößt... Die wahnsinnige Untat, die mit dem Namen Auschwitz bezeichnet wird, läßt sich in Wahrheit gar nicht verstehen.«

FERRY Könnten Sie diesen Gedanken noch präzisieren?

HABERMAS Der Neohistorismus stützt sich auf eine Annahme, die übrigens heute in der praktischen Philosophie auch von den Neoaristotelikern vertreten wird. Eine Praxis soll sich nur aus den Lebenszusammenhängen und Traditionen, in die sie eingebettet ist, sowohl verständlich machen wie auch beurteilen lassen. Das ist plausibel, solange wir darauf vertrauen können, daß sich Praktiken, wenn sie nur von einer Generation zur anderen weitergegeben werden und Bestand haben, allein aufgrund dieser Traditionsfestigkeit *bewähren*. Aus dieser Überzeugung spricht eine Art von anthropologischem Urvertrauen.

Von diesem Vertrauen lebt der Historismus. Es ist nicht ganz unverständlich. Irgendwie verlassen wir uns ja – trotz aller spontanen, naturwüchsigen Bestialitäten der Weltgeschichte – auf eine tiefgelegene Schicht von Solidarität im Umgang der Menschen miteinander face to face. Von diesem Vertrauen zehrte auch die fraglose Kontinuität unserer Überlieferungen. »Tradition« heißt ja, daß wir etwas als unproblematisch fortführen, was andere angefangen und vorgemacht haben. Wir stellen uns normalerweise vor, daß diese »Vorläufer«, wenn sie uns face to face gegenüberträten, uns nicht total täuschen könnten, nicht die Rolle eines deus malignus spielen könnten. Ich meine nun, daß genau diese Vertrauensbasis vor den Gaskammern zerstört worden ist.

Die komplexe Vorbereitung und die weitverzweigte Organisation eines kühl kalkulierten Massenmordes, in den Hunderttausende, indirekt ein ganzes Volk, verwickelt waren, hat sich ja im Schein der Normalität vollzogen, war auf die Normalität eines hochzivilisierten gesellschaftlichen Verkehrs geradezu angewiesen. Das Ungeheuerliche ist geschehen, ohne den ruhigen Atemzug des Alltags zu unterbrechen. Seitdem ist ein *bewußtes* Leben nicht mehr möglich ohne Mißtrauen gegen Kontinuitäten, die sich fraglos behaupten und ihre Geltung auch aus ihrer Fraglosigkeit beziehen wollen.

FERRY Ich möchte auf die Frage nach der Art und Weise einer heutigen kollektiven Identitätsbildung für die Angehörigen der

Bundesrepublik und vielleicht auch für die Deutschen überhaupt kommen. Auf der politischen Ebene einer nationalen Identität und Souveränität sieht »Deutschland« zumindest wie eine problematische Entität aus, der keine staatliche Organisation entspricht. Die Form nationaler Identität verweist auf das historische Bewußtsein, in dessen Medium sich das Selbstbewußtsein einer Nation bildet. Dagegen weisen Sie auf einen sogenannten »Verfassungspatriotismus« hin, der an Postulaten der Verallgemeinerung von Demokratie und Menschenrechten Grenzen findet.

Können Sie bitte diese universalistische Option erklären? Verzichten Sie etwa lediglich auf jede Art nationalgeschichtlicher Identitätsbildung zugunsten einer rein formalpraktischen, die grundsätzlich den Bezug auf die eigene Tradition nicht länger braucht?

HABERMAS Nein, die Identität einer Person, einer Gruppe, einer Nation oder einer Region ist immer etwas Konkretes, etwas Partikulares. (Sie soll allerdings auch moralischen Maßstäben genügen.) Von unserer Identität sprechen wir immer dann, wenn wir sagen, wer wir sind und wer wir sein wollen. Dabei sind deskriptive und evaluative Elemente miteinander verwoben. Die Gestalt, zu der wir durch unsere Lebensgeschichte, die Geschichte unseres Milieus, unseres Volkes geworden sind, läßt sich in einer Identitätsbeschreibung nicht loslösen von dem Bild, das wir uns und anderen präsentieren, und nach dem wir von anderen beurteilt, geachtet und anerkannt werden wollen.

Nun zur kollektiven Identität der Deutschen nach dem Zweiten Weltkrieg. Für uns ist es ja nichts Neues, daß sich die Einheit des kulturellen, sprachlichen und historischen Lebenszusammenhangs nicht deckt mit der Organisationsform eines Staates. Wir waren nie eine der klassischen Staatsnationen. Vor dem Hintergrund einer tausendjährigen Geschichte bilden die fünfundsiebzig Jahre Bismarck-Reich eine kurze Spanne; und selbst dann hat das Deutsche Reich bis 1938 *neben* Österreich bestanden, ganz abgesehen von den Deutschschweizern oder den deutschen Minderheiten in anderen Staaten. In dieser Situation halte ich für uns als Bürger der Bundesrepublik einen Verfassungspatriotismus für die einzig mögliche Form von Patriotismus. Das bedeutet aber keineswegs den Verzicht auf eine Identität, die ja niemals nur aus allgemeinen, moralischen, sozusagen von allen geteilten Orientierungen und Merkmalen bestehen kann.

Für uns in der Bundesrepublik bedeutet Verfassungspatriotismus unter anderem der Stolz darauf, daß es uns gelungen ist, den Faschismus auch auf Dauer zu überwinden, eine rechtsstaatliche Ordnung zu etablieren und diese in einer halbwegs liberalen politischen Kultur zu verankern. Unser Patriotismus kann die Tatsache nicht verleugnen, daß in Deutschland die Demokratie erst nach Auschwitz – und in gewisser Weise erst durch den Schock dieser moralischen Katastrophe – in den Motiven und in den Herzen der Bürger, wenigstens der jüngeren Generationen, hat Wurzeln schlagen können. Für diese Verwurzelung universaler Prinzipien braucht man immer eine *bestimmte* Identität.

FERRY Ich denke, diese post-konventionelle und post-nationale Identitätsbildung, die Sie verteidigen, tritt auch mit dem Anspruch auf, als grundsätzlich gültige Lebensform für Länder Westeuropas allgemein die Form nationaler Identität in einer mehr oder weniger nahen Zukunft ersetzen zu können; und dies, obgleich der Nationalismus eine spezifisch moderne Erscheinungsform der kollektiven Identität ist. Sehe ich das richtig?

HABERMAS Wir müssen zwei Dinge auseinander halten. Der Nationalismus ist bei uns sozialdarwinistisch zugespitzt worden und ist in einem Rassenwahn kulminiert, der als Rechtfertigung hinter der Massenvernichtung der Juden gestanden hat. Deshalb ist der Nationalismus als Grundlage einer kollektiven Identität bei uns drastisch entwertet worden. Und deshalb bildet auch die Überwindung des Faschismus die besondere historische Perspektive, aus der sich eine postnationale, um die universalistischen Prinzipien von Rechtsstaat und Demokratie herum gebildete Identität versteht. Aber nicht nur die Bundesrepublik, alle europäischen Länder haben sich nach dem Zweiten Weltkrieg so entwickelt, daß die Ebene der nationalstaatlichen Integration an Gewicht und Bedeutung verloren hat.

Auch diese Länder sind auf dem Wege zu postnationalen Gesellschaften. Ich erinnere nur an die europäische Integration, an die supranationalen Militärbündnisse, an die weltwirtschaftlichen Interdependenzen, an die ökonomisch motivierten Einwanderungsströme, die wachsende ethnische Vielfalt der Bevölkerung, aber auch an die Verdichtung des Kommunikationsnetzes, das die Wahrnehmung von, und die Sensibilität für Menschenrechtsverletzung, für Ausbeutung, Hunger, Verelendung, für die Anliegen nationaler Befreiungsbewegungen usw. *weltweit* verschärft hat.

Das führt einerseits zu Angst- und Abwehrreaktionen. Aber gleichzeitig verbreitet sich auch das Bewußtsein, daß es zu universalistischen Wertorientierungen keine Alternative mehr gibt.

Was heißt denn Universalismus? Daß man die eigene Existenzform an den legitimen Ansprüchen anderer Lebensformen relativiert, daß man den Fremden und den Anderen mit allen ihren Idiosynkrasien und Unverständlichkeiten die gleichen Rechte zugesteht, daß man sich nicht auf die Verallgemeinerung der eigenen Identität versteift, daß man gerade nicht das davon Abweichende ausgrenzt, daß die Toleranzbereiche unendlich viel größer werden müssen, als sie es heute sind – alles das heißt moralischer Universalismus.

Der Nationalstaatsgedanke, der aus der Französischen Revolution hervorgegangen ist, hatte zunächst einen durchaus kosmopolitischen Sinn. Denken Sie nur an die Begeisterung, die der Freiheitskampf der Griechen im frühen 19. Jahrhundert in ganz Europa ausgelöst hat. Dieses kosmopolitische Element muß heute im Sinne eines Multikulturalismus wiederbelebt und weiterentwickelt werden.

FERRY Dieser Formwandel der kollektiven Identität legt einen flexiblen Strukturwandel moderner Lebensformen nahe, der fähig ist, sich in den klassischen Staatsnationen zu vollziehen. Doch ich kann mir nicht vorstellen, wie unter solchen Voraussetzungen eines radikal dezentrierten Lebenszusammenhangs der tatsächliche Bedarf an Selbstbehauptung und Selbstbestätigung gedeckt werden kann. Es geht um die Frage nach der Identifikations- und Motivationskraft rein formaler universalistischer Geltungsansprüche überhaupt: wie kann die radikal universalistische Option oder Anregung des »Verfassungspatriotismus« eine identitätsbildende Kraft anbieten, die nicht nur über moralische Legitimität, sondern auch über geschichtliche Plausibilität verfügt?

HABERMAS Nun, die Bindung an Prinzipien des Rechtsstaats und der Demokratie kann, wie gesagt, in den verschiedenen Nationen (die auf dem Weg zu postnationalen Gesellschaften sind) nur eine Realität werden, wenn diese Prinzipien in den verschiedenen politischen Kulturen jeweils auf andere Weise Wurzeln schlagen. Im Lande der Französischen Revolution müßte ein solcher Verfassungspatriotismus eine andere Gestalt haben als in einem Lande, das nie eine Demokratie aus eigener Kraft hervorgebracht hat.

Derselbe universalistische Gehalt muß jeweils aus dem eigenen historischen Lebenszusammenhang angeeignet und in den eigenen kulturellen Lebensformen verankert werden. Jede kollektive Identität, auch die postnationale, ist sehr viel konkreter als das Ensemble moralischer, rechtlicher und politischer Grundsätze, um das sie sich kristallisiert.

FERRY Indem Sie sich auf einen öffentlichen Gebrauch der Tradition berufen, wobei es sich entscheiden läßt, »welche unserer Tradition wir fortsetzen wollen und welche nicht«, entsteht das Bild desjenigen radikal-kritischen Traditionsbezugs, der die rationalistische Einstellung der Aufklärung kennzeichnete. Ich möchte an dieser Stelle zwei Kritiken an der Aufklärung kurz anschneiden: in der Gadamerschen Linie taucht nämlich der Einwand auf, daß wir prinzipiell die Tradition nicht transzendieren können, insbesondere mit der (vermeintlich) illusionären Absicht, bestimmte Ansätze selektiv fortzusetzen oder gar auszuschließen. Im Hinblick auf die Hegelsche Kritik will ich nur an einen Gedanken erinnern, den ich sinngemäß der *Rechtsphilosophie* entnehmen möchte: »Der Mensch gilt, weil er Mensch ist, nicht weil er Jude, Katholik, Protestant, Deutscher, Italiener usw. ist.« Dies Bewußtsein sei von unendlicher Wichtigkeit, und nur dann mangelhaft, wenn es etwa als Kosmopolitismus sich darauf fixiere, dem konkreten Staatsleben gegenüberzustehen. Wie steht dazu die diskurstheoretische Vertiefung oder Erneuerung des Kantschen Universalismus, der vermutlich dem formalpragmatischen Rahmen des »Verfassungspatriotismus« zugrunde liegt?

HABERMAS Hegel hat dem Wort »Mensch« eine pejorative Bedeutung beigelegt, weil er »die Menschheit« für eine schlechte Abstraktion hielt. Als weltgeschichtliche Akteure treten bei ihm die Volksgeister oder die großen Individuen, vor allem die Staaten auf. Demgegenüber bildet die Gesamtheit aller sprach- und handlungsfähigen Subjekte keine Einheit, die politisch handeln kann. Deshalb hat Hegel die Moralität, die sich ja auf die Versehrbarkeit von allem, was Menschenantlitz trägt, bezieht, *unter* die Politik gestellt. Das ist aber eine sehr zeitbedingte Perspektive.

Heute kann der Kosmopolitismus schon deshalb nicht mehr auf die gleiche Weise wie 1817 dem konkreten Staatsleben gegenübertreten, weil die Souveränität der Einzelstaaten nicht mehr in der Verfügung über Krieg und Frieden besteht. Darüber können nicht einmal mehr die Supermächte frei disponieren. Heute stehen alle

Staaten um ihrer Selbsterhaltung willen unter dem Imperativ, den Krieg als Mittel der Konfliktlösung abzuschaffen. Für Hegel war das »dulce et decorum est pro patria mori« noch die höchste sittliche Pflicht auf Erden. Heute ist die Pflicht »zum Dienst mit der Waffe« moralisch einigermaßen fragwürdig geworden. Auch der internationale Waffenhandel, wie er heute noch betrieben wird, auch von Frankreich betrieben wird, hat seine moralische Unschuld längst eingebüßt. Die Abschaffung des Naturzustandes zwischen den Staaten steht zum ersten Mal auf der Tagesordnung. Damit verändern sich die Bedingungen der Selbstbehauptung der Völker. Auch die Rangordnung zwischen den politischen Pflichten des Staatsbürgers und den moralischen »des Menschen« bleibt davon nicht unberührt. Es sind die Verhältnisse selber, die eine Moralisierung der Politik erzwingen.

Ähnliches gilt für die kritische Einstellung gegenüber den eigenen Traditionen. Schon Hegel hatte jene Transformation des Zeitbewußtseins, das sich in Europa um 1800 vollzogen hat, in seine Philosophie aufgenommen – die Erfahrung mit der eigentümlichen Akzeleration der eigenen Geschichte, die vereinheitlichende Perspektive auf die Weltgeschichte, das Gewicht und die Aktualität der jeweiligen Gegenwart im Horizont einer verantwortlich zu übernehmenden Zukunft. Die Katastrophen unseres Jahrhunderts haben dieses Zeitbewußtsein noch einmal verändert.

Nun dehnt sich unsere Verantwortung auch noch auf die Vergangenheit aus. Diese wird nicht einfach als etwas Faktisches und Fertiges hingenommen. Walter Benjamin hat wohl am präzisesten den Anspruch bestimmt, den die Toten auf die anamnetische Kraft der lebenden Generation erheben. Wir können vergangenes Leid und geschehens Unrecht gewiß nicht wieder gutmachen; aber wir haben die schwache Kraft einer sühnenden Erinnerung. Erst die Sensibilität gegenüber den unschuldig Gemarterten, von deren Erbe wir leben, erzeugt auch eine reflexive Distanz zu eigenen Überlieferungen, eine Empfindlichkeit gegenüber den abgründigen Ambivalenzen der Überlieferungen, die unsere eigene Identität geformt haben. Aber unsere Identität ist nicht nur etwas Vorgefundenes, sondern eben auch und gleichzeitig unser eigenes Projekt. Wir können uns unsere Traditionen nicht aussuchen, aber wir können wissen, daß es an uns liegt, *wie* wir sie fortsetzen. Gadamer denkt in dieser Hinsicht zu konservativ. Jede Traditionsfortsetzung ist nämlich selektiv, und genau diese Selektivität muß heute durch den Filter der Kritik, einer willentlichen Aneignung der Geschichte, wenn Sie wollen: des Sündenbewußtseins, hindurch.

Die Stunde der nationalen Empfindung
Republikanische Gesinnung oder Nationalbewußtsein?

Als die Berliner Mauer in der Nacht vom 9. auf den 10. November den Massen, die nach Westen drängten, nachgab, konnte sich wohl niemand seiner Gefühle erwehren. Alle, die am Bildschirm die Verwandlung des gewohnten martialischen Bildes in eine Pop-Szene beobachteten, den mehr als nur kosmetischen Eingriff in die Physiognomie einer ganzen Epoche sahen, waren gerührt. Im Bundestag traten Willy Brandt die Tränen in die Augen – sprachlose Macht der Gefühle. Noch waren die Formeln nicht gefunden, die am nächsten Tag der Regierende Bürgermeister vor dem Schöneberger Rathaus aussprach: »Heute sind wir das glücklichste Volk auf der Welt« – glücklich worüber? Gefühle bedrängen uns, solange wir nicht wissen, was sie *sagen*. Inzwischen ist der Streit über die Interpretation der Gefühle in vollem Gang.

I

Unstrittig war das Mitgefühl mit und das Entzücken an der spontanen Wiedersehensfreude der Berliner, der Verwandten, der Freunde, der Bewohner ein und derselben Stadt, die solange getrennt waren. Das Herz ging auf im Anblick der wiedergewonnenen Freiheit, einer in Laufschritte umgesetzten Freizügigkeit. Ein betroffenes Innehalten kam hinzu: mit einem Schlag war das Monströse, Widersinnige, Surreale alles dessen entblößt worden, was diese Mauer verkörpert. Gewiß, als brutal war sie auch damals, als sie 1961 errichtet wurde, empfunden worden. Aber alsbald war dieses Gefühl vom Antikommunismus beschlagnahmt und rhetorisch abgenutzt worden. Ein Übriges tat die Gewöhnung. Jetzt erst, als die Schale des Gewohnten aufbrach, trat das Unnatürliche wie ein längst Vergessenes wieder hervor. Die Befreiung vom Unnatürlichen verstärkte Gefühle der Zusammengehörigkeit, einer Solidarität mit Landsleuten, die nach 1945 das kürzere Los gezogen hatten.

Aber schon am nächsten Tag machte sich die Unklarheit der Gefühle, unsere Unsicherheit darüber, was sie wirklich sagen, bemerkbar. Die einen stimmten auf offenem Platz die Nationalhymne an, die die anderen in Desinteresse oder gar Pfeifkonzert untergehen ließen. Was verrieten die patriotischen Regungen? Sehnsucht nach einem vereinigten Vaterland oder eine Rührung anderer Art? Vielleicht nur das Wiedererkennen von regionalen Eigenheiten, von Sprachfärbungen und Dialekten, die man lange nicht mehr vernommen hatte, das Lächeln über die eigene Naivität, als man »entdeckte«, daß ja auch die Ostberliner berlinisch sprechen?

Der Gefühlshaushalt einer Nation streut über ein breites Spektrum. In die Hochstimmung, die inzwischen abgeklungen ist, mischen sich neue Ängste. Die Einstimmung auf nationale Gemeinsamkeiten variiert ohnehin nach Herkunft, Alter, Lebensweg, auch danach, wie man sich an *andere* Jahrestage, an den 9. November 1918, 1923, 1938 oder 1939 erinnert. Ich erinnere mich an Kriegsjahre, als sich das »Jungvolk« am 9. November zu versammeln pflegte, um vor Kriegerdenkmälern mit brennenden Opferschalen die Rituale des NS-Todeskultes einzuüben. Bei solchen Erinnerungen kommt einem auch die dritte Strophe der damals mit dem Horst-Wessel-Lied verschmolzenen Hymne nicht mehr über die Lippen.

Unklar sind also die Gefühle, die die Bewegung in der DDR bei uns ausgelöst hat. Und die öffentliche Interpretation dieser Gefühle wird nicht weniger als Klugheit, Interesse und Machtkalkül den Kurs bestimmen, den die Bundesrepublik in der Deutschlandfrage einschlägt.

Eine Interpretation, auf die sich CSU und *FAZ* eingespielt haben, zielt dahin, daß der offenherzige Empfang der DDR-Flüchtlinge in der Bundesrepublik und die Euphorie vom 9. November den nationalen Willen zur »Wiedervereinigung« unmißverständlich ausdrücken. Walter Momper und die Grünen meinen hingegen, daß unsere Sympathie für die Massenproteste in den Straßen der DDR den Stolz über die erste erfolgversprechende Revolution auf deutschem Boden zum Ausdruck bringe. Die einen hören den patriotischen Herzschlag der Nation, die anderen spüren im Enthusiasmus für die Freiheit den Wunsch nach radikaler Demokratie.

Die Französische Revolution hat sich aus beiden Motiven gleichermaßen gespeist. In Deutschland jedoch haben sich Nationalbewußtsein und republikanische Gesinnung das letzte Mal in der revolutionären Bewegung von 1848 so ergänzt wie in den klassischen Staatsnationen des Westens bis auf den heutigen Tag. Seitdem ist bei uns der Nationalismus – bis in seine rassistischen Konsequenzen hinein – eher auf Kosten des Republikanismus ausgereizt worden, und dieses Nullsummenspiel der politischen Affekte hat die 75 Jahre des Deutschen Reiches geprägt. In den Köpfen der Deutschen war nationale Einheit und Stärke mit der Ausgrenzung innerer Feinde assoziiert. Zuerst waren es die Reichsfeinde, also Sozialdemokraten, Katholiken, nationale Minderheiten, später waren es Juden und radikale Demokraten, Linke und Intellektuelle, Zigeuner, Homosexuelle, Behinderte und soziale Randgruppen, kurzum »volksfremde« und »minderwertige« Elemente, schließlich die zum inneren Feind hochgeredeten Sympathisanten des Terrors. Bis zum Deutschen Herbst des Jahres 1977 hat jene Polarisierung der Gefühle, die in glücklicheren Nationen eine bessere Balance gefunden haben, in den Reaktionsbereitschaften der deutschen Bevölkerung Spuren hinterlassen. Interpretationen, die sich andernorts ergänzen, bilden hier folgenreiche Alternativen. Im Appell an die Liebe zu Vaterland und Muttersprache, an den vorpolitischen Zusammenhalt des Volkes schwingt immer noch die Botschaft mit, daß der Universalismus gleicher Freiheiten für alle und des gleichen Respekts für jedermann doch nur eine blutleere Abstraktion sei. Von diesen Konnotationen ist selbst die Unterscheidung zwischen Um- und Aussiedlern auf der einen, Asylanten auf der anderen Seite nicht frei.

2

Der Kanzler versichert vor dem diplomatischen Korps, daß die Furcht vor einem neuen deutschen Nationalismus unbegründet ist. Und jüngste Umfragen geben ihm recht; nach dem ersten Aufwallen der Gefühle ist die Ernüchterung unverkennbar. Aber der Boden der öffentlichen Emotionen ist aufgelockert. Das innenpolitische Gelände gleicht einer Geröllhalde, über die die Politiker unsicher staksen. Eingerastete Mentalitäten brechen auf, Fronten kommen in Bewegung. Niemand wagt Prognosen über »die Stimmung im Lande«; die Momentaufnahmen der Demoskopen besagen nicht viel. Aber wenigstens Fragestellungen und Alternativen lassen sich klären.

In der Deutschlandpolitik müssen die Karten auf den Tisch. Soll die demokratische Selbstbestimmung der Bürger in der DDR oder die Vereinigung aller Deutschen in einem Nationalstaat Vorrang haben? Diese Ziele müssen sich auf längere Sicht nicht ausschließen. Aber je nach Priorität werden die nächsten Schritte, die Politiken verschieden sein. Nicht »Zweistaatlichkeit« oder »Anschluß« sind die Alternative, sondern: vorbehaltlose Orientierung am Ziel einer radikalen Demokratisierung, die denen, die die Konsequenzen tragen, auch die Entscheidung überläßt, oder Instrumentalisierung der Selbstbestimmungsrhetorik für eine mit außenwirtschaftspolitischen Mitteln betriebene Anschlußpolitik. Ich habe die Befürchtung, daß unsere politische Kultur Schaden nehmen wird, wenn die Regierung im Nebel vorsätzlich unentschieden gelassener Prioritäten eine hinhaltende, sanft erpresserische Politik betreibt, die zudem auf die Rückgewinnung des Wählerklientels vom rechten Rande spekuliert.

In der Bundestagsdebatte zur Lage der Nation bestand Einigkeit darüber, daß die Bürger der DDR gegebenenfalls selbst in freien Wahlen darüber entscheiden, ob sie in einem künftigen Einheitsstaat aufgehen wollen. Schon kommentiert die *FAZ* besorgt, daß damit »aus dem Selbstbestimmungsrecht des deutschen Volkes in der zentralen Frage der deutschen Einheit ein Selbstbestimmungsrecht der Deutschen in der DDR geworden« sei (*FAZ* vom 17. November 1989). Zu diesem Schluß kann man nur gelangen, wenn man von vornherein ein affirmatives Votum der Bevölkerung der Bundesrepublik voraussetzt, die natürlich das gleiche Recht hätte, Nein zu sagen. Immerhin besteht heute ein Konsens darüber, daß der eine Teil den anderen nicht überstimmen darf. Die Bevölkerung der DDR soll nicht »bevormundet« werden. Mit einer solchen Politik der Nichteinmischung ist die energische Forderung nach freien Wahlen unter Beseitigung der verfassungsrechtlich festgeschriebenen Führungsrolle der SED nicht nur vereinbar, sie ist eine Konsequenz daraus. Denn damit wird nur das demokratische Verfahren eingeklagt, ohne das die Selbstbestimmung der Bürger der DDR nicht möglich ist. Wenn man sich das klar macht, sieht man freilich auch, daß mit dem Selbstbestimmungsprinzip alle Forderungen unvereinbar sind, die über die prozedurale Frage einer Umgestaltung des politischen Systems hinauszielen.

Hier zeichnet sich ein Konflikt ab, dessen Ausgang über die nächsten Schritte entscheiden wird. Die einen wollen eine effektive Wirtschaftshilfe auch (oder gerade) dann gewähren, wenn diese der radikaldemokratischen Umgestaltung einer sozialistischen Gesellschaft dienen könnte. Die anderen stellen Hilfe nur in Aussicht für eine schrittweise kapitalistische Umgestaltung der DDR-Wirtschaft; die Bedingungen, die sie stellen, zielen nicht nur auf die Differenzierung zwischen Wirtschaft und öffentlicher Verwaltung, auf eine fällige Dezentralisierung der Entscheidungsstrukturen, sondern auf eine Veränderung der Eigentumsformen. Mit dieser Strategie wäre der »Anschluß« der DDR an die Bundesrepublik vorprogrammiert; denn eine DDR, die, wie Kohl und andere fordern, kurzerhand auf »soziale Marktwirtschaft« umgestellt würde, müßte die raison d'être der Eigenstaatlichkeit einbüßen. Das weiß nicht nur Herr Reinhold.

Der vorläufige Konsens über die Herstellung demokratisch rechtsstaatlicher Verhältnisse in der DDR läßt also Raum für verschiedene Prioritäten. Entweder gibt die Bundesrepublik *jedem* Weg eine Chance, den die Bürger in der DDR in freier Selbstbestimmung einschlagen wollen; oder sie nutzt ihre ökonomische Überlegenheit für eine Politik von Zuckerbrot und Peitsche und diktiert für das eigene anlagesuchende Kapital die betriebswirtschaftlich günstigsten Rahmenbedingungen. Eine kapitalistische Umgestaltung der Wirtschaft würde auf kaltem Wege die politische Eigenständigkeit der DDR aushöhlen.

Vielleicht ist die Situation in der DDR schon so verfahren, daß sich eine schleichende Assimilation ans bestehende westliche Modell so oder so vollziehen wird. Das wäre ja nicht das Schlimmste. Aber die Rückwirkung auf unsere eigene politische Kultur kann nicht dieselbe sein, je nachdem ob sich ein solches Resultat einstellen würde als die *Nebenfolge* einer allein auf Selbstbestimmung der DDR-Bürger abzielenden Politik oder als der *beabsichtigte* Erfolg einer Politik, die die Nachkriegsentwicklung beider Staaten zu einer Episode in den langen Wellen des Deutschen Reiches herabsetzen möchte.

Eine entschieden auf »Wiedervereinigung« zusteuernde Politik, für die sich heute neue Perspektiven aufzutun scheinen, müßte – dies ist meine Befürchtung – den inneren Zustand der Bundesrepublik belasten. Sie könnte jene historische Polarisierung der Gefühle wieder zum Leben erwecken und eine Spaltung der Identifikationen hervorrufen, von der die Bundesrepublik bisher verschont geblieben ist.

In unserem Land, in das politische Institutionen der Freiheit nur nach Augenblicken der schlimmsten Niederlagen eingeführt worden sind, hat es eine natürliche Allianz zwischen westlichen Lebensformen und nationalen Identifikationen nicht gegeben. Die nationalen Gefühle waren aber nach dem Zusammenbruch des Nazi-Regimes völlig erschöpft; sie haben seitdem legitime Formen des öffentlichen Ausdrucks nicht mehr gefunden. In dieser Situation konnte sich eine Westorientierung durchsetzen, die sich aus Opportunitätsgründen ohnehin nahelegte. In breiten Schichten der Bevölkerung werden deshalb die politischen Formen, in denen sich unser Leben heute vollzieht, nicht als das Ergebnis eines Aneignungsprozesses empfunden, nicht als Ausdruck einer bewußten Entscheidung für die republikanischen Traditionen des Westens – oder für jene verschütteten Quellen der Freiheit in der eigenen Geschichte, für die der Bundespräsident Heinemann vergeblich geworben hat. Vom Text der Verfassung bleiben eher die Konsonanten haften, die mit Wiederaufrüstung und Wirtschaftswunder im Einklang stehen, als jene Vokale, die in einer vielstimmigen politischen Kultur einen Verfassungspatriotismus zum Klingen bringen.

Allerdings haben die liberalen Institutionen, 40 Jahre danach, breite Zustimmung gefunden. Auch ohne die Wurzeln einer republikanischen Gesinnung haben wir uns an die Traditionen der Freiheit *gewöhnt*. Kann dieser (nicht zu unterschätzende) Republikanismus aus Gewohnheit noch in Gefahr geraten? Die Antwort wird davon abhängen, wie wir den inneren Zustand einer Bundesrepublik beschreiben, auf die heute die Brocken einer durchlöcherten Mauer niederrieseln.

Nach meinem Eindruck sind die Schwächen unserer inneren Verfassung die Kehrseite ihrer Stärken. Es ist der eher unerwartete Liberalisierungsschub des letzten Jahrzehnts, es ist die gepriesene

Erfolgsgeschichte der Bundesrepublik, die neue Anfälligkeiten hervorgerufen haben. Unter dem symbolischen Schirm eines Bundespräsidenten von Weizsäcker hat sich die politische Kultur unseres Landes, wenn ich recht sehe, so weit liberalisiert, daß sich auch die Linke nicht mehr nur mit dem Wortlaut, sondern mit der Wirklichkeit, nicht nur mit den Prinzipien, sondern den Institutionen der grundgesetzlichen Ordnung identifizieren kann. Jahrzehnte lang gehörte es zur Normalität dieses Landes, daß Gruppierungen links von der SPD, oft schon links von der Mitte der SPD, aus dem politischen System ausgegrenzt wurden. Wer heute ein offensives Verfassungsverständnis vertritt, braucht sich nicht mehr sogleich als Verfassungsfeind denunzieren zu lassen.

Diese Linksverschiebung des Spektrums hat freilich im politischen System eine andere Bruchlinie hervortreten lassen. Was Adenauer zubetoniert hatte, zeigt Risse. Und die Reaktionen auf diese Entfremdung zwischen den liberalen und den nationalkonservativen Teilen der CDU/CSU, die sich in Geißlers Rausschmiß nur symbolisieren, verheißen nichts Gutes. Auf seiten der Linken ist Marginalität ein Lebensgefühl; Etablierte werden, wenn sie an den Rand geraten, rabiat. Hier, in diesen Randgebieten, sammeln sich Gewohnheitsrepublikaner, die dabei sind, ihre Gewohnheiten zu überdenken. Nennen wir sie Republikaner bis auf weiteres, Republikaner auf Abruf. Dann stellt sich die Frage, ob die jetzt eingetretene Situation dieser neuen Sorte von Republikanern (innerhalb und außerhalb der etablierten Parteien) eine Sogwirkung verschafft, erst recht dann, wenn auch die Regierung daran gehen sollte, nationale Naherwartungen zu nähren.

Apropos Sogwirkung: Brigitte Seebacher-Brandt intoniert von neuem das alte Klagelied über die nationale Unempfindlichkeit der Linken. Ihr Held ist ein untypischer Sozialdemokrat, der badische Parteiführer Ludwig Frank, der sich bei Kriegsausbruch 1914 »vom Reichstag aus freiwillig an die Front (meldete). Er wollte zeigen, daß das Ja zu den (Kriegs-)Krediten nicht taktisch bedingt gewesen sei, sondern (daß) es den Sozialdemokraten ›mit der Pflicht zur Verteidigung der Heimat bitter ernst ist‹« (*FAZ* vom 21. November 1989). Hoffen wir, daß das, was 1914 untypisch war, 1989 untypisch bleibt.

Einer Sogwirkung des nationalen Syndroms kommen drei Tendenzen entgegen.

Im anderen Teil Deutschlands wird heute eine andere Vergangenheit zum Thema. Dort steht unter anderen politischen Vorzeichen eine Vergangenheitsbewältigung an, die unseren Narzißmus nicht mehr bedroht. Was bedeutet das für Republikaner auf Abruf, die finden, daß im Historikerstreit die falschen Fragen gestellt worden sind? Ganz ohne Bevormundung können sie der DDR-Opposition die Hand führen und den nächsten Fragebogen schon einmal vorformulieren: »... wie es möglich war, Jahrzehnte lang im Namen des sozialistischen Humanismus die Menschen propagandistisch zu betrügen, politisch zu unterdrücken, wirtschaftlich auszuhungern, zu demoralisieren. Wer war Täter, wer Tathelfer, wer Mitläufer?« (*FAZ* vom 18. November 1989).

Ein abrüstungswilliger Gorbatschow nimmt der Bevölkerung das Gefühl des Bedrohtseins. Die ungeliebte Politik der Nachrüstung wird gegenstandslos, das Feindbild der Nato von Tag zu Tag unwirklicher. Was bedeutet das für Republikaner auf Abruf, die immer schon die Westbindung der Bundesrepublik im Wortschatz militärischer Allianzen buchstabiert haben und das Ganze mit dem Zuckerguß einer »atlantischen Wertegemeinschaft« überziehen mußten? Der Weg nach »Mitteleuropa« scheint jetzt offen zu stehen. War das nicht, von Friedrich Naumann bis Giselher Wirsing, ein Stichwort für den Traum von der Vormachtstellung des Deutschen Reiches im Bündnis mit der Donaumonarchie?

Der zerfallende bürokratische Sozialismus beliefert unsere Fernsehschirme allabendlich mit Bildern, die der Wahlkämpfer Franz Josef Strauß nicht suggestiver hätte ausmalen können. Sie illustrieren die immer schon behauptete Alternative von Freiheit oder Sozialismus. Sie lassen auch die Tatsache vergessen, daß *dieser* Sozialismus gerade innerhalb der Linken scharf kritisiert worden ist – nicht zuletzt aus der Befürchtung, daß Sozialismus mit der trostlosen Realität des Sowjetmarxismus gleichgesetzt würde. Was bedeutet das für Republikaner auf Abruf, die den demokratischen Rechtsstaat ohnehin nur als die politische Hülse eines effektiven Wirtschaftssystems verstanden haben? Aus dieser Perspektive von Überbau und Basis wird die Forderung nach politischem Pluralismus und Selbstbestimmung mit einer kapitalistischen Umgestaltung der Wirtschaft und dem Anschluß der DDR an die Bundesrepublik beinahe synonym.

Denken wir uns nun eine Politik hinzu, die vornehmlich die Veränderung von Eigentumsformen im Blick hat und die DDR auf dem Wege der ökonomischen Einflußnahme für den politischen Anschluß reifmachen soll, wobei – schon mit Rücksicht auf die Bündnispartner – als naturwüchsiges Resultat erscheinen muß, was doch herbeigeführt werden soll. Eine solche Politik könnte die Urteile und Vorurteile unserer neuen Republikaner in herrschende Meinung verwandeln und sich selbst daraus legitimieren. Dann würden drei Dinge auf der Strecke bleiben.

Zunächst die Selbstachtung und das Selbstbewußtsein, welches die Bevölkerung in der DDR zum ersten Mal daraus ziehen kann, daß sie als Akteur aufgetreten ist und die anderen zu Zuschauern gemacht hat. Merkwürdigerweise scheint sich in der DDR eine eigene Identität in dem Augenblick herauszubilden, wo viele Zuschauer das Ende der DDR schon für ausgemacht halten.

Sodann müßte eine kapitalistische Weichenbildung dem Experiment eines »neuen Sozialismus«, für das sich eine Mehrheit der Bevölkerung immerhin entscheiden könnte, das Wasser abgraben. Die Chancen für eine radikaldemokratische Gesellschaftsreform sind gewiß nicht groß; und die sozialistische Linke hat heute mehr Gründe denn je, den ideologischen Speicher zu entrümpeln. Aber kaum jemand wird von vornherein ausschließen, daß das hierzulande eingespielte Muster einer Gewaltenteilung zwischen Markt, administrativer Macht und öffentlicher Kommunikation anders und vernünftiger aussehen könnte. Der Wohlstand in Gesellschaften unseres Typs wirft einen langen Schatten nicht nur auf die relativ großen Randgruppen im eigenen Land, sondern bis nach Lima, Kairo und Kalkutta.

Mir geht es freilich vor allem um die Zukunft einer Mentalität, die bei uns Vergangenheit hat. Auf der Strecke bliebe wieder einmal der radikale Sinn eines Republikanismus, der in der verspäteten Nation soeben erst festere Formen anzunehmen schien. Die Bundesregierung darf nicht mit einem Formelkompromiß von Einigkeit und Recht und Freiheit davon kommen. Die Alternativen in der Deutschlandpolitik müssen unmißverständlich gestellt und öffentlich diskutiert werden. Wollen wir die Bürger der DDR ohne Wenn und Aber auf ihrem Wege zur Demokratie unterstützen, oder wollen wir den rhetorisch verschleierten Anschluß auf kaltem Wege? Wir sollten Spielraum lassen für die Möglichkeit einer Alternative, die für sich genommen nicht attraktiver sein müßte, um gleichwohl für unsere eigenen Anstrengungen ein Stimulans zu sein. Wenn wir in der normativen Frage der Selbstbestimmung halbherzig bleiben, bestreiten wir nicht nur anderen die Fantasie und die Fähigkeit, neue Lösungen zu finden – die Halbherzigkeit kehrt sich auch gegen uns selbst.

Die andere Option steht nämlich stillschweigend unter jener Prämisse, die die *Washington Post* schon im August unter der Schlagzeile »Posthistoire« erläutert hatte: daß die Geschichte alternativenlos zu Ende gehe, weil sich der Status quo der westlichen Welt als ein non plus ultra herausgestellt habe. Das Eigentümliche des europäischen Geistes, des okzidentalen Rationalismus, wie Max Weber sagte, besteht aber darin, daß er ruhelos seine eigenen Alternativen erzeugt. Nur durch Selbstkritik und Selbstüberschreitung ist er mit sich identisch geblieben. Im selbstzufriedenen Anblick einer exemplarischen Gesellschaft, die nicht mehr überboten werden kann, müßte er seine Identität verlieren.

Frankfurt/Main, den 23. November

Gewaltmonopol, Rechtsbewußtsein und demokratischer Prozeß
Erste Eindrücke bei der Lektüre des »Endgutachtens« der Gewaltkommission

1. Das Gutachten der Gewaltkommission geht auf eine Koalitionsabsprache der Regierungsparteien vom März 1987 zurück. Politisch motivierte Gewalttätigkeiten und spontane Massenkrawalle bildeten den Anlaß, um staatlichen Handlungsbedarf und Eingriffsbereitschaft zu demonstrieren. In der Begründung für die Einsetzung einer Regierungskommission werden ganz verschiedene Phänomene in einem Atemzug genannt: unpolitische Gewaltausbrüche (Vandalismus und Massenkrawalle) werden mit symbolischen Regelverletzungen (Sitz- und Verkehrsblockaden) einerseits, unfriedlichen Demonstrationen sowie politisch motivierten Gewalttaten (Gebäude- und Hausbesetzungen, Überfällen und Anschlägen) andererseits zusammengestellt. Diese Fokussierung des Gewaltthemas ruft ein bekanntes Deutungsschema in Erinnerung. Der politische Auftraggeber vermutet offenbar Zusammenhänge zwischen radikaler Kritik, Beunruhigung der politischen Öffentlichkeit, Massendemonstrationen, regelverletzenden Protesten, ziellosen Krawallen und gezielter politisch motivierter Gewalt. Aus dieser Sicht bildet eine diffuse und schwer greifbare Kritik, die dem Staat die Legitimität bestreitet und das allgemeine Rechtsbewußtsein destabilisiert, das erste Glied in einer Kette kumulativer Gewalterzeugung.

Es ehrt die Kommission, daß sie diese stereotype Sicht von Law und Order nicht durchgängig bestätigt hat. An diesen Ausgangspunkt erinnert freilich die Definition der Aufgabenstellung, wonach »der Gewaltbegriff aus der Sicht des staatlichen Gewaltmonopols bestimmt werden« soll (S. 12). Damit sollte die wissenschaftliche Untersuchung von Gewaltphänomenen sogleich auf die Bürgerkriegsperspektive eines Staates eingestellt werden, der so tut, als sei er in Auseinandersetzungen mit einem inneren Feind verwickelt. Da der Terrorismus ausdrücklich ausgeklammert wird, fragt man sich, welcher innere Feind denn suggeriert werden soll. Man fragt sich auch, ob die Bundesrepublik überhaupt mit dem Land identisch sein kann, für das eine wissenschaftliche Kommission mit einem solchen Auftrag eingesetzt wird.

2. Der Bericht bildet eine bunte Zusammenstellung von Ergebnissen, Ansichten und Vorschlägen. Offensichtlich ziehen die beiden interdisziplinären Arbeitsgruppen an verschiedenen Enden des Strickes. Die Polizisten, die Strafrechtspraktiker und die Rechtsprofessoren können sich eher die Perspektive und die Fragestellung des politischen Auftraggebers zueigen machen, weil sie daran gewöhnt sind, Gewalt als Gegenstand sozialer Kontrolle zu betrachten. Sie haben es nur mit den individuell zurechenbaren Produkten eines langen Prozesses der Gewalterzeugung zu tun, während sich Sozialwissenschaftler, Psychologen und Mediziner auf die Beschreibung und Erklärung dieses Entstehungsprozesses selber einlassen. Dabei kommen Tatsachen zur Sprache, die ins Bürgerkriegsszenario nicht so recht passen und das Unternehmen insgesamt in Frage stellen. Aus diesem Gegeneinander ergeben sich merkwürdige Inkonsistenzen.

Auf der einen Seite wird der staatliche Handlungsbedarf dramatisch beschworen, auf der anderen Seite geht aus dem Bericht auch hervor, daß der politische Auftraggeber die Größenordnung der einschlägigen Probleme offensichtlich falsch einschätzt. Die Auswertung der Polizeilichen Kriminalstatistik erlaubt keine Aussage über eine Zunahme der Gewaltkriminalität in der Bundesrepublik. Im Lichte internationaler Vergleiche nimmt sich die »objektive Sicherheitslage« erst recht nicht bedrohlich aus (S. 30 ff.). Das gilt nicht nur für politisch motivierte Gewalttaten, die quantitativ als »Randphänomene« eingestuft werden (S. 53). Zudem ist die Ablehnung von Gewalt in der deutschen Bevölkerung besonders stark ausgeprägt (94,7 % lehnen Gewalt von Personen, 95,4 % Gewalt gegen Sachen ab); nur in Irland, Dänemark und Luxemburg werden diese Werte noch übertroffen (S. 37). Wenn gleichwohl in der deutschen Bevölkerung das subjektive Gefühl der Bedrohtheit relativ weit verbreitet ist, also zwischen objektiver und wahrgenommener Gewaltkriminalität ein erklärungsbedürftiger Unterschied besteht, dürfte das Verhalten des politischen Auftraggebers kontraproduktiv sein. Auch die Gewaltkommission kann man ja als Bestandteil einer symbolischen Politik verstehen, die Furcht vor wachsender Unsicherheit im Inneren eher schürt.

3. Der Auftraggeber ist nicht nur am Nachweis eines Handlungsbedarfs interessiert, er möchte auch Handlungsbereitschaft

signalisieren und verlangt deshalb Informationen über Eingriffsmöglichkeiten. Diesen Wunsch erfüllt die Kommission mit 158
operationalisierten Vorschlägen. Dabei ergibt sich freilich zwischen dem Aktivismus eines flächendeckenden Maßnahmenkata-
logs und der Aussicht, daß die Kette der Gewalterzeugung durch
direkten staatlichen Zugriff überhaupt unterbrochen werden
könnte, ein ironisches Mißverhältnis.

Wenn man, wie die Gutachter, zwischen politisch motivierter
Gewalt, Gewalt auf Straßen und Plätzen, Gewalt im Stadion, in
der Schule und in der Familie unterscheidet, so bildet diese letzte
Kategorie, also die Mißhandlungen von Kindern (bis zu 500 000
im Jahr) und von Ehefrauen (bis zu 4 000 000 im Jahr), den verbrei-
testen Typus der Gewaltkriminalität. Für die Schule läßt sich
zunehmender Vandalismus oder Gewalt gegen Personen nicht belegen. Ob die Ausschreitungen in den Stadien zunehmen, ist
umstritten. Der Vandalismus gegenüber öffentlichen Einrichtungen scheint um sich zu greifen, während die Entwicklung politisch
motivierter Gewalt keinen klaren Trend erkennen läßt (S. 82 ff.,
S. 73, S. 77 f., S. 55 ff.). Aber nicht nur unter quantitativen Gesichtspunkten kommt der Gewalt in der Familie ein besonderes
Gewicht zu. In der Kette der Ursachen bildet die Familie den Ort,
wo sich die in sozioökonomischen Lebensumständen, in sozialökologischen Bedingungen und in sozialschichtenspezifischen
Verhaltensmustern sedimentierten Belastungen auf Sozialisations-
prozesse auswirken und in Gewaltdispositionen umsetzen.

Gleichwohl enthält das Gutachten zu diesem Thema nur 29 Vorschläge – gegenüber 66 Vorschlägen für die Verhinderung und
Bekämpfung politisch motivierter Gewalt. Dieses Mißverhältnis
verschärft sich noch dadurch, daß (bis auf die vorgeschlagene Einführung eines Straftatbestandes »Gewalt in der Ehe«) eine Einflußnahme auf familiare Interaktionen nur in den weichen Formen
der Beratung und der Information möglich ist, während der Staat
auf politisch motivierte Gewalt mit einem overkill an detaillierten
Maßnahmen reagieren soll – in erster Linie mit polizeitaktischen,
beweistechnischen, strafrechtlichen und legislativen Regelungen.

4. Das Mißverhältnis zwischen den sozialen Ursachen der Gewalt und der administrativen Behandlung ihrer Symptome müßte
noch drastischer hervortreten, wenn nicht das Spektrum der Ge-
waltursachen künstlich eingeschränkt würde: *innerhalb* dieses

Spektrums kann dann alles als eine administrativ beherrschbare Materie erscheinen.

Die Gutachter bevorzugen offenbar lerntheoretische und gruppensoziologische Ansätze, die auf individuelles Verhalten zugeschnitten sind; aber die strukturellen Ursachen der Gewalt kommen als Randbedingungen von Familie, Schule und jugendlicher Subkultur durchaus in den Blick. Die Gutachter erwähnen wenigstens die sozioökonomischen Belastungen und die sozialökologischen Verarmungen gewalttätiger Familienmilieus (S. 101 ff.). Sie benennen immerhin Sozialisationsschäden und Störungen der Identitätsentwicklung, die den Schulerfolg gefährden, soziale Desintegration fördern und die Eingliederung ins Beschäftigungssystem erschweren (S. 107 ff.). Oft summieren sich diese langfristigen Ursachen zu einer Marginalisierung, die nur noch den Weg in aggressiv auftretende Jugendgruppen offen zu lassen scheint. Diese Art von Analyse wird über die ziellose Aggressivität »öffentlicher Randale« bis zu den »Mobilisierungsfeldern« der politisch motivierten Gewalt durchgezogen: »Seit Mitte der 70er Jahre sind in die Protestbewegung zunehmend Jugendliche eingeströmt, die sich der verschärften Konkurrenz um Lehrstellen, schulischen Aufstieg, Arbeitsplätze und Wohnungen verweigerten« (S. 51).

Wenn man einmal von der im letzten Satz vollzogenen Kehrtwende zu individueller Schuldzurechnung absieht, hätte der Blick auf den massiven Hintergrund sozialer Ursachen der Gewalt tieferreichende Analysen eines anderen Typs erwarten lassen. Aufmerksamkeit hätten jene neuen Formen der Segmentierung verdient, die es einer breiten Mehrheit gestatten, ihre differenzierten Wohlstandsmilieus gegen die immer sichtbarer hervortretenden Deprivationen wachsender Randgruppen abzuschotten. Diese bilden eine inhomogene, auf Dauer majorisierte Unterklasse, die von der staatlichen Sozialverwaltung zugleich ausgehalten und überwacht wird, und die über keine andere Vetomacht verfügt als über die der Selbstdestruktion. Die Mühlen der Marginalisierung mahlen unauffällig und rauben den an den Rand gedrückten Gruppen eine Chance nach der anderen, um doch noch aus eigener Kraft gesellschaftliche Anerkennung und damit Selbstachtung zu gewinnen. Auf diesen Konfliktlinien zeichnen sich in unseren großen Städten neue Muster der Unterprivilegierung ab, wie wir sie aus dem Verhältnis zwischen erster und dritter Welt kennen.

Ob man das nun strukturelle Gewalt nennt oder nicht, nur aus den Reproduktionsbedingungen unseres Gesellschaftssystems im ganzen lassen sich diese entstellten Lebenszusammenhänge, die immer neue Gewalt gebären, erklären. Das Gutachten blendet diese Phänomene aus.

Statt dessen erscheint die Gewalt in Familie, Schule und Öffentlichkeit in der handlichen Form eines administrativ beherrschbaren Gegenstandes. Die 158 Vorschläge verdichten sich zum Konzept einer lückenlosen Vernetzung sozialer Kontrollen. Wie im Foucaultschen Bilderbuch verschmelzen die Eingriffe des Staates zu einem System: Helfen, Überwachen und Strafen gehen eine chemische Verbindung ein. Unter den Stichworten von Diversion, Täter-Opfer-Ausgleich und soziales Training wird alles entformalisiert und miteinander rückgekoppelt: die Beratung mit der Polizei mit der Staatsanwaltschaft mit der Justiz mit dem Veranstalter mit den Medien mit der Nachbarschaft mit der Therapie. Die verbleibenden Lücken werden mit strammen Werten gestopft. Statt Wissensvermittlung zu besorgen, soll die Schule endlich wieder erziehen, sollen die Lehrkräfte das Rechtsbewußtsein ihrer Zöglinge stärken. Unter den Augen eines derart perfektionierten Überwachungsapparats muß sich noch der treuherzigste Dialog in ein Mittel der sozialen Steuerung verkehren.

5. Insbesondere das Hin und Her der »Allgemeinen Empfehlungen« läßt erkennen, daß sich die divergenten Auffassungen der Unterkommissionen und Arbeitsgruppen kaum zu einem halbwegs konsistenten Meinungsbild zusammensetzen lassen. Aber nur an einer Stelle wird der Dissens eingestanden: die Gruppe der Kriminologen verneint die Frage, ob bei Verkehrs- und Sitzblockaden körperliche Gewalt ausgeübt wird. Für die weitere Darstellung bleibt dieser Widerspruch folgenlos. Ungerührt wird jede Form des zivilen Ungehorsams der politisch motivierten Gewalt subsumiert. So betonen die Gutachter (s. 243) den tiefen Graben zwischen legalen Beteiligungsformen wie Demonstrationen und Bürgerinitiativen einerseits, illegalen Aktivititäten wie Verkehrsbehinderungen andererseits. Dem entspricht die strafrechtliche Bewertung der Blockaden als gewaltsamer Nötigung. Die Juristen machen den Vorschlag, den Gewaltbegriff in § 240 Abs. 1 StGB auf physische Gewalt einzuschränken; gleichzeitig wollen sie die damit entstehende Strafrechtslücke in der Weise schließen, daß »neben das Tatbestandsmerkmal der physischen Gewalt die Alter-

native des ›vergleichbar schweren psychischen Zwanges‹ gestellt« wird (S. 292). In Übereinstimmung mit der Rechtsprechung sollen politisch und wirtschaftlich motivierte Regelverletzungen gleichgestellt und wie normale Nötigungsdelikte behandelt werden. Damit verschließt sich das Gutachten dem moralisch motivierten Selbstverständnis des zivilen Ungehorsams als einer (keineswegs straffreien) symbolischen Regelverletzung, mit der auf der Basis der Anerkennung der Legitimität der Rechtsordnung im ganzen und unter Berufung auf geltende Verfassungsgrundsätze an die jeweilige Mehrheit appelliert werden soll, eine von der Minderheit als besonders gravierend empfundene Entscheidung noch einmal zu überdenken.

Dieses Selbstverständnis findet durchaus eine Stütze im umgangssprachlichen Alltagsverständnis von Gewalt. Wie aus einer repräsentativen Umfrage hervorgeht, versteht man unter Gewalt allgemein »den aktiven Angriff auf und die physische Beschädigung von Personen oder Sachen«. Sitzblockaden werden hingegen nur von 24% der Bevölkerung als Gewalt aufgefaßt, und dies in Abhängigkeit vom Ausmaß der Billigung des jeweiligen politischen Ziels (S. 35). Diesen semantischen Befund zum Verständnis symbolischer Regelverletzungen bewerten die Gutachter ihrerseits als »eine Art Normalisierung der Gewaltrechtfertigung«; als präventive Maßnahme empfehlen sie, andere »politische und gesellschaftliche Sprachregelungen« durchzusetzen (S. 36 f.).

Dieser extremistische Ausrutscher bedarf der Erklärung. Offensichtlich kann der zivile Ungehorsam nur dann, wenn er der politisch motivierten Gewalt zugeschlagen wird, das fehlende Glied in der Kette zwischen illegalen Aktivitäten und friedlichem Protest bilden. Diese Hintergrundannahme läßt sich aus dem Kontext erschließen. Wenn die von der Protestbewegung aufgegriffenen Themen »Ausgangspunkte für Gewaltakte« darstellen (S. 51), und wenn die bewußtesten Teile einer Protestbewegung (wie im Falle der Friedensbewegung) zu zivilem Ungehorsam neigen, dann gefährdet bereits »der selektive Rechtsgehorsam« dieser selbstgenannten Avantgarden den »inneren Frieden« (S. 41 f.). Von hier führt eine Spur zu jenem Teil der Lehrkräfte an Fachhochschulen und Universitäten, die das Rechtsbewußtsein der ihnen anvertrauten Schüler und Studenten untergraben (S. 274). Deren erschüttertes Rechtsbewußtsein soll dann das Scharnier bilden zwischen den sozialwissenschaftlich *beobachteten* Prozessen der

Gewalterzeugung und einer individuell *zurechenbaren* Gegnerschaft gegen das staatliche Gewaltmonopol.

6. Die Monopolisierung der Mittel legitimer Gewaltanwendung in der Hand des Staates ist eine zivilisatorische Errungenschaft. Aber jene juristische Rhetorik, die das staatliche Gewaltmonopol als Selbstzweck und substantielle Grundlage der staatlichen Autorität feiert, ist nur die Kehrseite einer Rhetorik der Revolte, die die Unterscheidung zwischen bloßer und legitimer Gewalt verwischt. Eine ist so gedankenlos wie die andere. Trotz einer gewissen Auratisierung des staatlichen Gewaltmonopols (das zum »Essentiale eines jeden Staates« deklariert wird, S. 40) sind sich freilich die Gutachter über die Gefahren eines Hobbistischen Staatsverständnis im klaren: der staatlich garantierte Rechtsfriede führt nicht per se zu Freiheit und Gerechtigkeit. Sie sprechen von der notwendigen Verzahnung des Gewaltmonopols mit Rechtsstaat und Demokratie.

Diese Feststellung bleibt bedauerlicherweise nicht viel mehr als ein Lippenbekenntnis. Denn im weiteren ist keine Rede mehr von der *eigentlichen* zivilisatorischen Leistung: der demokratischen Bändigung einer rechtsstaatlich zu disziplinierenden Gewalt öffentlicher Bürokratien. Wir leben ja nicht mehr im 14. und 15. Jahrhundert oder in der Zeit der Religionskriege, als die Herstellung des Landfriedens und die Durchsetzung der staatlichen Zentralgewalt ein bedrängendes Problem darstellten, das im Laufe des 17. Jahrhunderts mit der Entstehung des europäischen Staatensystems gelöst worden ist. Wir sind vielmehr Zeitgenossen eines in vielen Gestalten auftretenden Totalitarismus, der das in den staatlichen Bürokratien selber angelegte Gewaltpotential freigesetzt hat. Unter unseren Augen vollzieht sich beispielsweise in der DDR die Auflösung des mächtigen Apparats der Staatssicherheit; das erinnert an die kriminellen Energien eines Staatsterrorismus, der sich auf deutschem Boden bis zur kalkulierten Massenvernichtung willkürlich definierter innerer Feinde gesteigert hatte. Vor diesem historischen Hintergrund ist man eigentümlich berührt von einer Optik, die als Gewalt nur gelten läßt, was die Pupille eines überwachenden und sichernden Staatsapparates als Herausforderung seines Gewaltmonopols erfassen kann. Zum blinden Fleck schrumpft dann jene im Staat selbst konzentrierte Gewalt, die seit langem Gegenstand der liberalen Rechtskritik ist.

Aus der Bedrohungsperspektive von oben ergibt sich das Bild eines politischen Systems, das sich gegen eine virtuell unfriedliche Umwelt behaupten muß: »Die Durchsetzung der Rechtsnormen gegen Rechtsverletzer ist infolgedessen die unerläßliche Voraussetzung für einen gesellschaftlichen Zustand, in dem freiwilliger Normengehorsam die Regel ist« (S. 41). Ist sie wirklich *die* Voraussetzung? Die erste Bedingung, die für einen freiwilligen Rechtsgehorsam erfüllt sein muß, ist vielmehr jener inklusive und offene demokratische Prozeß, in dem sich die Bürger von der Legitimität der Rechtsordnung sowie der Ausübung staatlicher Gewalt überzeugen können. Allein in den spontanen Formen einer Legitimation von unten kann sich und muß sich das Rechtsbewußtsein der Bürger immer wieder reproduzieren.

Gewiß bedarf die demokratische Meinungs- und Willensbildung der grundrechtlichen Sicherung. Angewiesen ist sie aber vor allem auf eine dezentralisierte, ungezwungene und vitale öffentliche Kommunikation und damit auf die Einbettung in eine politische Kultur, die in einer Bevölkerung den diskursiven Streit und den zivilen Umgang miteinander zur Gewohnheit werden läßt. Eine solche demokratische Streitkultur erfordert als Preis ein hohes Maß an Toleranz auch gegenüber dem irritierenden Verhalten derer, die sich im Zwielicht zwischen Anomie und Innovation bewegen. Zudem kann sich eine demokratische Streitkultur einzig aus mehr oder weniger gelungenen Traditionen der Freiheit regenerieren. Sie läßt sich nicht *organisieren*. Gegenüber der politischen Kultur stößt der Staat an die Grenzen seiner administrativen Eingriffsmöglichkeiten.

Wohl erkennen die Gutachter die Bedeutung von Strukturen offener Kommunikation und breitgestreuter demokratischer Teilnahme. Sie machen sogar Vorschläge, wie »partizipatorische Defizite« zu beheben seien. Die Bevölkerung solle »die Überzeugung gewinnen können, daß sie auch reale Einflußmöglichkeiten auf politische Entscheidungsprozesse hat... Der Bürger muß begründet annehmen können, auch ohne spektakuläre Aktionen beachtet und repräsentiert zu werden. Das gilt nicht nur für die jeweils aktuellen Themen. Anzustreben ist eine dauernde Wachsamkeit« (S. 242 f.). Allein, soll der um die Intaktheit seines Gewaltmonopols besorgte Staat auch noch das demokratische Mißtrauen seiner eigenen Bürger organisieren? Leider bestätigen die Gutachter den Gewaltmonopolisten in der Rolle eines Tutors für jenen Meinungs- und Willensprozeß, von dessen Legitimation er abhängig bleiben sollte, statt ihn unter Kontrolle zu bringen; deshalb bleiben selbst ihre vernünftigsten Ratschläge *paternalistisch*. Das Rechtsbewußtsein demokratischer Bürger ist nicht die Angelegenheit einer Administration, die auf vorbeugende sozialtherapeutische Maßnahmen gegen Unbotmäßigkeiten sinnt.

6. Die nachholende Revolution

Wohl selten ist der Jubel einer Revolution so schnell verstummt wie in Deutschland nach dem 9. November 1989. Auch das fordert zu Interpretationen heraus. Aber jede Interpretation setzt sich, vier Monate danach, und vor dem ungewissen Ausgang der Volkskammerwahlen, dem Risiko aus, von den Ereignissen des nächsten Tages überholt zu werden. Die Worte vergilben im Munde. In dem folgenden Essay wende ich mich gegen die voreilige Gleichsetzung des bürokratischen Sozialismus mit dem, wofür eine sozialistische Linke in Westeuropa und in der Bundesrepublik einsteht. Der abschließende Beitrag setzt sich mit Alternativen der Deutschlandpolitik auseinander, die für das Selbstverständnis einer Nation von Staatsbürgern längerfristige Folgen haben könnten.

Nachholende Revolution und
linker Revisionsbedarf
Was heißt Sozialismus heute?

Warum sind bloß die besseren Pgs 1945 nicht auf die Idee gekommen, nach dem Faschismus mit menschlichem Antlitz zu suchen?

Johannes Gross, *Notizbuch*, Neueste Folge, Viertes Stück

In den Feuilletons ist von der Entzauberung des Sozialismus die Rede, vom Scheitern einer Idee, sogar von der verzögerten Vergangenheitsbewältigung der westeuropäischen, der deutschen Intellektuellen. Auf die rhetorischen Fragen folgt stets der gleiche Refrain: daß Utopien und Geschichtsphilosophien in Unterjochung enden müssen. Nun ist die Kritik der Geschichtsphilosophie ein Geschäft von gestern. Löwiths *Weltgeschichte und Heilsgeschehen* ist 1953 ins Deutsche übersetzt worden.[1] Was sind die Karten von heute? Wie soll man die historische Bedeutung der revolutionären Veränderungen in Ost- und Mitteleuropa einschätzen? Was bedeutet der Bankrott des Staatssozialismus für die im 19. Jahrhundert verwurzelten politischen Bewegungen und Ideen, was bedeutet er für das theoretische Erbe der westeuropäischen Linken?

I

Die revolutionären Veränderungen im Herrschaftsbereich der Sowjetunion zeigen viele Gesichter. Im Land der bolschewistischen Revolution vollzieht sich ein von oben, von der Spitze der KPdSU eingeleiteter Reformprozeß. Seine Ergebnisse, mehr noch die nichtintendierten Folgen dieser Reform, verstetigen sich in dem Maße zu einer revolutionären *Entwicklung,* wie sich nicht nur gesellschaftspolitische Grundorientierungen, sondern wesentliche Elemente des Herrschaftssystems selbst ändern (insbesondere der Legitimationsmodus mit der Entstehung einer politischen Öffentlichkeit, Ansätzen zu einem politischen Pluralismus und dem

schrittweisen Verzicht auf das Machtmonopol der Staatspartei).
Der inzwischen kaum noch zu steuernde Prozeß gefährdet sich
durch die von ihm ausgelösten nationalen und wirtschaftlichen
Konflikte. Alle Seiten haben erkannt, was vom Verlauf dieses
schicksalhaften Prozesses abhängt. Er hat erst die Prämissen für
die Veränderungen im östlichen Mitteleuropa (einschließlich der
auf die Unabhängigkeit zustrebenden baltischen Staaten) und in
der DDR geschaffen.

In Polen waren die revolutionären Veränderungen das Ergebnis
des anhaltenden Widerstandes der von der katholischen Kirche
gestützten Solidarnosc-Bewegung, in Ungarn die Folge eines
Machtkampfes innerhalb der politischen Eliten; in der DDR und
in der ČSSR haben sie sich als ein von friedlich demonstrierenden
Massen erzwungener Umsturz, in Rumänien als blutige Revolution, zähflüssig in Bulgarien vollzogen. Trotz der Vielfalt der
Erscheinungsformen läßt sich die Revolution in diesen Ländern an
Ereignissen ablesen: die Revolution erzeugt ihre Daten. Sie gibt
sich als eine gewissermaßen rückspulende Revolution zu erkennen, die den Weg frei macht, um versäumte Entwicklungen *nach-*
zuholen. Dagegen behalten die Veränderungen im Ursprungsland
der bolschewistischen Revolution einen undurchsichtigen Charakter, für den die Begriffe noch fehlen. In der Sowjetunion fehlt
der Revolution (bisher) der unzweideutige Charakter eines Wider-
rufs. Selbst eine symbolische Rückkehr zum Februar 1917 oder
gar ins zaristische Petersburg hätte keinen Sinn.

In Polen und Ungarn, in der Tschechoslowakei, Rumänien und
Bulgarien, in Ländern also, die das staatssozialistische Gesell-
schafts- und Herrschaftssystem nicht aufgrund autochthoner Revolutionen, sondern als Kriegsfolge mit dem Einmarsch der Roten
Armee eher erhalten als errungen haben, vollzieht sich die Abschaffung der Volksdemokratie im Zeichen einer Rückkehr zu den
alten nationalen Symbolen und, wo immer es sich anbietet, als eine
Wiederanknüpfung an politische Traditionen und an Parteien-
strukturen der Zwischenkriegszeit. Hier, wo sich die revolutionären Veränderungen zu revolutionären Ereignissen verdichtet
haben, artikuliert sich auch am deutlichsten der Wunsch, verfassungspolitisch an das Erbe der bürgerlichen Revolutionen und
gesellschaftspolitisch an die Verkehrs- und Lebensformen des entwickelten Kapitalismus, insbesondere an die Europäische Gemeinschaft, Anschluß zu finden. Im Falle der DDR gewinnt

»Anschluß« einen buchstäblichen Sinn; denn für sie bietet die Bundesrepublik beides zugleich: eine demokratisch verfaßte Wohlstandsgesellschaft westlichen Typs. Hier wird das Wahlvolk am 18. März ganz sicher nicht das ratifizieren, was jene Oppositionellen im Sinne hatten, die mit der Parole »Wir sind das Volk« die Stasi-Herrschaft umgestürzt haben; aber das Votum der Wähler wird diesen Umsturz geschichtswirksam interpretieren – eben als nachholende Revolution. Nachholen will man, was den westlichen Teil Deutschlands vom östlichen vier Jahrzehnte getrennt hat – die politisch glücklichere und ökonomisch erfolgreichere Entwicklung.

Indem die nachholende Revolution die Rückkehr zum demokratischen Rechtsstaat und den Anschluß an den kapitalistisch entwickelten Westen ermöglichen soll, orientiert sie sich an Modellen, die nach orthodoxer Lesart durch die Revolution von 1917 schon überholt worden waren. Das mag einen eigentümlichen Zug dieser Revolution erklären: den fast vollständigen Mangel an innovativen, zukunftsweisenden Ideen. Diese Beobachtung macht auch Joachim Fest: »Den wahrhaft verwirrenden, ins Zentrum zielenden Charakter erhielten die Ereignisse... angesichts der Tatsache, daß sie gerade nicht jenes Element sozialrevolutionärer Emphase enthalten, von dem so gut wie alle historischen Revolutionen der Neuzeit beherrscht waren.« (*FAZ* vom 30. Dez. 1989) Verwirrend ist dieser Charakter einer nachholenden Revolution, weil er an den älteren, von der Französischen Revolution gerade außer Kraft gesetzten Sprachgebrauch erinnert – an den reformistischen Sinn einer Wiederkehr politischer Herrschaftsformen, die aufeinander folgen und wie im Umlauf der Gestirne einander ablösen.[2]

So nimmt es nicht wunder, daß die revolutionären Veränderungen sehr verschiedene, einander ausschließende Interpretationen gefunden haben. Ich will sechs Deutungsmuster aufgreifen, die sich in der Diskussion abzeichnen. Zur Idee des Sozialismus verhalten sich die ersten drei affirmativ, die anderen kritisch. Die beiden Gruppen lassen sich symmetrisch anordnen in der Reihenfolge einer stalinistischen, einer leninistischen und einer reformkommunistischen Deutung auf der einen, einer postmodernistischen, einer antikommunistischen und einer liberalen auf der anderen Seite.

Die *stalinistischen Verteidiger* des status quo ante haben ihre

Wortführer inzwischen verloren. Sie verleugnen den revolutionären Charakter der Veränderungen, begreifen sie als konterrevolutionär. Sie pressen die eher ungewöhnlichen Aspekte des Rückspulens und des Nachholens in ein marxistisches Schema, das nicht mehr greift. In den ostmitteleuropäischen Ländern und in der DDR war es ja evident, daß – nach einer bekannten Formulierung – die unten nicht mehr wollten, während die oben nicht mehr konnten. Es war die Wut der Massen (und keineswegs eine Handvoll eingeschleuster Provokateure), die sich gegen die Apparate der Staatssicherheit richtete wie seinerzeit gegen die Bastille. Und die Zerschlagung des Machtmonopols der Staatspartei mochte an die Guilliotinierung Ludwigs XVI. erinnern. Die Tatsachen sprechen zu deutlich, als daß selbst eingefleischte *Leninisten* die Augen vor ihnen verschließen konnten. So verwendet der Historiker Jürgen Kuszynski wenigstens den Ausdruck »konservative Revolution«, um den Veränderungen den Stellenwert einer selbstreinigenden Reform innerhalb eines langfristig revolutionären Prozesses einzuräumen (*Die Zeit* vom 29. Dez. 1989). Diese Interpretation stützt sich freilich immer noch auf eine orthodoxe Geschichte von Klassenkämpfen, deren Telos festzustehen scheint. Eine solche Geschichtsphilosophie hat schon unter methodologischen Gesichtspunkten einen zweifelhaften Status; abgesehen davon taugt sie nicht zur Erklärung jener Art von sozialen Bewegungen und Konflikten, die unter den strukturellen Bedingungen staatssozialistischer Herrschafts- und Gesellschaftssysteme entstehen oder die (wie die nationalen und fundamentalistischen Reaktionen) von ihnen hervorgerufen werden. Zudem sind die politischen Entwicklungen in den ostmitteleuropäischen Ländern und in der DDR mittlerweile über die Diagnose der bloßen Selbstkorrektur des Staatssozialismus hinweggegangen.

Dieser Umstand bildet auch den entscheidenden Einwand gegen die dritte Position, die auf dem Wenzelsplatz in Prag eindrucksvoll von dem aus dem inneren Exil zurückgekehrten Dubček verkörpert worden ist. Auch ein großer Teil der Oppositionellen, die die revolutionäre Bewegung in der DDR in Gang gesetzt und zunächst angeführt haben, ließ sich vom Ziel eines demokratischen Sozialismus leiten – eines sogenannten Dritten Weges zwischen sozialstaatlich gebändigtem Kapitalismus und Staatssozialismus. Während die Leninisten glauben, die stalinistische Fehlentwicklung korrigieren zu sollen, greifen die *Reformkommunisten* weiter zurück. Im Einklang mit vielen theoretischen Strömungen des westlichen Marxismus gehen sie davon aus, daß das leninistische Selbstverständnis der bolschewistischen Revolution von Anbeginn den Sozialismus verfälscht, die Verstaatlichung anstelle einer demokratischen Vergesellschaftung der Produktionsmittel gefördert und damit die Weichen gestellt habe für eine bürokratische Verselbständigung des totalitären Herrschaftsapparates. Je nach Interpretation der Oktoberrevolution tritt die Theorie des Dritten Weges in mehreren Varianten auf. Nach der optimistischen Lesart (die wohl von den Exponenten des Prager Frühlings geteilt wurde) sollte sich auf dem Wege radikaler Demokratisierung aus dem Staatssozialismus eine neue, auch den sozialstaatlichen Massendemokratien des Westens *überlegene* Gesellschaftsordnung entwickeln können. Nach einer anderen Variante bedeutet ein dritter Weg zwischen den beiden »real existierenden« Gesellschaftstypen im besten Fall eine radikal-demokratische Reform des Staatssozialismus, die mit der Ausdifferenzierung eines auf dezentralisierte Steuerung umgestellten Wirtschaftssystems wenigstens ein Äquivalent darstellt für den in entwickelten kapitalistischen Gesellschaften nach dem Zweiten Weltkrieg gefundenen sozialstaatlichen Kompromiß. Dieser äquivalente Lernschritt sollte zu einer nicht-totalitären, also in Formen des demokratischen Rechtsstaates verfaßten Gesellschaft führen, die sich zu den Gesellschaften westlichen Typs im Hinblick auf systemspezifische Vorzüge (soziale Sicherheit und qualitatives Wachstum) sowie Nachteile (Produktivkraftentfaltung und Innovation) nicht nachahmend, sondern *komplementär* verhält. Auch diese schwächere Interpretation rechnet mit der Funktionsfähigkeit einer »sozialistischen Marktwirtschaft«, wie es neuerdings hieß. Gegen diese Möglichkeit führen die einen Apriori-Argumente ins Feld, während die anderen meinen, einen solchen Entwicklungspfad dem Prozeß von Versuch und Irrtum überlassen zu dürfen. Selbst eine streitbare Liberale wie Marion Gräfin Dönhoff glaubt, »daß der bestehende Wunsch, Sozialismus mit Marktwirtschaft zu vereinen, mit ein wenig Phantasie und Pragmatismus durchaus zu erfüllen ist – sie korrigieren einander« (*Die Zeit* vom 29. Dez. 1989). Diese Perspektive trägt einem fallibilistisch gestimmten Reformkommunismus Rechnung, der im Unterschied zur leninistischen Interpretation auf alle geschichtsphilosophischen Gewißheiten verzichtet hat.

Heute können wir die Frage der Reformfähigkeit und des demokratischen Entwicklungspotentials eines von innen revolutionierten Staatssozialismus auf sich beruhen lassen. Ich vermute, daß sie sich auch in der Sowjetunion angesichts des in jeder Hinsicht verheerenden stalinistischen Erbes (und der drohenden Desintegration des Vielvölkerstaates) gar nicht mehr auf eine realistische Weise wird stellen können. Die Frage, ob die Revolution in der DDR einen Dritten Weg hätte beschreiten können, wird auch dann, wenn diese Interpretation auf richtigen Prämissen beruht, unbeantwortet bleiben müssen; denn die einzige Möglichkeit einer Überprüfung hätte in der Praxis eines durch Volkswillen legitimierten und »mit ein wenig Phantasie und Pragmatismus« unternommenen Versuchs bestanden. Die Masse der Bevölkerung hat sich inzwischen unmißverständlich dagegen entschieden. Nach dem vierzigjährigen Desaster kann man die Gründe verstehen. Diese Entscheidung verdient Respekt, erst recht von seiten derer, die von den Folgen eines möglicherweise negativen Ausgangs persönlich nicht betroffen wären. Wenden wir uns deshalb den drei sozialismuskritischen Deutungsmustern zu.

Auch auf dieser Seite wird die extreme Position nicht sehr überzeugend artikuliert. Aus der Sicht einer *postmodernistischen Vernunftkritik* stellen sich die weitgehend unblutigen Umwälzungen als eine Revolution dar, die das Zeitalter der Revolutionen beendet – ein Gegenstück zur Französischen Revolution, die den aus Vernunft geborenen Terror ohne Schrecken an der Wurzel überwindet. Die unruhigen Träume der Vernunft, aus denen seit zweihundert Jahren die Dämonen aufsteigen, sind ausgeträumt. Die Vernunft erwacht nicht – sie selbst ist der Alptraum, der mit dem Erwachen zerfällt. Auch hier passen freilich die Tatsachen nicht recht in das, diesmal idealistisch von Nietzsche und Heidegger inspirierte Geschichtsschema, wonach die Neuzeit ausschließlich im Schatten einer sich selbst ermächtigenden Subjektivität steht. Die nachholende Revolution entlehnte ja ihre Mittel und ihre Maßstäbe sehr wohl dem bekannten Repertoire der neuzeitlichen Revolutionen. Erstaunlicherweise war es die Präsenz der auf Plätzen versammelten, in Straßen mobilisierten Massen, die ein bis an die Zähne bewaffnetes Regime entmachtet hat. Es war jener schon totgeglaubte Typus der spontanen Massenaktion, der so vielen Revolutionstheoretikern als Vorbild gedient hatte. Zum ersten Mal vollzog diese sich freilich in dem nicht klassischen Raum einer weltweiten, durch die stets gegenwärtigen elektronischen Medien hergestellten Arena von teilnehmenden, parteinehmenden Zuschauern. Und wiederum waren es die vernunftrechtlichen Legitimationen der Volkssouveränität und der Menschenrechte, aus denen die revolutionären Forderungen ihre Kraft bezogen. So dementierte die beschleunigte Geschichte das Bild von der stillgestellten Posthistoire; sie zerstörte auch das postmodern ausgemalte Panorama einer von allen Legitimationen losgerissenen, universal ausgebreiteten, kristallin erstarrten Bürokratie. Eher kündigt sich im revolutionären Zusammenbruch des bürokratischen Sozialismus ein Ausgreifen der Moderne an – der Geist des Okzidents holt den Osten ein, nicht nur mit der technischen Zivilisation, sondern auch mit seiner demokratischen Tradition.

Aus *antikommunistischer* Sicht bedeuten die revolutionären Veränderungen im Osten die siegreiche Beendigung des 1917 von den Bolschewisten erklärten Weltbürgerkrieges: wiederum eine gegen ihren eigenen Ursprung gewendete Revolution. Der Ausdruck »Weltbürgerkrieg« übersetzt den »internationalen Klassenkampf« aus der Sprache der Gesellschaftstheorie in die Sprache einer hobbistischen Machttheorie. Carl Schmitt hat diese Denkfigur mit einem geschichtsphilosophischen Hintergrund versehen: danach soll das mit der Französischen Revolution selbst zur Herrschaft gelangte geschichtsphilosophische Denken, mit seinem utopistischen Sprengsatz der universalistischen Moral, die Antriebskraft bilden für einen von intellektuellen Eliten angezettelten und schließlich von innen nach außen gestülpten, auf die internationale Bühne projizierten Bürgerkrieg. Zur Zeit des ausbrechenden Ost-West-Konfliktes ist dieser Ansatz zu einer Theorie des Weltbürgerkrieges ausgebaut worden.[3] In der Absicht entworfen, den Leninismus zu entlarven, bleibt sie dem Original als das seitenverkehrte Spiegelbild verhaftet. Aber selbst unter den Händen eines gelernten Historikers wie Ernst Nolte, der nun die These vom Ende des Weltbürgerkriegs verkündet (*FAZ* vom 17. Februar 1990), sperrt sich das geschichtliche Material gegen den ideologischen Zugriff. Denn die Stilisierung von Weltbürgerkriegsparteien macht es nötig, daß so Heterogenes wie die von Mussolini und Hitler, von Churchill und Roosevelt, von Kennedy und Reagan verkörperten Politiken über denselben antikommunistischen Leisten geschlagen werden. Die Denkfigur des Weltbürgerkrieges verfestigt nur eine der heißen Phase des Kalten Krieges entliehene Situationsdeutung zu einer Strukturbeschreibung, die dann polemisch imprägniert und einer ganzen Epoche übergestülpt wird.

Bleibt die *liberale Deutung*, die zunächst nur registriert, daß sich mit dem Staatssozialismus die letzten Formen totalitärer Herrschaft in Europa aufzulösen beginnen. Eine Epoche, die mit dem Faschismus begann, geht zu Ende. Mit dem demokratischen Rechtsstaat, der Marktökonomie und dem gesellschaftlichen Pluralismus setzen sich liberale Ordnungsvorstellungen durch. Damit scheint sich die verfrühte Voraussage eines Endes der Ideologien endlich zu erfüllen (Daniel Bell und Ralf Dahrendorf in *Die Zeit* vom 29. Dez. 1989). Man muß nicht der Totalitarismustheorie anhängen und kann durchaus die strukturgeschichtlichen Differenzierungen zwischen autoritärer, faschistischer, nationalsozialistischer, stalinistischer und nachstalinistischer Herrschaft mit scharfen Akzenten versehen, um gleichwohl im Spiegel westlicher Massendemokratien auch die Gemeinsamkeiten totalitärer Herrschaftsformen zu erkennen. Wenn sich dieses Syndrom, nach Portugal und Spanien, nun auch in den europäischen Ländern des bürokratischen Sozialismus auflöst, und wenn gleichzeitig die Ausdifferenzierung einer Marktökonomie aus dem politischen System einsetzt, liegt die These eines weiteren, nun nach Mittel- und Osteuropa ausgreifenden Modernisierungsschubes nahe. Die liberale Deutung ist nicht falsch. Aber sie sieht den Balken im eigenen Auge nicht.

Es gibt nämlich triumphierende Varianten dieser Deutung, die dem ersten Abschnitt des *Kommunistischen Manifests* entlehnt sein könnten, wo Marx und Engels die revolutionäre Rolle des Bürgertums hymnisch feiern: »Die Bourgeoisie reißt durch die rasche Verbesserung aller Produktionsinstrumente, durch die unendlich erleichterten Kommunikationen alle, auch die barbarischsten Nationen in die Zivilisation. Die wohlfeilen Preise ihrer Waren sind die schwere Artillerie, mit der sie alle chinesischen Mauern in den Grund schießt, mit dem sie den hartnäckigsten Fremdenhaß der Barbaren zur Kapitulation zwingt. Sie zwingt alle Nationen, die Produktionsweise der Bourgeoisie sich anzueignen, wenn sie nicht zugrunde gehen wollen; sie zwingt alle, die sogenannte Zivilisation bei sich selbst einzuführen, d. h. Bourgeois zu werden. Mit einem Wort, sie schafft sich eine Welt nach ihrem Bilde.« – »Und wie in der materiellen, so in der geistigen Produktion. Die geistigen Erzeugnisse der einzelnen Nation werden Gemeingut. Die nationale Einseitigkeit und Beschränktheit wird mehr und mehr unmöglich, und aus vielen nationalen und lokalen Literaturen bildet sich eine Weltliteratur.«[4] Die Stimmung, die aus den Antworten der investitionseifrigen Kapitalisten auf die letzte Umfrage des Deutschen Industrie- und Handelstages und aus den entsprechenden Wirtschaftskommentaren spricht, könnte kaum besser charakterisiert werden. Nur in dem einschränkenden Adjektiv der »sogenannten« Zivilisation verrät sich ein Vorbehalt. Bei Marx handelt es sich freilich nicht um den deutschen Vorbehalt für eine der Zivilisation angeblich überlegene Kultur, sondern um den tiefergehenden Zweifel, ob sich eine Zivilisation *als ganze* in den Strudel der Antriebskräfte eines ihrer Subsysteme überhaupt hineinziehen lassen darf – nämlich in den Sog eines dynamischen, wie wir heute sagen, rekursiv geschlossenen Wirtschaftssystems, dessen Funktionsfähigkeit und Selbststabilisierung davon abhängt, daß es alle relevanten Informationen allein in der Sprache des ökonomischen Wertes aufnimmt und verarbeitet. Marx meinte, daß jede Zivilisation, die sich den Imperativen der Selbstverwertung des Kapitals unterwirft, den Keim der Zerstörung in sich trägt, weil sie sich damit gegen alle Relevanzen blind macht, die sich nicht in Preisen ausdrücken lassen.

Gewiß, heute ist der Träger einer Expansion, die Marx damals so emphatisch auf den Schild gehoben hat, nicht mehr die Bourgeoisie von 1848, nicht mehr eine im nationalen Rahmen herrschende soziale Klasse, sondern ein von anschaulich identifizierbaren Klassenstrukturen abgelöstes, anonym gewordenes, weltweit operierendes Wirtschaftssystem. Und unsere Gesellschaften, die in diesem System den »Wirtschaftsgipfel« erklommen haben, ähneln nicht mehr dem Manchester-England, dessen Elend Engels einst so drastisch beschrieben hat. Diese Gesellschaften haben nämlich inzwischen mit dem sozialstaatlichen Kompromiß auf die starken Worte des *Kommunistischen Manifests* und die zähen Kämpfe der europäischen Arbeiterbewegung eine Antwort gefunden. Allein, der ironische Umstand, daß Marx für eine Situation, wo das anlagesuchende Kapital auf die staatssozialistisch ausgelaugten Märkte drängt, immer noch die besten Zitate liefert, stimmt ebenso nachdenklich wie die Tatsache, daß Marxens Zweifel gleichsam in die Strukturen der fortgeschrittensten kapitalistischen Gesellschaften selbst inkorporiert worden ist.

Bedeutet diese Tatsache, daß sich der »Marxismus als Kritik«[5]

ebenso erledigt hat wie der »real existierende Sozialismus«? Aus
antikommunistischer Sicht hat die sozialistische Tradition, gleichviel ob in der Theorie oder in der Praxis, von Anbeginn nur Unheil
ausgebrütet. Aus der Sicht der Liberalen ist alles, was vom Sozialismus brauchbar war, im sozialdemokratischen Zeitalter verwirklicht worden. Sind also mit der Liquidierung des osteuropäischen
Staatssozialismus auch die Quellen versiegt, aus denen die westeuropäische Linke ihre theoretischen Anregungen und normativen
Orientierungen geschöpft hat? Der enttäuschte Biermann, dessen
Talent zur Utopie heute in Melancholie umschlägt, gibt eine dialektische Antwort: »Gib her den Spaten. Laßt uns das Riesenkada-
verlein endlich begraben. Selbst Christus mußte erst mal drei Tage
unter die Erde, bevor ihm das Kunststück gelang: nebbich die
Auferstehung!« (*Die Zeit* vom 2. März 1990). Versuchen wir es mit
etwas weniger Dialektik.

II

Die nicht-kommunistische Linke hierzulande hat keinen Grund,
in Sack und Asche zu gehen, aber sie kann auch nicht so tun, als sei
gar nichts passiert. Sie braucht sich keine Kontaktschuld für den
Bankrott eines Staatssozialismus aufschwätzen zu lassen, den sie
stets kritisiert hat. Aber sie muß sich fragen, wie lange eine Idee
der Wirklichkeit standhält.

   In der Rede vom »real existierenden« Sozialismus steckte ja bei
denen, die diesen spröden Pleonasmus erfunden haben, auch der
Trotz des Realpolitikers: lieber den Spatzen in der Hand. Genügt
es dann, darauf zu beharren, daß die Taube auf dem Dach einer
anderen Species angehört – und sich eines Tages schon zu uns
niederlassen wird? Auch Ideale brauchen, erwidert die andere
Seite, einen empirischen Bezug, sonst verlieren sie ihre handlungs-
orientierende Kraft. Das Falsche an diesem Dialog, den der Idea-
list nur verlieren kann, ist die Prämisse: als sei der Sozialismus eine
der Wirklichkeit abstrakt gegenüberstehende Idee, der die Ohnmacht des Sollens (wenn nicht gar die menschenverachtenden
Folgen jedes denkbaren Versuchs ihrer Realisierung) vor Augen
geführt werden kann. Gewiß verbindet sich mit diesem Begriff die
normative Intuition eines gewaltlosen Zusammenlebens, das individuelle Selbstverwirklichung und Autonomie nicht auf Kosten

von, sondern zusammen mit Solidarität und Gerechtigkeit ermöglicht. In der sozialistischen Tradition sollte aber diese Intuition nicht im direkten Zugriff einer normativen Theorie erklärt und als Ideal gegenüber einer uneinsichtigen Realität aufgerichtet werden; vielmehr sollte sie eine Perspektive festlegen, aus der die Wirklichkeit kritisch betrachtet und analysiert wird. Die normative Intuition sollte sich im Laufe der Analyse sowohl entfalten wie korrigieren und auf diesem Wege mindestens indirekt an der wirklichkeitserschließenden Kraft und dem empirischen Gehalt der theoretischen Beschreibung auch bewähren können.

Anhand dieses Maßstabes hat sich im Diskurs des westlichen Marxismus[6] seit den zwanziger Jahren eine schonungslose Selbstkritik vollzogen, die von der ursprünglichen Gestalt der Theorie nicht viel übriggelassen hat. Während die Praxis ihre Urteile sprach, hat sich auch in der Theorie die Wirklichkeit (und das Monströse des 20. Jahrhunderts) mit Argumenten zur Geltung gebracht. Erinnern will ich nur an einige Aspekte, unter denen sich gezeigt hat, wie sehr Marx und seine unmittelbaren Nachfolger, bei aller Kritik am Frühsozialismus, dem Entstehungskontext und dem kleinräumigen Format des frühen Industrialismus verhaftet geblieben sind.

(a) Die Analyse blieb auf Erscheinungen fixiert, die sich innerhalb des Horizonts der Arbeitsgesellschaft erschließen. Mit der Wahl dieses Paradigmas geht ein enger Begriff von Praxis in Führung, so daß der industriellen Arbeit und der Entfaltung technischer Produktivkräfte a priori eine unzweideutig emanzipatorische Rolle zuwächst. Die Organisationsformen, die sich mit der Konzentration der Arbeitskräfte in den Fabriken herausbilden, sollen zugleich die Infrastruktur für den solidarischen Zusammenschluß, die Bewußtseinsbildung und die revolutionäre Tätigkeit der Produzenten bilden. Mit diesem produktivistischen Ansatz wird aber der Blick gleichermaßen von den Ambivalenzen fortschreitender Naturbeherrschung wie von den sozialintegrativen Kräften diesseits und jenseits der Sphäre der gesellschaftlichen Arbeit abgelenkt.

(b) Die Analyse war ferner einem holistischen Verständnis der Gesellschaft verpflichtet: eine im Ursprung sittliche Totalität wird durch die Klassenspaltung, in der Moderne durch die versachlichende Gewalt des kapitalistischen Wirtschaftsprozesses zerrissen und verstümmelt. Die in Hegels Grundbegriffen durchbuchstabierte Utopie der Arbeitsgesellschaft inspiriert das Hintergrundverständnis einer in wissenschaftlichem Geiste durchgeführten Kritik der Politischen Ökonomie. Deshalb kann sich der Selbstverwertungsprozeß des Kapitals im ganzen als ein Zauber darstellen, der sich, wenn er erst einmal gebrochen sein wird, in sein sachliches, dann rationaler Verwaltung zugängliches Substrat auflösen kann. Auf diese Weise macht sich die Theorie blind für den systemischen Eigensinn einer ausdifferenzierten Marktökonomie, deren Steuerungsfunktionen nicht durch administrative Planung ersetzt werden können, ohne das in modernen Gesellschaften erreichte Differenzierungsniveau aufs Spiel zu setzen.

(c) Die Analyse blieb auch einem konkretistischen Verständnis von Konflikten und gesellschaftlichen Akteuren insoweit verhaftet, wie sie mit sozialen Klassen oder historischen Großsubjekten als den Trägern des Produktions- und Reproduktionsprozesses der Gesellschaft rechnete. Diesem Zugriff entziehen sich komplexe Gesellschaften, in denen keine linearen Zusammenhänge bestehen zwischen sozialen, subkulturellen und regionalen Oberflächenstrukturen einerseits und den abstrakten Tiefenstrukturen einer systemisch ausdifferenzierten (mit der intervenierenden Staatsverwaltung komplementär verschränkten) Ökonomie andererseits. Demselben Fehler entspringt eine Staatstheorie, die mit noch so vielen Hilfshypothesen nicht gerettet werden kann.

(d) Praktisch folgenreicher als die genannten Defizite war das beschränkte funktionalistische Verständnis des demokratischen Rechtsstaates, den Marx in der Dritten Republik verwirklicht sah und verächtlich als »Vulgärdemokratie« abgetan hat. Weil Marx die demokratische Republik als die letzte Staatsform der bürgerlichen Gesellschaft begriff, auf deren Boden »der Klassenkampf definitiv auszufechten ist«, behielt er zu ihren Institutionen ein rein instrumentelles Verhältnis. Aus der *Kritik des Gothaer Programms* geht gewiß hervor, daß Marx die kommunistische Gesellschaft als die einzig mögliche Verwirklichung von Demokratie versteht. Wie schon in der Kritik des Hegelschen Staatsrechtes heißt es hier, daß Freiheit allein darin bestehe, »den Staat aus einem der Gesellschaft übergeordneten in ein ihr durchaus untergeordnetes Organ zu verwandeln«. Aber kein Wort hat er für die Institutionalisierung der Freiheit übrig; seine institutionelle Phantasie reicht über die für die »Übergangsperiode« vorgesehene Diktatur des Proletariats nicht hinaus. Die Saint-Simonistische Illusion einer »Verwaltung von Sachen« läßt den erwarteten Bedarf an demokratisch geregelter Konfliktaustragung so weit schrumpfen, daß dieser anscheinend der spontanen Selbstorganisation eines rousseauistischen Volkes überlassen werden kann.

(e) Schließlich verharrte die Analyse in den Bahnen jener Hegelschen Theoriestrategie, die den nicht-fallibilistischen Erkenntnisanspruch der philosophischen Tradition mit dem neuen historischen Denken zusammenführen sollte. Die Historisierung der Wesenserkenntnis verlagert aber die Teleologie nur vom Sein in die Geschichte. Der heimliche Normativismus geschichtsphilosophischer Annahmen bleibt auch in der naturalistischen Gestalt evolutionistischer Fortschrittskonzeptionen erhalten. Er hat nicht nur für die ungeklärten normativen Grundlagen der Theorie selber mißliche Konsequenzen. Zum einen verdeckt eine solche Theorie (unabhängig von ihren spezifischen Inhalten) den Kontingenzspielraum, innerhalb dessen sich eine theoriegeleitete Praxis unvermeidlich bewegt. Indem sie das Risikobewußtsein derer, die die Folgen des Handelns zu tragen haben, absorbiert, ermutigt sie überdies zu einem fragwürdigen Avantgardismus. Zum anderen traut sich eine Totalitätserkenntnis dieser Art klinische Aussagen über die entfremdete oder nicht-verfehlte Qualität von Lebensformen im ganzen zu. Daraus erklärt sich die Neigung, den Sozialismus als eine geschichtlich privilegierte Gestalt konkreter Sittlichkeit zu begreifen, obwohl eine Theorie *bestenfalls* notwendige Bedingungen für emanzipierte Lebensformen angeben kann, über deren konkrete Ausgestaltung sich die Beteiligten selbst erst zu verständigen hätten.

(f) Wenn man sich diese Defizite und Fehler, die in der Theorietradition von Marx und Engels bis Kautsky mehr oder weniger stark ausgeprägt waren, vor Augen führt, versteht man besser, wie der Marxismus in der von Stalin kodifizierten Gestalt zur Legitimationsideologie einer schlechthin unmenschlichen Praxis – eines »großangelegten Tierexperiments an lebendigen Menschen« (Biermann) verkommen konnte. Freilich läßt sich der Schritt zum *Sowjetmarxismus*, den Lenin in der Theorie getan und in der Praxis eingeleitet hat, aus der Marxschen Lehre nicht rechtfertigen[7]; aber die Schwächen, die wir unter (a) bis (e) diskutiert haben, zählen immerhin zu den (freilich weder notwendigen noch hinreichenden) Bedingungen für einen Mißbrauch, ja für die vollständige Verkehrung ihrer ursprünglichen Intention.

Demgegenüber hat sich der *sozialdemokratische Reformismus,* der wichtige Anstöße auch von Austromarxisten wie Karl Renner und Otto Bauer erhalten hat, schon relativ früh von einem holistischen Gesellschaftsverständnis und der Befangenheit gegenüber dem systemischen Eigensinn des Marktes, von einer dogmatischen Auffassung der Klassenstruktur und des Klassenkampfes, von einer falschen Einstellung gegenüber dem normativen Gehalt des demokratischen Rechtsstaates und von evolutionistischen Hintergrundannahmen gelöst. Das tagespolitische Selbstverständnis blieb freilich bis in die jüngste Zeit vom produktivistischen Paradigma der Arbeitsgesellschaft geprägt. Nach dem Zweiten Weltkrieg haben die pragmatisch gewordenen, von Theorien abgekoppelten reformistischen Parteien ihre unbestreitbaren Erfolge bei der Durchsetzung eines sozialstaatlichen Kompromisses erzielt, der bis in die Gesellschaftsstrukturen eingedrungen ist. Die Tiefe dieses Eingriffes ist von der radikalen Linken stets unterschätzt worden.

Allerdings ist die Sozialdemokratie überrascht worden vom systemischen Eigensinn der staatlichen Macht, der sie sich wie eines neutralen Instrumentes glaubte bedienen zu können, um eine sozialstaatliche Universalisierung der Bürgerrechte durchzusetzen. Nicht der Sozialstaat hat sich als eine Illusion erwiesen, sondern die Erwartung, mit administrativen Mitteln emanzipierte Lebensformen zuwege bringen zu können. Im übrigen werden die Parteien über dem Geschäft, die soziale Befriedung durch staatliche Interventionen herbeizuführen, selber von einem expandierenden Staatsapparat mehr und mehr aufgesogen. Mit dieser Verstaatlichung der Parteien verlagert sich aber die demokratische Willensbildung in ein politisches System, das sich weitgehend selbst programmiert – was die von Stasi und Einparteienherrschaft befreiten Bürger der DDR während des jüngsten, von den Wahlmanagern des Westens in Regie genommenen Wahlkampfes soeben mit Erstaunen registrieren. Die Massendemokratie westlichen Zuschnitts ist von Zügen eines gesteuerten Legitimationsprozesses geprägt.

So zahlt die Sozialdemokratie für ihre Erfolge einen doppelten Preis. Sie verzichtet auf radikale Demokratie und lernt, mit den normativ unerwünschten Folgen des kapitalistischen Wachstums zu leben – auch mit jenen systemspezifischen Risiken des Arbeitsmarktes, die sozialpolitisch »abgefedert«, aber nicht beseitigt werden. Dieser Preis hat in Westeuropa eine *nichtkommunistische Linke* links von der Sozialdemokratie am Leben erhalten. Sie tritt in vielen Varianten auf und hält die Erinnerung daran wach, daß mit Sozialismus einmal mehr gemeint war als staatliche Sozialpolitik. Wie jedoch die festgehaltene Programmatik des Selbstverwaltungssozialismus zeigt, fällt es dieser Linken schwer, sich vom holistischen Gesellschaftskonzept zu trennen und von der Vorstellung eines von Markt auf Demokratie umgestellten Produktionsprozesses abzulassen. Auf dieser Seite blieb der klassische Zusammenhang von Theorie und Praxis am ehesten intakt. Um so eher gerieten die Theorie ins orthodoxe und die Praxis ins sektiererische Fahrwasser.

Wie die politische Praxis, so ist auch die *Theorietradition* längst von der institutionellen Differenzierung eingeholt worden. An der Seite anderer Forschungstraditionen ist auch die marxistische, mehr oder weniger marginal, zum Bestandteil des akademischen Betriebs geworden. Diese Akademisierung hat zu den fälligen Revisionen und zur Kreuzung mit anderen theoretischen Ansätzen geführt. Die fruchtbare Konstellation von Marx und Max Weber hat schon während der Weimarer Zeit die soziologische Diskussion bestimmt. Seitdem hat sich die Selbstkritik des westlichen Marxismus weitgehend innerhalb der Universitäten vollzogen und einen durch die wissenschaftliche Argumentation gefilterten Pluralismus hervorgebracht. Interessante und konträre Forschungsansätze wie die von P. Bourdieu, C. Castoriadis oder A. Tourraine, von J. Elster oder A. Giddens, C. Offe oder U. Preuß verraten etwas von der Virulenz des Anregungspotentials, das die von Marx ausgehende Tradition immer noch darstellt. Ihr ist ein stereoskopischer Blick eingepflanzt, der weder bloß an der Oberfläche der Modernisierungsprozesse haftenbleibt, noch nur auf die Rückseite des Spiegels der instrumentellen Vernunft gerichtet ist, sondern für die Ambivalenzen der die Gesellschaft zerfurchenden Rationalisierungsprozesse empfindlich macht. Furchen zerreißen die naturwüchsige Decke und lockern zugleich den Boden. Viele haben von Marx, und jeder auf seine Weise, gelernt, wie Hegels Dialektik der Aufklärung in ein Forschungsprogramm übersetzt werden kann. Dabei bilden jene kritischen Vorbehalte, die ich unter (a) bis (e) aufgezählt habe, die Plattform, von der aus heute Anregungen aus der marxistischen Tradition nur noch aufgenommen werden können.

Wenn dies in wenigen Strichen die Situation kennzeichnet, in der sich die nicht-kommunistische Linke selbst wahrnehmen konnte, als Gorbatschow den Anfang vom Ende des real existierenden Sozialismus einläutete – wie haben die dramatischen Ereignisse des vergangenen Herbstes diese Szene verändert? Müssen sich die Linken auf den moralischen Standpunkt zurückziehen und den Sozialismus nur noch als Idee pflegen? Diesen »Idealsozialismus« gesteht ihnen Ernst Nolte als »korrigierenden und richtungweisenden Grenzbegriff« sogar als »unverzichtbar« zu, freilich nicht ohne sogleich hinzuzufügen: »Wer diesen Grenzbegriff realisieren möchte, der führt die Gefahr des Rückfalls oder des Sturzes in den ›realen Sozialismus‹ schlimmen Angedenkens herauf, auch wenn er mit noch so edlen Worten gegen den Stalinismus zu Felde zieht.« (*FAZ* vom 19. Februar 1990) Wenn man diesem freundlichen Rat Folge leisten wollte, würde der Sozialismus zu einer privatistisch verstandenen regulativen Idee entschärft, die der Moral einen Platz jenseits der politischen Praxis anweist. Konsequenter als diese Manipulation am Begriff des Sozialismus ist dessen Preisgabe. Muß man mit Biermann sagen: »Der Sozialismus ist kein Ziel mehr«?

Sicher dann, wenn man ihn romantisch-spekulativ im Sinne der »Pariser Manuskripte« versteht, wonach die Aufhebung des Privateigentums an Produktionsmitteln »das aufgelöste Rätsel der Geschichte« bedeutet, nämlich die Herstellung solidarischer Lebensverhältnisse, unter denen der Mensch nicht länger vom Produkt seiner Arbeit, von den Mitmenschen und von sich selbst *entfremdet* wird. Die Aufhebung des Privateigentums bedeutet dem romantischen Sozialismus die vollständige Emanzipation aller menschlichen Sinne und Eigenschaften – die wahre Resurrektion der Natur und den durchgeführten Naturalismus des Menschen, die Auflösung des Widerstreits zwischen Vergegenständlichung und Selbstbetätigung, zwischen Freiheit und Notwendigkeit, zwischen Individuum und Gattung. Aber nicht erst die jüngste Kritik am falschen Totalitätsdenken der Versöhnungsphilosophie, nicht erst Solschenizyn, mußten uns eines Besseren belehren. Längst lagen die Wurzeln bloß, die der romantische Sozialismus im Entstehungskontext des frühen Industrialismus geschlagen hatte. Die Idee einer freien Assoziation von Produzenten war von Anbeginn mit sehnsüchtigen Bildern aus den familialen, nachbarschaftlichen und korporativen Vergemeinschaftungen einer bäuerlich-handwerklichen Welt besetzt worden, die damals unter der hereinbrechenden Gewalt der Konkurrenzgesellschaft zerbrach und im Prozeß der Auflösung eben auch als Verlust erfahren wurde. Mit »Sozialismus« verband sich seit diesen Anfängen die Idee der Aufhebung jener aufgeriebenen Solidargemeinschaften; unter den Arbeitsbedingungen und in den neuen Verkehrsformen des Frühindustrialismus sollten die sozialintegrativen Kräfte der versinkenden Welt transformiert und gerettet werden. Das Janusgesicht des Sozialismus, über dessen normative Gehalte Marx sich später ausgeschwiegen hat, weist ebenso in eine idealisierte Vergangenheit zurück wie nach vorn in eine von industrieller Arbeit beherrschte Zukunft.

In dieser *konkretistischen Lesart* ist Sozialismus gewiß kein Ziel mehr, und nie ist er ein realistisches Ziel gewesen. Angesichts komplexer Gesellschaften müssen wir die normativen Konnotationen, die diese begriffliche Prägung des 19. Jahrhunderts mit sich führt, einer radikalen Abstraktion unterziehen. Gerade wenn man an der Kritik naturwüchsiger, nicht-legitimierter Herrschaft und verschleierter sozialer Gewalt festhält, rücken jene Kommunikationsbedingungen ins Zentrum, unter denen sich ein berechtigtes Vertrauen in die Institutionen der vernünftigen Selbstorganisation einer Gesellschaft freier und gleicher Bürger herstellen kann. Gewiß, Solidarität kann konkret nur im Kontext angestammter oder kritisch angeeigneter, insofern selbstgewählter, aber stets partikularer Lebensformen erfahren werden. Aber im Rahmen einer politisch großräumig integrierten Gesellschaft, erst recht im Horizont eines weltweiten Kommunikationsnetzes, ist solidarisches Zusammenleben selbst seiner Idee nach nur in *abstrakter* Form zu haben, nämlich in Gestalt einer berechtigten intersubjektiv geteilten Erwartung. Alle müßten von den institutionalisierten Verfahren einer inklusiven Meinungs- und demokratischen Willensbildung erwarten dürfen, daß diese Prozesse öffentlicher Kommunikation die begründete Vermutung von Vernünftigkeit und Wirksamkeit für sich haben. Die *Vermutung der Vernünftigkeit* stützt sich auf den normativen Sinn demokratischer Verfahren, die sicherstellen sollen, daß alle gesellschaftlich relevanten Fragen zum Thema gemacht, mit Gründen und Einfallsreichtum behandelt und zu Problemlösungen verarbeitet werden können, die – bei gleicher Achtung für die Integrität jedes Einzelnen und jeder Lebensform – im gleichmäßigen Interesse aller liegen. Die *Vermutung der Wirksamkeit* berührt die materialistische Grundfrage, in welchem Sinne sich eine systemisch ausdifferenzierte Gesellschaft ohne Spitze und Zentrum überhaupt noch selbst organisieren kann, nachdem das »Selbst« dieser Selbstorganisation nicht mehr in Makrosubjekten, also in den sozialen Klassen der Klassentheorie oder im Volk der Volkssouveränität, verkörpert vorgestellt werden kann.

Der Witz einer abstrakten Fassung solidarischer Beziehungen besteht darin, jene im kommunikativen Handeln vorausgesetzten Symmetrien gegenseitiger Anerkennung, die Autonomie und Individuierung der vergesellschafteten Subjekte erst möglich machen, von der konkreten Sittlichkeit naturwüchsiger Interaktionsverhältnisse abzulösen und in den reflexiven Formen der Verständigung und des Kompromisses zu verallgemeinern sowie durch rechtliche Institutionalisierung zu sichern. Das »Selbst« dieser sich selbst organisierenden Gesellschaft verschwindet dann in jenen subjektlosen Kommunikationsformen, die den Fluß der diskursiv geprägten Meinungs- und Willensbildung so regulieren sollen, daß ihre falliblen Ergebnisse die Vermutung der Vernunft für sich haben. Eine solche intersubjektivistisch aufgelöste, anonym gewordene Volkssouveränität zieht sich in die demokratischen Verfahren und in die anspruchsvollen kommunikativen Voraussetzungen ihrer Implementierung zurück.[8] Sie findet ihren ortlosen Ort in den Interaktionen zwischen rechtsstaatlich institutionalisierter Willensbildung und kulturell mobilisierten Öffentlichkeiten. Ob allerdings komplexe Gesellschaften jemals von der Haut einer derart prozeduralisierten Volkssouveränität umspannt werden können; oder ob das Netzwerk der intersubjektiv geteilten und kommunikativ strukturierten Lebenswelten definitiv gerissen ist, so daß die systemisch verselbständigte Ökonomie und mit ihr eine sich selbst programmierende Staatsverwaltung in lebensweltliche Horizonte nicht mehr eingeholt werden können, auch nicht mehr auf Wegen einer noch so indirekten Steuerung – das ist eine Frage, die theoretisch nicht zureichend beantwortet werden kann und daher in eine praktisch-politische Frage gewendet werden muß. Das war übrigens auch die Grundfrage eines Historischen Materialismus, der ja seine Annahme über das Verhältnis von Basis und Überbau nicht als ontologische Aussage über das gesellschaftliche Sein verstanden hat, sondern als Spur zu einem Siegel, das erbrochen werden muß, wenn die Formen eines humanen Umgangs nicht länger durch eine entfremdete, zur Gewalt geronnene Sozialität verhext werden sollen.

III

Was nun das *Verständnis* dieser Intention anbetrifft, so enthalten die revolutionären Veränderungen, die sich unter unseren Augen vollziehen, eine unzweideutige Lehre: Komplexe Gesellschaften können sich nicht reproduzieren, wenn sie nicht die Logik der Selbststeuerung einer über Märkte regulierten Wirtschaft intakt lassen. Moderne Gesellschaften differenzieren ein über das Geldmedium gesteuertes ökonomisches System auf der gleichen Ebene aus wie das administrative System – wie immer auch deren verschiedene Funktionen ergänzend aufeinander bezogen sind; keines darf dem anderen subordiniert werden.[9] Wenn in der Sowjetunion nicht etwas ganz Unerwartetes passiert, werden wir nicht mehr erfahren, ob sich die Produktionsverhältnisse des Staatssozialismus über den Dritten Weg der Demokratisierung auf diese Bedingung hätten einspielen können. Aber auch die Umrüstung auf die Bedingungen des kapitalistischen Weltmarktes bedeutet natürlich nicht eine Rückkehr zu jenen Produktionsverhältnissen, zu deren Überwindung die sozialistischen Bewegungen einst angetreten sind. Das wäre eine Unterschätzung des Formwandels der kapitalistischen Gesellschaften, insbesondere seit dem Ende des Zweiten Weltkrieges.

Heute bildet ein sozialstaatlicher Kompromiß, der sich in den Gesellschaftsstrukturen festgesetzt hat, die Grundlage, von der in unseren Breiten jede Politik *ausgehen* muß. Das drückt sich in einem Konsens über die gesellschaftspolitischen Ziele aus, den C. Offe mit ironischen Worten kommentiert: »Je trauriger und auswegloser sich das Bild des real existierenden Sozialismus ausnimmt, desto mehr sind wir alle zu ›Kommunisten‹ geworden, sofern wir uns die Besorgnis um öffentliche Angelegenheiten und den Horror vor möglichen katastrophalen Fehlentwicklungen der globalen Gesellschaft nicht vollends abkaufen lassen.« (*Die Zeit* vom 8. Dez. 1989) Es ist ja nicht so, als sei auch nur eines unserer systemspezifisch erzeugten Probleme durch den Sturz der Mauer gelöst worden. Die Insensibilität des marktwirtschaftlichen Systems gegenüber ihren externen, auf die sozialen und natürlichen Umwelten abgewälzten Kosten säumt bei uns nach wie vor die Pfade eines krisenhaften ökonomischen Wachstums mit den bekannten Disparitäten und Marginalisierungen im Innern, mit den ökonomischen Rückständen, sogar Rückentwicklungen, also mit den barbarischen Lebensverhältnissen, kulturellen Enteignungen und Hungerkatastrophen in der Dritten Welt, nicht zuletzt mit den weltweiten Risiken eines überlasteten Naturhaushaltes. Die soziale und ökologische *Bändigung* der Marktwirtschaft ist die Allerweltsformel, zu der sich das sozialdemokratische Ziel der sozialen Bändigung des Kapitalismus zustimmungspflichtig verallgemeinert hat. Sogar die dynamische Lesart vom ökologischen und sozialen *Umbau* der Industriegesellschaft findet über den Kreis von Grünen und Sozialdemokraten hinaus Zustimmung. Auf dieser Basis entbrennt heute der Streit. Es geht um die Operationalisierung, um den Zeithorizont und die Mittel zur Realisierung der gemeinsamen, jedenfalls rhetorisch bekräftigten Ziele. Konsens besteht auch über den Politikmodus einer von außen ansetzenden indirekten Einflußnahme auf die Mechanismen der Selbststeuerung eines Systems, dessen Eigensinn nicht durch direkten Zugriff gebrochen werden darf. Darüber hat der Streit über die Eigentumsformen seine dogmatische Bedeutung verloren.

Aber die Verlagerung des Kampfes von der Ebene der gesellschaftspolitischen Ziele auf die Ebene ihrer Operationalisierung, auf die Ebene der Wahl entsprechender Politiken und ihrer Durchführung nimmt diesem nicht den Charakter einer grundsätzlichen Auseinandersetzung. Nach wie vor besteht ein scharfer Konflikt zwischen denen, die aus den Systemimperativen der Wirtschaft Sanktionen gegen alle über den Status quo hinauszielenden Forderungen schmieden, und jenen, die sogar an dem Namen des Sozialismus festhalten möchten, bis der Geburtsfehler des Kapitalismus, nämlich die Abwälzung der gesellschaftlichen Kosten von Systemungleichgewichten auf das private Schicksal der Arbeitslosigkeit, beseitigt[10], die konkrete Gleichstellung der Frauen erreicht und die Dynamik der Zerstörung von Lebenswelt und Natur gestoppt ist. Aus der Sicht dieses radikalen Reformismus erscheint das ökonomische System weniger als Tempelbezirk denn als Testgelände. Auch der Sozialstaat, der dem besonderen Charakter der Ware Arbeitskraft Rechnung trägt, ist aus dem Versuch hervorgegangen, die *Belastbarkeit* des ökonomischen Systems zu prüfen, und zwar zugunsten gesellschaftlicher Bedürfnisse, gegenüber denen die Rationalität betriebswirtschaftlicher Investitionsentscheidungen unempfindlich ist.

Das Sozialstaatsprojekt ist allerdings inzwischen reflexiv geworden; die Nebenfolgen von Verrechtlichung und Bürokratisierung haben dem scheinbar neutralen Mittel administrativer Macht, mit der die Gesellschaft auf sich selbst einwirken wollte, die Unschuld geraubt.[11] Auch der interventionistische Staat muß nun »sozial gebändigt« werden. Jene Kombination von Macht und intelligenter Selbstbeschränkung, die den Politikmodus der hegenden Eindämmung und der indirekten Steuerung des kapitalistischen Wachstums kennzeichnet, muß noch hinter die Linien der planenden Administration zurückgenommen werden. Für dieses Problem findet sich eine Lösung nur in einem veränderten Verhältnis zwischen autonomen Öffentlichkeiten einerseits, den über Geld und administrative Macht gesteuerten Handlungsbereichen andererseits. Das erforderliche Reflexionspotential findet sich in jener kommunikativ verflüssigten Souveränität, die sich in den Themen, Gründen und Problemlösungsvorschlägen einer frei flottierenden öffentlichen Kommunikation zu Gehör bringt, aber in den Beschlüssen demokratisch verfaßter Institutionen eine feste Gestalt annehmen muß, weil die Verantwortung für praktisch folgenreiche Entscheidungen eine klare institutionelle Zurechnung verlangt. Die kommunikativ erzeugte Macht kann auf die Prämissen der Bewertungs- und Entscheidungsprozesse der öffentlichen Verwaltung ohne Eroberungsabsicht einwirken, um in der einzigen Sprache, die die belagerte Festung versteht, ihren normativen Forderungen Geltung zu verschaffen: sie bewirtschaftet den Pool von Gründen, mit denen die administrative Macht zwar instrumentell umgehen, die diese aber, soweit sie rechtsstaatlich verfaßt ist, nicht ignorieren darf.

Moderne Gesellschaften befriedigen ihren Bedarf an Steuerungsleistungen aus drei Ressourcen: Geld, Macht und Solidarität. Ein radikaler Reformismus ist nicht mehr an konkreten Schlüsselforderungen zu erkennen, sondern an der auf Verfahren gerichteten Intention, eine neue Gewaltenteilung zu fördern: die sozialintegrative Gewalt der Solidarität soll sich über weit ausgefächerte demokratische Öffentlichkeiten und Institutionen gegen die beiden anderen Gewalten, Geld und administrative Macht, behaupten können. Das »Sozialistische« daran ist die Erwartung, daß sich die anspruchsvollen Strukturen gegenseitiger Anerkennung, die wir aus konkreten Lebensverhältnissen kennen, über die Kommunikationsvoraussetzungen inklusiver Meinungs- und demokratischer Willensbildungsprozesse auf die rechtlich und administrativ vermittelten sozialen Beziehungen übertragen. Lebensweltliche Bereiche, die darauf spezialisiert sind, tradierte Werte und kulturelles Wissen weiterzugeben, Gruppen zu integrieren und Heranwachsende zu sozialisieren, sind immer schon auf Solidarität angewiesen. Aus denselben Quellen kommunikativen Handelns muß auch eine radikal-demokratische Meinungs- und Willensbildung schöpfen, die auf die Grenzziehung und den Austausch zwischen jenen kommunikativ strukturierten Lebensbereichen auf der einen, Staat und Ökonomie auf der anderen Seite Einfluß nehmen soll.

Ob freilich Konzepte für eine radikale Demokratie[12] noch eine Zukunft haben, wird auch davon abhängen, wie wir Probleme wahrnehmen und definieren, welcher Typus von gesellschaftlicher Problemsicht sich politisch durchsetzt. Wenn sich in den öffentlichen Arenen der entwickelten Gesellschaften nur die Störungen als dringende Probleme darstellen, die die Systemimperative der Selbststabilisierung von Wirtschaft und Verwaltung beeinträchtigen, wenn diese Problembereiche unter systemtheoretischen Beschreibungen in Führung gehen, erscheinen die in normativer Sprache formulierten Ansprüche der Lebenswelt nur noch als abhängige Variable. Politische und rechtliche Fragen würden damit ihrer normativen Substanz beraubt. Dieser Kampf um eine *Entmoralisierung öffentlicher Konflikte* ist in vollem Gang. Heute steht er nicht mehr im Zeichen eines technokratischen Selbstverständnisses von Politik und Gesellschaft; wo gesellschaftliche Komplexität als schwarzer Kasten erscheint, scheint nurmehr systemopportunistisches Verhalten eine Orientierungschance zu bieten. Tatsächlich sind aber die großen Probleme, denen sich die entwickelten Gesellschaften konfrontiert sehen, kaum von der Art, daß sie ohne eine normativ sensibilisierte Wahrnehmung, ohne Moralisierung der öffentlichen Themen gelöst werden können.

Der klassische Verteilungskonflikt der Arbeitsgesellschaft war vor dem Hintergrund der Interessenlagen von Kapital und Arbeit so strukturiert, daß beide Seiten über Drohpotentiale verfügten. Auch der strukturell benachteiligten Seite blieb als Ultima ratio der Streik, also der organisierte Entzug von Arbeitskraft und damit die Unterbrechung des Produktionsprozesses. Heute ist das anders. In den institutionalisierten Verteilungskonflikten der Wohlstandsgesellschaften steht eine breite Majorität von Arbeitsplatzbesitzern einer Minderheit von heterogen zusammengewürfelten Randgruppen gegenüber, die über kein entsprechendes Sanktionspotential verfügen. Die Marginalisierten und Unterprivilegierten haben allenfalls die Stimme von Protestwählern, um ihre Interessen zur Geltung zu bringen – wenn sie nicht resignieren und ihre Belastungen selbstdestruktiv mit Krankheiten, Kriminalität oder blinden Revolten verarbeiten. Ohne die Stimme der Majorität von Bürgern, die sich fragen und fragen lassen, ob sie denn in einer segmentierten Gesellschaft leben wollen, wo sie die Augen vor Obdachlosen und Bettlern, vor gettoisierten Stadtvierteln und verwahrlosten Regionen verschließen müssen, fehlt einem solchen Problem die Schubkraft, sei's auch nur für eine breitenwirksame öffentliche Thematisierung. Eine Dynamik der Selbstkorrektur kommt ohne Moralisierung, ohne eine unter normativen Gesichtspunkten vollzogene Interessenverallgemeinerung nicht in Gang.

Das asymmetrische Muster kehrt nicht nur in den Konflikten wieder, die sich an Asylanten und Minderheiten einer multikulturellen Gesellschaft entzünden. Dieselbe Asymmetrie bestimmt auch das Verhältnis der entwickelten Industriegesellschaften zu den Entwicklungsländern und zur natürlichen Umwelt. Die unterentwickelten Kontinente könnten allenfalls mit riesigen Immigrationswellen, mit dem Hazardspiel atomarer Erpressung oder mit der Zerstörung weltweiter ökologischer Gleichgewichte drohen, während die Sanktionen der Natur nur im leisen Ticken von Zeitbomben zu vernehmen sind. Dieses Ohmachtsmuster begünstigt das Latentbleiben eines längerfristig sich aufstauenden Problemdrucks und das Aufschieben der Problemlösung, bis es zu spät sein kann. Zuzuspitzen sind solche Probleme nur auf dem Wege über eine Moralisierung der Themen, über eine mehr oder weniger diskursiv vollzogene Interessenverallgemeinerung in nichtvermachteten Öffentlichkeiten liberaler politischer Kulturen. Wir sind eben bereit, für die Stillegung des ausgeleierten Atomkraftwerks Greifswald zu zahlen, sobald wir die Gefahr für alle erkennen. Die wahrgenommene Verflechtung eigener Interessen mit den Interessen der anderen ist hilfreich. Die moralische oder die ethische Betrachtungsweise schärft darüber hinaus den Blick für jene umfassenderen, zugleich unaufdringlicheren und fragileren Bindungen, die das Schicksal eines jeden mit dem eines jeden anderen verknüpfen – und noch den Fremdesten zum Angehörigen machen.

In anderer Hinsicht erinnern die Großprobleme von heute an den klassischen Verteilungskonflikt; wie dieser erfordern sie den merkwürdigen Modus einer eindämmenden, aber zugleich hegenden Politik. Diesen Politikmodus scheint die gegenwärtige Revolution, wie H. M. Enzensberger bemerkt hat, zu dramatisieren. Erst hat sich in der Masse der Bevölkerung ein latenter Einstellungswandel vollzogen, bevor dem Staatssozialismus der Boden der Legitimation weggerutscht ist; nach dem Erdrutsch steht das System als Ruine da, die ab- und umgebaut werden muß. Als Folgelast der gelungenen Revolution entsteht eine in sich gekehrte, hilfesuchende Politik des Ab- und Umrüstens.

Auf dem Gebiet, dem diese Metapher entlehnt ist, hatte sich in der Bundesrepublik während der achtziger Jahre ähnliches zugetragen. Die als Oktroy empfundene Stationierung von Mittelstreckenraketen hatte das Faß zum Überlaufen gebracht und eine Bevölkerungsmehrheit von der riskanten Sinnlosigkeit einer selbstdestruktiven Rüstungsspirale überzeugt. Mit dem Gipfel von Reykjavik setzte dann (ohne daß ich einen linearen Zusammenhang suggerieren möchte) die Wende zu einer Politik der Abrüstung ein. Allerdings hatte sich bei uns der delegitimierende Wandel der kulturellen Wertorientierungen nicht nur subkutan, wie in den privaten Nischen des Staatssozialismus, sondern in aller Öffentlichkeit vollziehen können, schließlich sogar vor den Kulissen der größten Massendemonstrationen, die die Bundesrepublik je gesehen hat. Dieses Beispiel illustriert einen Kreisprozeß, in dem sich ein latenter Wertewandel aus aktuellen Anlässen verkettet mit Prozessen der öffentlichen Kommunikation, Veränderungen in den Parametern der verfaßten demokratischen Willensbildung und Anstößen zu neuen Politiken der Ab- und Umrüstung, die ihrerseits auf die veränderten Wertorientierungen zurückwirken.

Die Herausforderungen des 21. Jahrhunderts werden nach Typus und Größenordnung von den westlichen Gesellschaften Antworten verlangen, die ohne eine interessenverallgemeinernde radikaldemokratische Meinungs- und Willensbildung wohl kaum gefunden und implementiert werden können. In dieser Arena findet die sozialistische Linke ihren Platz und ihre politische Rolle. Sie kann das Ferment bilden für politische Kommunikationen, die den institutionellen Rahmen des demokratischen Rechtsstaates davor bewahren, auszutrocknen. Die nicht-kommunistische Linke hat keinen Grund zur Depression. Es mag sein, daß sich manche Intellektuelle in der DDR erst umstellen müssen auf eine Situation, in der sich die westeuropäische Linke seit Jahrzehnten befindet – die sozialistischen Ideen umsetzen zu müssen in die radikalreformistische Selbstkritik einer kapitalistischen Gesellschaft, die in den Formen einer rechts- und sozialstaatlichen Massendemokratie gleichzeitig mit ihren Schwächen auch ihre Stärken entfaltet hat. Nach dem Bankrott des Staatssozialismus ist diese Kritik das einzige Nadelöhr, durch das alles hindurch muß. *Dieser* Sozialismus wird erst mit dem Gegenstand seiner Kritik verschwinden – vielleicht eines Tages, wenn die kritisierte Gesellschaft ihre Identität so weit verändert hat, daß sie alles, was sich nicht in Preisen ausdrücken läßt in seiner Relevanz wahrnehmen und ernst nehmen kann. Die Hoffnung auf Emanzipation der Menschen aus selbstverschuldeter Unmündigkeit und erniedrigenden Lebensumständen hat ihre Kraft nicht verloren, aber sie ist geläutert durch das fallibilistische Bewußtsein und die historische Erfahrung, daß schon viel erreicht wäre, wenn eine Balance des Erträglichen für die wenigen Begünstigten erhalten bleiben – und vor allem auf den verwüsteten Kontinenten hergestellt werden könnte.

Anmerkungen

1 Zum Verhältnis von Ethik, Utopie und Utopiekritik vgl. den klärenden Beitrag von K.-O. Apel zu: W. Voßkamp (Hg.), *Utopieforschung*, Frankfurt/Main 1985, Bd. 1, S. 325–355.
2 K. Griewank, *Der neuzeitliche Revolutionsbegriff*, Frankfurt/Main 1973.
3 H. Kesting, *Geschichtsphilosophie und Weltbürgerkrieg*, Heidelberg 1959.
4 K. Marx, F. Engels, *Werke*, Bd. 4, Berlin 1959, S. 466.
5 Dies ist der Titel eines Aufsatzes, in dem ich mich mit dem Marxismus zum ersten Mal systematisch befasse (1960) in: J. Habermas, *Theorie und Praxis*, erw. Auflage Frankfurt/Main 1971, S. 228 ff.
6 Einen Überblick gibt M. Jay, *Marxism and Totality*, Berkeley 1984.

7 H. Marcuse, *Die Gesellschaftslehre des sowjetischen Marxismus, Schriften*, Bd. 6, Frankfurt/Main 1989.

8 J. Habermas, *Volkssouveränität als Verfahren,* in: Forum für Philosophie (Hg.), *Die Ideen von 1789,* Frankfurt/Main 1989, S. 7–36.

9 Das ist keine »realpolitische Konzession«, wie manche meiner linken Kritiker meinen, sondern die Konsequenz eines gesellschaftstheoretischen Ansatzes, der holistische Konzeptionen überwindet.

10 Zu Konzepten einer nicht länger lohnzentrierten Grundsicherung vgl. jetzt G. Vobruba (Hg.), *Strukturwandel der Sozialpolitik,* Frankfurt/Main 1990.

11 J. Habermas, *Die Kritik des Wohlfahrtsstaates,* in: ders., *Die Neue Unübersichtlichkeit,* Frankfurt/Main 1985, S. 141–166.

12 U. Rödel, G. Frankenberg, H. Dubiel, *Die demokratische Frage,* Frankfurt/Main 1989.

Nochmals: Zur Identität der Deutschen
Ein einig Volk von aufgebrachten
Wirtschaftsbürgern?

Ein Vierteljahr nach der demokratischen Revolution drüben reichen sie sich hier die Hand – die Politiker, die sich zu Geschäftsleuten, die Intellektuellen, die sich zu Sängern der deutschen Einheit gemausert haben. Im Feuilleton wird Günter Grass denunziert, in der Talkshow verwandelt schon der Anblick eines linken Wirtschaftsprofessors die freundlichen Damen und Herren vom Mittelstand in Mob. Das selbstquälerisch-überflüssige Thema gewinnt heute seine Berechtigung: Was wird aus der Identität der Deutschen? Lenken die wirtschaftlichen Probleme den Einigungsprozeß in nüchterne Bahnen? Oder wird die D-Mark libidinös besetzt und in der Weise emotional aufgewertet, daß eine Art wirtschaftsnationale Gesinnung das republikanische Bewußtsein überwältigt? Die Frage ist offen, aber sie drängt sich auf angesichts des mentalen Flurschadens, den der Feldzug der Westparteien im Ost-Territorium bereits angerichtet hat.

Es fällt schwer, auf die ersten Blüten eines pausbäckigen DM-Nationalismus keine Satire zu schreiben. Der auftrumpfende Kanzler ließ den schmächtig-redlichen Ministerpräsidenten die Bedingungen wissen, unter denen er die DDR ankaufen wird; währungspolitisch machte er den Wählern einer von ihm erpreßten »Allianz für Deutschland« Mut; verfassungspolitisch stellte er die Weichen über GG Artikel 23 auf Anschluß; außenpolitisch verwahrte er sich gegen den Ausdruck »Siegermächte« und hielt die Frage der polnischen Westgrenze offen. Als ihm endlich dämmerte, daß Herr Schönhuber die längst verfallenen Rechtsfiktionen viel länger würde hochhalten können als er selbst, wollte er diesem wenigstens ein Thema wegnehmen, das bei Rechtsradikalen im Lande ziehen könnte – die »Reparationen«, welche immer das sein mögen. Die Schamlosigkeit seines von den Börsenkursen gestützten Nationalismus rechnete ungerührt gegeneinander auf: die historisch begründeten moralischen Ansprüche der polnischen Zwangsarbeiter auf Entschädigung und die der Nachbarstaaten auf die Garantie bestehender Grenzen gegen den finanzpolitischen Handlungsspielraum und die Liquidität der dritten Industriemacht, die sich gerade die führende Industriemacht des RWG einverleiben und sich für diese Transaktion fit halten möchte. Nur *eine* Rechnungseinheit für *alle* Themen. Deutsche Interessen werden in Deutscher Mark gewogen und durchgesetzt. Gewiß, schlimmer als dieser Code war die Sprache der Stukas. Aber obszön ist dieser Anblick des deutschen Muskelspiels allemal.

I

Um zu verstehen, wie es soweit kommen konnte, muß man sich die innere Situation der Bundesrepublik zu dem Zeitpunkt vergegenwärtigen, als sie vom Flüchtlingsstrom über die ungarische Grenze und von der Reaktion darauf, der Maueröffnung, gestehen wir es im Jugendjargon, eiskalt erwischt worden ist. Wer hatte, bei aller Rhetorik, noch mit so etwas wie der Wiedervereinigung gerechnet – und wer hatte sie überhaupt noch gewollt? Willy Brandt jedenfalls hatte 1984 in den Münchner Kammerspielen behauptet, daß die deutsche Frage nicht mehr offen sei; und das Publikum war's zufrieden. Außerhalb des Theaterraums, draußen im Lande, dürfte die Stimmung so verschieden nicht gewesen sein.

Karl Jaspers hatte 1960 klare Worte gesprochen: »Die Geschichte des deutschen Nationalstaates ist zu Ende. Was wir als große Nation ... leisten können, ist die Einsicht in die Weltsituation: daß der Nationalstaatsgedanke heute das Unheil Europas und aller Kontinente ist.«[1] Dieses Credo wurde damals nicht nur von den liberalen und linken Intellektuellen geteilt. Wolfgang Mommsen zeichnet in einer 1983 veröffentlichten Arbeit ein differenzierteres Bild von den »Wandlungen der nationalen Identität der Deutschen« in der Bundesrepublik. Während die Politiker der ersten Generation, die »Väter des Grundgesetzes«, noch glaubten, die nationalstaatliche Tradition der Weimarer Republik und damit des kleindeutschen Bismarck-Reiches ohne tieferreichende Problematisierung fortsetzen zu können, hatte sich während der fünfziger und sechziger Jahre in der breiten Bevölkerung ein eher pragmatisches Selbstverständnis herausgebildet, das die Frage der nationalen Identität zurücktreten ließ. Mommsen zufolge ist dieses Bewußtsein durch vier Elemente geprägt: durch die Dethematisierung der jüngsten Vergangenheit und eine eher ungeschichtliche Definition des eigenen Standortes; ferner durch die aggressive Abgrenzung gegenüber den Systemen Osteuropas, insbesondere gegenüber der DDR, d. h. durch eine Fortschreibung des historisch verwurzelten antikommunistischen Einstellungssyndroms; weiterhin durch die Orientierung an den Werten und Verkehrsformen der westlichen Zivilisation, besonders der »Schutzmacht« USA; und last not least durch den Stolz auf die eigenen wirtschaftlichen Leistungen. Mommsen vermutet wohl mit Recht in diesem Element, im Selbstbewußtsein einer erfolgreichen Wirtschaftsnation, den Kern des politischen Selbstverständnisses der Bevölkerung der Bundesrepublik – und ein Substitut für den weithin fehlenden Nationalstolz. Daraus erklärt sich auch, daß die hohe Akzeptanz der Verfassung und der Institutionen der rechtsstaatlichen Demokratie nicht eigentlich in normativen Überzeugungen verankert ist: »Unter den Bürgern der Bundesrepublik besteht eine überaus starke Neigung..., das parlamentarische System nicht in erster Linie als demokratisches Rahmenwerk für eine kontinuierliche Fortentwicklung der gesellschaftlichen Verhältnisse anzusehen, sondern das Verfassungssystem mit der gesellschaftlichen Ordnung gleichsam in eins zu setzen.«[2]

Obwohl Mommsen die in den siebziger Jahren einsetzenden Diskussionen über die Alternativen von bundesrepublikanischem oder gesamtdeutschem Nationalbewußtsein noch berührt, gelangt er zu einem überraschend eindeutigen Resümee: »Wenn nicht alles täuscht, so ist die Geschichte der deutschen Frage heute in ihre Normallage zurückgekehrt..., nämlich (in die) der Existenz einer deutschen Kulturnation in der Mitte Europas, die in mehrere deutsche Staatsnationen gespalten ist. Alles spricht dafür, daß die Phase des konsolidierten nationalen Gesamtstaates von 1871–1933 eine Episode in der deutschen Geschichte gewesen ist und daß wir wieder, freilich auf höherer Ebene, den Zustand erreicht haben, der in Deutschland nach 1815 bestand, nämlich einer Mehrheit deutscher Staaten mit gemeinsamer kulturnationaler Zugehörigkeit.«[3]

Dieses Votum von 1983 reiht W. Mommsen aus dem Rückblick in jene Partei ein, die für einen auf die Staatsbürgernation der Bundesrepublik gerichteten Verfassungspatriotismus focht. Denn seit dem Ende der sechziger Jahre sind alle genannten Elemente des Selbstverständnisses der Bundesbürger bis auf eines, das Selbstbewußtsein der Wirtschaftsnation, in Frage gestellt worden. Die

Protestbewegung der Studenten hat dem Wegschieben einer pauschal verurteilten, aber weitgehend ausgeklammerten NS-Vergangenheit ein Ende bereitet. Die Ostverträge (mit der Anerkennung der DDR) und die anfänglichen Erfolge der Entspannungspolitik haben den landesüblichen Antikommunismus mindestens verunsichert. Der Vietnamkrieg, das Erstarken der EG und die Wahrnehmung von Interessendivergenzen zwischen Europa und den USA haben die Distanz zu den Vereinigten Staaten vergrößert. Die »nationale Identität« ist seitdem zu einem Thema öffentlicher Diskussionen geworden. Der liberale, unter der Parole »Zwei Staaten – eine Nation« eingespielte Konsens mußte nun explizit gemacht und sowohl gegen die Linksnationalisten an den Rändern des grünen Spektrums wie vor allem gegen die Neokonservativen verteidigt werden.

Diese hatten, in einem Klima wirtschaftlicher Krisen und sicherheitspolitischer Auseinandersetzungen, die von ihnen vermutete Legitimationsschwäche des politischen Systems auf »Geschichtsverlust« und mangelndes nationales Selbstvertrauen zurückgeführt. Die neokonservativen Bemühungen um eine kompensatorische Sinnstiftung trugen allerdings verschiedene Akzente, je nachdem, ob die propagierte »Rückkehr zur Nation« auf eine bundesrepublikanische oder eine gesamtdeutsche Identität zugeschnitten war; das »Vaterland Bundesrepublik« war eine Minderheitsposition.

Die neuen Konzeptionen hätten sich einzig auf das unbeschädigt gebliebene Element des Stolzes auf die Aufbauleistung und Wirtschaftskraft der eigenen Republik stützen können. Das von den Sozialdemokraten zeitweise ins Spiel gebrachte »Modell Deutschland« enthielt Anklänge daran, aber über Wahlkampfstrategien hinaus hat es keine Bedeutung erlangt. Aber die Versuche der Erneuerung eines traditionellen Patriotismus mußten, links wie rechts, an die Identität der gesamten Nation Anschluß suchen; deshalb konnten sie nicht einen spezifisch der Bundesrepublik zugeschriebenen Wert zum Fundament eines wirtschaftsnationalistisch grundierten Selbstverständnisses machen. Und die Verfechter eines bundesrepublikanischen Verfassungspatriotismus mußten ohnehin alles daransetzen, die Identifikation mit der 1949 entstandenen Staatsbürgernation in ihrem normativen Eigenwert zu betonen, um sie von der Wertschätzung *vorpolitischer* Gegebenheiten, sei es des Volkes als historischer Schicksalsgemeinschaft, der Nation als Sprach- und Kulturgemeinschaft oder eben des Sozial- und Wirtschaftssystems als einer Leistungsgemeinschaft abzusetzen.

H. Honolka hat auf der Grundlage der 1987 verfügbaren demoskopischen Daten gezeigt, daß sich der Mentalitätswandel der Bundesbürger tatsächlich in diese Richtung bewegt hat. Dem Wirtschaftsstolz, für den die Umfragen bis in die siebziger Jahre hinein eine ansteigende Tendenz belegen, hat nach jüngeren Umfragen die Hochschätzung der Demokratie den Rang abgelaufen: »In der bekannten internationalen Studie der amerikanischen Politologen Gabriel A. Almond und Sidney Verba über politische Kultur aus dem Jahre 1959 beruhte der Nationalstolz noch vorrangig auf Volkseigenschaften und Wirtschaftssystem, während die politische Identität anderer westlicher Nationen wie der USA und Großbritanniens vorrangig über politische Institutionen gestiftet wurde. Inzwischen haben sich auch die Bundesbürger dem westlichen Normaltypus nationaler Identität angenähert. Der Stolz auf politische Systemmerkmale hat sich weit nach vorn geschoben.«[4] Dazu stehen auch die Daten nicht im Widerspruch, die belegen, daß der Nationalstolz der Deutschen vergleichsweise schwach ausgeprägt ist. Gerade im Laufe der achtziger Jahre haben sich die Evidenzen für die Auffassung verdichtet, die M. R. Lepsius auf dem 24. Soziologentag prononciert vorgetragen hat: »Ein wesentlicher Wandel in der politischen Kultur der Bundesrepublik liegt gerade in der Akzeptanz einer politischen Ordnung, die sich in verfassungsmäßig konkretisierten Formen durch individuelle Mitwirkungsrechte selbst bestimmt und selbst legitimiert. Demgegenüber ist die Vorstellung verblaßt, eine politische Ordnung sei an den kollektiven Eigenwert einer über ethnische, historische, kulturelle Eigenschaften abgrenzbaren Nation als ›Schicksalsgemeinschaft‹ gebunden. Die Ausdifferenzierung eines ›Verfassungspatriotismus‹, die Zustimmung zu einer durch Selbstbestimmungsrechte konstituierten politischen Ordnung und deren Abgrenzung von einer Ordnungsidee der ethnischen, kulturellen, kollektiven ›Schicksalsgemeinschaft‹ sind das zentrale Ergebnis der Entlegitimierung des deutschen Nationalismus.«[5]

Diese Worte verraten die Genugtuung einer ganzen Generation von westdeutschen Nachkriegsintellektuellen. Sie sind nur ein Jahr älter als die Öffnung der Mauer, mit der sich plötzlich die Perspektive auf die Vereinigung von zweien der drei Nachfolgestaaten des »Großdeutschen Reiches« aufgetan hat. Wird damit die Bundesrepublik, von der Lepsius mit vielen von uns noch vor kurzem behaupten durfte, sie sei ein »postnationalstaatliches politisches Gemeinwesen«, in eine von ihren Bürgern überwunden geglaubte nationalstaatliche Vergangenheit zurückgeworfen?

Wie diese Frage entschieden wird, hängt auch davon ab, wie der Prozeß der staatlichen Vereinigung intoniert wird – also von der Mobilisierung der Gefühle hüben und drüben. Aus der gesamtdeutschen Perspektive entfällt nämlich jene Schranke, die bisher den Einbau der zurückgedrängten Komponente des bundesrepublikanischen Wirtschaftsstolzes in die nationale Identität behindert hatte. Im Hinblick auf die deutsch-deutsche Währungsunion könnten sich nun alle Deutschen mit der Potenz eines erweiterten Imperiums der D-Mark identifizieren. Die »Allianz für Deutschland« scheint dieses brachliegende Gefühlsgelände, wo aus der Arroganz einer wirtschaftlichen Vormachtstellung nationalistische Blüten sprießen, schon erschlossen zu haben.

Der klassische Imperialismus hatte ähnliche Gefühle auf andere Weise kanalisiert. Damals sollten territoriale Eroberung und militärische Sicherung der einheimischen Industrie die Märkte erst öffnen. Im sensiblen Geflecht einer interdependenten Weltwirtschaft, die keine nationalen Grenzen kennt, wird die Marktmacht selbst zum nationalen Erwecker. Ein neuer Wirtschaftsnationalismus würde sein martialisches Gesicht gegen die biedermännische Geste des freundlich-herablassenden Entwicklungshelfers eintauschen. Damit wäre auch die Kompensationsvorstellung der Neokonservativen überholt. Denn das erneuerte nationale Bewußtsein würde die Bürden einer wie immer auch sozialstaatlich abgefederten kapitalistischen Modernisierung nicht mehr *ausgleichen*; ein Nationalbewußtsein, das in der Stärke der D-Mark seinen symbolischen Ausdruck findet, müßte vielmehr die Stimme des aufgeklärten Eigeninteresses übertönen und den skeptischen Wirtschaftsbürger *in seiner eigenen Sprache* zu kollektiven Anstrengungen und Verzichten bewegen.

II

Das sind Überlegungen zu einem Wandel der Identität der wiedervereinigten Deutschen, der in der gegenwärtigen Konstellation *möglich* geworden ist. Ich behaupte nicht, daß irgend jemand einen Wirtschaftsnationalismus dieses Typs *anstrebt*. Aber die Deutschlandpolitik, die das Kanzleramt nach anfänglichem Hin und Her zielstrebig verfolgt, kommt einem solchen Mentalitätswandel entgegen.

Schon die Zehn-Punkte-Erklärung des Bundeskanzlers ließ eine gewisse Ungeduld erkennen, auf dem Weg zur nationalstaatlichen Einheit voranzukommen – weniger durch ihren Inhalt als durch den Umstand, daß Etappen auf diesem Wege überhaupt operationalisiert wurden. Aber die Rhetorik dieser ersten Wochen nach dem 9. November ließ die Alternative zwischen einer im Ernst europäischen Lösung der deutschen Frage und einer Politik des Alleingangs noch offen. Genaugenommen blieb die Alternative nur unklar. Die Beteuerung einer europäischen Lösung bot eine Leerformel an, die jeder nach Belieben füllen konnte. In jenen Anfangswochen haben nicht nur die europäischen Nachbarn und die beiden Großmächte, sondern auch die Sprecher der DDR-Opposition und ein überwiegender Teil der westdeutschen Bevölkerung den Vereinigungsprozeß in einer zeitlichen Perspektive gesehen, aus der sich gewissermaßen ein prozeduraler Vorrang der europäischen Einigung von selbst zu ergeben schien. Jedenfalls schien die Option zu bestehen, operative Schritte für eine Periode zu planen, in der die Eigenstaatlichkeit der DDR – auch nach einer vollzogenen Konförderation – gewahrt blieb, so daß sich der schwierige Prozeß der wirtschaftlichen Angleichung unter einem europäischen Dach vollziehen würde.

An diesem Szenario, das der EG eine wichtige Rolle vorbehält, interessiert mich vor allem die unbelastete politische Rolle, die die Bundesrepublik als Vorreiter einer koordinierten europäischen Wirtschaftshilfe *für alle* in Transformation begriffenen Länder in Mittel- und Osteuropa hätte übernehmen können. Statt die deutschen Landsleute über das Medium des Verfassungsrechts und eine überstürzte deutsch-deutsche Währungsunion im Hauruck-Verfahren ins eigene Boot zu ziehen, hätte die Bundesrepublik als stärkste Kraft innerhalb der EG an die Solidarität *aller* Europäer und an die geschichtliche Verpflichtung Westeuropas gegenüber *allen* mittel- und osteuropäischen Nachbarn appellieren können. Unbeschadet davon hätte die Bundesrepublik ihren speziellen deutsch-deutschen Verpflichtungen durch den (bisher verweigerten) Kapitaltransfer zugunsten eines Ausbaus von Infrastrukturen in der DDR nachkommen können. Diese Überlegung steht im historischen Konjunktiv und soll nur an eine Option erinnern, die sich keinen normativen Einwänden ausgesetzt hätte. Eine solche Politik hätte unsere Landsleute gegenüber den in gleicher Situation befindlichen Bürgern der östlichen Nachbarn nur in dem Maße privilegiert, wie es sich im Verhältnis zwischen Staaten derselben Nation von selbst versteht – und wie es auch von anderen verstanden worden wäre. Schon die politische Klugheit lehrt, daß eine bloße Verschiebung des Wohlstandsgefälles von der Elbe an die Oder und Neiße den nationalistischen Argwohn der zurückbleibenden Nachbarstaaten auf das wiedervereinigte Deutschland lenken muß. Die europäische Alternative empfahl sich aber vor allem damit, daß wir die Rhetorik der Nicht-Bevormundung und der Nicht-Einmischung hätten ernst nehmen können. Ohne eine Atempause und ohne den Bewegungsspielraum, in dem sich eine *eigene* politische Öffentlichkeit herausbilden konnte, ist jedoch die erste freie Wahl degeneriert zu einem »Kampf der Parteien der Bundesrepublik um die DDR« (H. Rudolph in der *SZ* vom 8. März 1990).

Nach seinem Besuch in Dresden hat sich der Bundeskanzler alsbald zu einer Doppelstrategie der unverhohlenen Destabilisierung und des schnellen Anschlusses der DDR entschlossen, um die Bundesrepublik zum Herrn des Verfahrens zu machen und zugleich internationalen Reibungswiderständen zuvorzukommen. Die Bundesregierung will offensichtlich aus der Position der Stärke eines faktisch vollzogenen ökonomischen und politischen Anschlusses in die schwierigen Verhandlungen über eine Umverteilung der Lasten zwischen den EG-Partnern, über ein verändertes Sicherheitssystem und über friedensvertragliche Regelungen eintreten können. So drückte die Bundesregierung einerseits auf das Tempo; sie dramatisierte wirkungsvoll die Zahl der Übersiedler, obwohl niemand wußte, wie man auf deren Motive Einfluß nehmen könnte. Andererseits konnte sie das Ziel des Anschlusses, also eine Vereinigung zu Bedingungen der Bundesrepublik, nur erreichen, wenn sie die DDR mürbe machte und für einen Beitritt nach GG-Art. 23 die notwendige Mehrheit beschaffte.

Die mit Teltschiks Gerüchten makabre Züge annehmende Destabilisierung bezog sich keineswegs nur auf die Reste des alten Regimes, sondern auf jene Opposition, die das Regime gestürzt hatte und jetzt vor allem an einer Veränderung der Strukturen von innen heraus, nämlich an Selbststabilisierung und Selbstbesinnung interessiert war. Nur so erklären sich die stillschweigende Delegitimierung des Runden Tischs und die Brüskierung der Regierung Modrow, die ja, wie zwei Bundesverfassungsrichter feststellten, auch nach unseren Maßstäben insoweit Legitimität gewonnen hatte, »als sie vom Runden Tisch und den in der Regierung vertretenen Oppositionsgruppen mitgetragen wird. Das heißt aber: das alte System ist bereits liquidiert – der Sache nach, nur die Durchführung der Liquidation steht noch aus. Es besteht keine Notwendigkeit mehr, dieser Regierung, wenn die Zeit drängt, ›Erfolge‹ vorzuenthalten.« (*Der Spiegel* 10/1990) Genau das tat die Bundesregierung. Sie sperrte sich gegen eine Kapitalhilfe zum Ausbau von Infrastrukturen, die sie zur Verbesserung der Verwertungsbedingungen des in die DDR drängenden privaten Kapitals ohnehin wird leisten müssen.

Um die Zustimmung der DDR-Wähler warb die CDU/CSU mit dem ihr eigenen Charme. Wäre es ihr nur um die Entmächtigung des alten Regimes gegangen, hätte sich der Kanzler gewiß nicht persönlich bemüht, eine Oppositionsgruppe wie den Demokratischen Aufbruch zur Allianz mit einer diskreditierten Blockpartei zu nötigen, um dann einen Wahlkampf zu führen, der die neugegründete SPD entgegen jeder historischen Wahrheit mit den SED-Nachfolgern in einen Topf warf. So mobilisierte sie Massen, die (nach einem Bericht der *SZ* vom 7. März 1990, S. 12) bei einer DSU-Kundgebung vor der Leipziger Oper studentische Gegendemonstranten unter Rufen wie »rote Faschisten – Linksterroristen«, »rotes Pack« und »Rote raus« zusammenschlugen. Den Rest besorgten Leute wie Schnur und Ebeling, besorgte die Verheißung eines mit Reprisen von Ludwig Erhard beglaubigten Wirtschaftswunders, das die präpotent in Aussicht gestellte Währungsunion bewirken soll. Die Bevölkerung der DDR hatte vierzig Jahre lang für die regierenden Machthaber stimmen müssen. Kohl hat ihr klargemacht, daß es besser ist, auch diesmal für die machthabende Regierung zu stimmen.

Kaum rühmlicher war die Rolle der SPD, die sich, wenn es schief gehen sollte, wird fragen lassen müssen, ob sie nicht auf ihrem Berliner Kongreß aus Angst vor der erneuten Rolle des vaterlandslosen Gesellen einen historischen Fehler begangen hat. Kein Wort über Willy Brandt; die Partei ist es, die ihn auf die Marktplätze der DDR schickte. Es ist ja verständlich, daß die SPD den jungen

SDP-Gründern, deren Mentalität eben an die Gesamtdeutsche Partei Heinemanns aus den frühen fünfziger Jahren erinnert, ihren traditionsreichen Namen nicht überlassen wollte, ohne an der Identität der neuen Partei ein bißchen mitzumodeln. Erst recht versteht man die Sentiments, die alte Genossen im historischen Dreieck von Gotha, Erfurt und Leipzig überkommen haben. Und einer politischen Partei, die sich ausrechnet, die Mehrheit zu gewinnen, Opportunismus vorzuwerfen, ist naiv. Diese ehrenwerten Gründe reichen jedoch nicht hin, um andere Überlegungen zu ignorieren – oder eben gar nicht zu entscheiden und beiden, sowohl Willy Brandt wie Oskar Lafontaine, in gleicher Phonstärke zuzujubeln. Als sich die SPD entschloß, mit der CDU/CSU um die Palme der ersten gesamtdeutschen Partei zu streiten und die nationalen Emotionen auf ihre Mühlen zu leiten, hat sie nicht nur ihre besseren Traditionen verraten, sie hat auch jene Nebelwand errichten helfen, hinter der die Alternative zur Deutschlandpolitik der Bundesregierung verschwunden ist. Auch die SPD hat sich über die Empfehlung des Runden Tischs, die Wahlkampfimporte aus dem Westen zu begrenzen, hinweggesetzt. Mehr noch, sie hat ihren Genossen geraten, Wahlbündnisse abzulehnen, die für die linken Oppositionsgruppen die einzige Chance waren, sich landesweit zu etablieren. Gewiß, auch das entspricht den Regeln des üblichen parteipolitischen Machterwerbs. Aber diese Regeln setzen eine übliche Situation voraus, in der sie nicht von außen oktroyiert werden müssen und nicht genau diejenigen diskriminieren, die die Revolution in vorderster Reihe gemacht haben.

Die Politik der vollendeten Tatsachen hat ihr Ziel noch nicht erreicht; die Mentalität, auf die sie baut und die sie fördert, hat sich noch nicht durchgesetzt; der Wahlkampf in der Bundesrepublik hat noch nicht begonnen.

Was uns Bundesbürger betrifft, so scheint noch Verlaß zu sein auf jene Mischung aus aufgeklärtem Egoismus von Wirtschaftsbürgern und kostenlosem Altruismus von Staatsbürgern, die R. Dahrendorf Anlaß gibt zu frohlocken: »Die Saturierten finden es sehr gut, wenn es im Osten besser wird, aber die Leute sollen doch bitte dableiben. Und wenn es schon keine Mauer mehr gibt, dann muß man sich eben wiedervereinigen. Vielleicht gehen dann sogar ein paar von denen zurück, die ungestraft für ihre Trabis die TÜV-Plakette bekommen haben und zudem noch die örtliche Jugendherberge während der Schulferien belegen ... Nationalismus ist da ganz und gar die falsche Vokabel. Was ist nur aus den Deutschen geworden?«[6] Ich will nicht Wasser in den Wein gießen mit Hinweisen auf das Klima, das seitdem spürbar herber geworden ist, vor allem in den »örtlichen Jugendherbergen« und drum herum. Aber die wirtschaftsbürgerliche Prämisse, daß der staatsbürgerliche Altruismus kostenneutral zu haben ist, gilt nur für ruhige Zeiten. Was wird in unruhigeren Zeiten aus einer Mentalität, die die Bundesbürger nach 40 Jahren tatsächlich erworben hatten? Mit ihren Identitätsproblemen beschäftigten sich eher die anderen, die Politiker am Sonntag und die Intellektuellen auch unter der Woche. Die Bürger der Bundesrepublik *hatten* ein nicht-nationalistisches Selbstverständnis entwickelt und einen nüchternen Blick für das, was für jeden einzelnen an cash, an Gebrauchswerten aus dem politischen Prozeß herausspringt. Was wird aus diesen Dispositionen unter dem Druck einer Unsicherheit unter Arroganz verbergenden Politik, die stracks auf den gesamtdeutschen Nationalstaat zusteuert?

Diese hat eines schon erreicht: daß die nationale Frage wieder einmal in Gegensatz gerät zu Fragen republikanischer Gleichheit und sozialer Gerechtigkeit. Wer vorpolitische Größen wie Nationalität nicht streng in Einklang hält mit dem universalistischen Geist der Bürgerrechte, erzeugt gefährliche Kollisionen. Vor den Kommunalwahlen in Bayern muß nun auch die CSU mit der linken Hand das Sozialrecht für Übersiedler stutzen, während sie mit der rechten Hand fortfährt, den unsolidarischen Lafontaine zu denunzieren, der dasselbe schon lange propagiert hatte – nur aus anderen Gründen. Lafontaine hatte früh ein Gespür für normative Konfusionen gezeigt, als er vor Deutschtümelei warnte und für Asylanten, Aus- und Übersiedler Gleichbehandlung forderte. Die Politik des deutschen Alleingangs droht die Bürger in ein Wertedilemma zu stürzen, das in Deutschland eine traurige Vorgeschichte hat. Nachdem die wirtschaftsbürgerliche Prämisse der Kostenneutralität nicht länger aufrechtzuhalten ist, könnte die ganz große »Allianz für Deutschland« den falschen Ausweg aus dem Dilemma suchen. Sie könnte ihren Wahlkampf mit leichten Variationen auf dem Boden der Bundesrepublik fortsetzen und von den Bürgern hier kollektive Anstrengungen fordern im Geiste einer nationalistischen Identifikation mit der Erweiterung jenes DM-Imperiums, von dem sie ja bisher ganz gut gelebt haben.

Die Alternative zu dieser Spielart von Wirtschaftsnationalismus ist die Befestigung jener Komponente unseres Selbstverständnisses, mit der sich in den achtziger Jahren »auch die Bundesbürger dem westlichen Normaltypus nationaler Identität angenähert« haben. Eine Identifizierung mit den Grundsätzen und den Institutionen unserer Verfassung verlangt aber eine Agenda des Vereinigungsprozesses, auf der das nicht-mediatisierte, im Rahmen einer nicht-okkupierten, nicht vermachteten politischen Öffentlichkeit ausgeübte Recht der Bürger auf Selbstbestimmung Vorrang genießt; und zwar Vorrang vor einem clever in die Wege geleiteten, letztlich nur administrativ vollzogenen Anschluß, der sich an einer wesentlichen Bedingung für die Konstituierung jeder Staatsbürgernation vorbeigemogelt – an dem öffentlichen Akt einer in beiden Teilen Deutschlands wohlüberlegt getroffenen demokratischen Entscheidung. Dieser Gründungsakt kann nur dann mit Willen und Bewußtsein vollzogen werden, wenn wir davon Abstand nehmen, die Vereinigung auf dem Weg über den Artikel 23 unseres Grundgesetzes (der den Beitritt »anderer Teile Deutschlands« vorsieht) herbeizuführen.

Ich verkenne nicht das Gewicht der Gründe, die für die Konservierung einer bewährten Verfassung sprechen. Aber Stabilitätserwägungen können normative Überlegungen nicht ersetzen. Es ist kurios zu beobachten, wie sich gerade diejenigen auf den Artikel 23 stützen, die Jahrzehnte lang auf dem Wiedervereinigungsgebot der Präambel des Grundgesetzes beharrt haben. Aus dieser geht unmißverständlich hervor, warum das Grundgesetz »Grundgesetz« und nicht »Verfassung« heißt: es sollte dem politischen Leben der Bundesländer »für eine Übergangszeit eine neue Ordnung« geben, nämlich bis zu dem Zeitpunkt, wo es gelingt, »in freier Selbstbestimmung die Einheit und Freiheit Deutschlands zu vollenden«. Wenn nun die DDR wie seinerzeit das Saarland nach Artikel 23 ohne weitere Änderung dem Grundgesetz beitritt, wird mit dem gewählten Modus der Vereinigung implizit bekräftigt, was sich alle Revanchisten wünschen: daß die Bedingung für den Artikel 146 noch nicht erfüllt ist. Darin heißt es: »Dieses Grundgesetz verliert seine Gültigkeit an dem Tage, an dem eine Verfassung in Kraft tritt, die von dem deutschen Volk in freier Entscheidung beschlossen worden ist.« Eine freie Entscheidung des *ganzen* deutschen Volkes könnte ein »Beitritt« der DDR in der Tat nicht bedeuten; denn die Bürger der Bundesrepublik müßten den Abgeordneten der DDR die Entscheidung überlassen. Wann also sollte der Tag gekommen sein, den Artikel 146 vorsieht, wenn nicht jetzt? Warten wir noch auf Ostpreußen und Schlesien? Wenn man diese Mißdeutung, wie ich nach der Bundestagsentschließung über die polnische Westgrenze unterstelle, ausschließen will, müßten der letzte Artikel und die Präambel des Grundgesetzes gestrichen und dieses selbst seines vorläufigen Charakters entkleidet werden. Diese Änderungen würden aber nur beweisen, daß der »Beitritt« der DDR nicht das erfüllen kann, was er sein soll – die Vereinigung von zwei Teilen zu einem *Ganzen*. Ein Beitritt nach Artikel 23 würde den Artikel 146 »leerlaufen« lassen; das widerspricht dem methodischen Grundsatz, jede einzelne Vorschrift unter dem Aspekt der Einheit der Verfassung zu interpretieren.

Manipulationen vorne und hinten und eine problematische Auslegung von GG Artikel 23 wären nur der juristische Preis für eine Politik der schnellen Hand. Schwerer wiegt der politische Preis, und der könnte eine Hypothek für mehrere Generationen werden. Wir würden nicht nur die Chance zur Verbesserung einer guten, freilich damals nicht durch Volksentscheid legitimierten Verfassung verspielen, wir würden den historischen Augenblick vertun, den Prozeß der staatlichen Vereinigung im klaren politischen Bewußtsein der Konstituierung einer Staatsbürgernation zu vollziehen.

Wenn wir uns von den diffusen Vorstellungen über den Nationalstaat nicht freimachen, wenn wir uns der vorpolitischen Krücken von Nationalität und Schicksalsgemeinschaft nicht entledigen, werden wir den längst eingeschlagenen Weg in eine multikulturelle Gesellschaft, den Weg in einen regional weit aufgefächerten Bundesstaat mit starken föderativen Kompetenzen, vor allem den Weg zum Nationalitätenstaat eines vereinigten Europas nicht unbelastet fortsetzen können. Eine nationale Identität, die sich nicht in erster Linie auf ein republikanisches, ein verfassungspatriotisches Selbstverständnis stützt, kollidiert mit den universalistischen Regeln des Zusammenlebens gleichberechtigt koexistierender Lebensformen; sie kollidiert auch mit der Tatsache, daß sich die staatliche Integration heute auf drei Ebenen simultan vollzieht – in Land, Bund und Europäischer Gemeinschaft. Auf dem Wege über den Artikel 23 können die Bürger den Prozeß der Vereinigung nur noch *erleiden*. Der Weg über einen Verfassungsgebenden Rat verhindert hingegen eine Politik der vollendeten Tatsachen, verschafft den DDR-Bürgern vielleicht doch noch eine Atempause zur Selbstbesinnung und läßt Zeit für eine Diskussion über den Vorrang europäischer Gesichtspunkte.

Nur der Volksentscheid über einen Verfassungsvorschlag, und zwar zu der Alternative zwischen einem gesamtdeutschen Bundesstaat und einer Förderation, die der Bundesrepublik das Grundgesetz beizubehalten erlaubt, räumt *allen* Bürgern die Chance ein, Nein zu sagen. Er macht ein quantifiziertes Minderheitsvotum möglich; damit wird die Entscheidung der Mehrheit erst zu einem bewußt vollzogenen Akt, um den sich das republikanische Selbstverständnis künftiger Generationen wird kristallisieren können. Erst angesichts einer frei zu entscheidenden Alternative kann zu Bewußtsein kommen, was unter den Jüngeren ohnehin ein weitverbreitetes Gefühl ist: daß die Konstituierung einer einzigen Staatsbürgernation auf den bisherigen Territorien der Bundesrepublik und der DDR nicht schon durch vorpolitische Gegebenheiten der Sprachgemeinschaft, der Kultur oder der Geschichte *präjudiziert* ist. Deshalb möchte man wenigstens gefragt werden.

Für ganz schief halte ich die Argumentation meines Freundes Ulrich Oevermann, der die These vertritt, daß sich »mit den revolutionären Vorgängen in der DDR die *unvollendete* Aufgabe der Konstitution der politischen Nationalstaatlichkeit von neuem praktisch gestellt« habe.[7] Um eine »nachholende« Revolution soll es sich also handeln, aber nicht im Hinblick auf Gesellschaft und demokratischen Rechtsstaat, sondern hinsichtlich einer verspäteten Nation, die endlich im Nationalstaat zu sich selbst kommt. Gerade wenn man die »Transposition des Politischen auf die Ebene von Kultur und Geist« so entschieden ablehnt wie Oevermann, ist es aber inkonsequent, die von M. R. Lepsius herausgearbeitete Unterscheidung zwischen Staatsbürgernation und Volksnation zu verwischen. Anders als in den klassischen Staatsnationen des Westens hat sich in den Nachfolgestaaten des alten Deutschen Reiches oder im kleindeutschen Reich Bismarcks die politische Vergemeinschaftung der Staatsbürger mit den vorpolitischen Gegebenheiten einer »historisch-material gegebenen einheitlichen Nation«, auf die Oevermann sich beruft, niemals gedeckt. Hier bestanden, wie Lepsius bemerkt, starke Spannungen zwischen der »politischen Bezugsebene des Volkes als Träger der politischen Herrschaftsrechte« und den vorpolitischen »Bezugsebenen des Volkes als ethnischer, kultureller, sozioökonomischer Einheit«: »Die Anerkennung dieser Spannungsverhältnisse ist die Basis für eine Zivilgesellschaft demokratischer Selbstlegitimation. Jede Gleichsetzung von ›Demos‹ als Träger der politischen Souveränität mit einem spezifischen ›Ethnos‹ führt im Ergebnis zu einer Unterdrückung oder Zwangsassimilation von anderen ethnischen, kulturellen, religiösen oder sozioökonomischen Bevölkerungsteilen innerhalb eines politischen Verbandes. So versuchte man im Deutschen Reich nach 1871, die Polen in den deutschen Ostprovinzen zu germanisieren, die Elsässer und Lothringer zu verdeutschen, die Katholiken und Sozialdemokraten als national unzuverlässig – ultramontanistisch oder internationalistisch – zu diskriminieren. ... Je nachdem, welche Eigenschaften zur Aufladung der nominalen Kategorie des Staatsbürgers verwendet werden, ergeben sich höchst unterschiedliche Diskriminierungsfälle, denn das Gleichheitsgebot zwischen den Staatsbürgern erfährt eine Brechung über zusätzliche Eigenschaften: die ethnische Gleichheit, die religiöse Gleichheit, die kulturelle Gleichheit oder die rassische Gleichheit. Das extremste Beispiel für die Brechung der staatsbürgerlichen Gleichheitsnorm durch die Einführung eines weiteren Kriteriums zur Gewährung der politischen Gleichheit stellt die nationalsozialistische Judengesetzgebung dar, durch die deutsche Staatsbürger jüdischer Herkunft ihrer Gleichheitsrechte beraubt wurden.«[8]

Nur in diesem Zusammenhang gewinnt das Thema Auschwitz seine Relevanz für das Bewußtsein, in dem sich der Prozeß der staatlichen Vereinigung vollzieht. Ganz abwegig ist es, Auschwitz ins Spiel zu bringen als eine metaphysische Schuld, die konkretistisch durch den Verlust von Ostpreußen und Schlesien, wie Karl Heinz Bohrer meint, beglichen werden könnte. Ebensowenig eignet es sich zum Hebel für den negativen Nationalismus einer Schicksalsgemeinschaft, die Oevermann zur Basis eines (nun erst?) haftbar zu machenden nationalstaatlichen Subjekts machen möchte. Auschwitz kann und soll die Deutschen, auf welchen staatlichen Territorien sie sich auch immer einrichten mögen, an etwas anderes erinnern: daß sie sich auf Kontinuitäten ihrer Geschichte nicht verlassen können. Mit jenem ungeheuerlichen Kontinuitätsbruch haben die Deutschen die Möglichkeit eingebüßt, ihre politische Identität auf etwas anderes zu gründen als auf die universalistischen staatsbürgerlichen Prinzipien, in deren Licht die nationalen Traditionen nicht mehr unbesehen, sondern nur noch kritisch und selbstkritisch angeeignet werden können. Die posttraditionale Identität verliert ihren substantiellen, ihren unbefangenen Charakter; sie *besteht* nur im Modus des öffentlichen, des diskursiven Streites um die Interpretation eines unter unseren historischen Bedingungen jeweils konkretisierten Verfassungspatriotismus.[9]

In einem Aufsatz zum »Wahnbild Nation« trifft Reinhard Merkel den Punkt: »Bis heute wird von den deutsch-nationalen Intellektuellen die Lektion der Aufklärung, der Französischen Revolution oder Ernest Renans abgewiesen: daß ›Nation‹ in demokratischen Staaten – wenn überhaupt noch etwas – nicht eine Abgrenzung der volkhaften Besonderheit nach außen sein kann. Sondern das Symbol eines binnengesellschaftlichen ›täglichen Plebiszits‹ für die demokratische Teilhabe an der politischen Selbstorganisation.« (*Die Zeit* vom 9. März 1990, S. 52)

IV

Karl Heinz Bohrer wittert freilich im verfassungspatriotischen Selbstverständnis einen Moralismus, der den großen Werken der Kunst ihr Unheimliches nimmt, der uns dazu bringt, »ganze Bestände der bis dato identitätsbildenden psychischen und kulturellen Tradition zu verdrängen, weil diese angeblich das Bewußtsein vorbereitete, das schließlich den Holocaust ermöglicht hat« (*FAZ* vom 13. Jan. 1990). Dabei mag er an die Quellen neufranzösischer Inspirationen, an Carl Schmitt, an Martin Heidegger oder Ernst Jünger gedacht haben. Aber schon der Publikationsort, an dem Bohrer das Bedenken vorträgt, dementiert seinen Kleinmut. Daß die kritische Auseinandersetzung mit unserem jungkonservativen Erbe zu dessen Tabuisierung oder gar Ausgrenzung geführt hätte, ist mir jedenfalls entgangen. Bohrer selbst erwähnt das »irrationalistische Erbe« von Friedrich Schlegel, Novalis und Nietzsche. Ich frage mich, wer auf den abenteuerlichen Gedanken kommen sollte, an die Tradition der *frühen* Romantik und an die Aufklärungskritik unseres glänzendsten Aufklärers *nicht* anzuknüpfen. Das ist ein Kampf gegen Gespenster. Der läßt allenfalls jenes Erbe der gegenaufklärerischen und deutschtümelnden Intellektuellen in Vergessenheit geraten, das seit Franz Baader und Adam Müller, seit Ernst Moritz Arndt und J. F. Fries für die Mentalität des deutschen Bürgertums eine politisch prägende Kraft gewonnen hatte. Diese Partei, die von Hegel und Heine, Engels und Marx so fabelhaft persifliert worden ist[10], bildet ja bis zu Werner Sombarts *Händlern und Helden* eine Konstante im deutschen Geistesleben. Ihr sind bei jeder nationalen Woge – nach 1813, nach 1848, nach 1871 und 1914, von anderen Daten ganz zu schweigen – stets neue Generationen von schicksalsbewegten Intellektuellen zugewachsen. Dieser Energiestrom, der sich in den »Ideen von 1914« kondensiert hat, sollte sich mit der jüngsten nationalen Woge nicht regenerieren. Das ist eine Frage der geistigen Hygiene, nicht der Verdrängung. Bohrer beklagt die Kolonialisierung unseres Bewußtseins, die Seuche eines notorischen Erinnerungsschwundes, geistige Provinzialisierung. Haben wir nicht in der Bundesrepublik unser geistiges Erbe zum ersten Mal *auf ganzer Breite*, unter Einschluß von Heine und Marx, von Freud und Mach, Bloch und Benjamin, Lukács und Wittgenstein rezipiert, haben wir es nicht zum ersten Mal in seinen radikaleren Motiven zur Geltung gebracht? Auf die spirituellen Funken einer in der Emigration bewahrten deutsch-jüdischen Kultur ist es zurückzuführen, daß die Bundesrepublik »nicht nur wirtschaftlich, sondern auch kulturell Anschluß an den Westen gefunden hat. Mit anderen Worten, ihre Stärke beruht gerade darauf, daß sich hier eine international geprägte Kultur hat entwickeln können, die dennoch von Deutschen gestaltet wird.«[11]

Wir sollten zwischen nationalem Größenwachstum und geistiger Produktivität keine kurzschlüssige Beziehung herstellen. Karl Heinz Bohrer ist ein brillanter Essayist und ein glanzvoller Literaturkritiker. Mit bewundernswerter Intransigenz verfolgt er, von der frühen Romantik bis zum Surrealismus, die Spuren der ekstatischen Abgründigkeit ästhetischer Erfahrung. Er ist fasziniert von der großen Geste des Amoralischen. In dieser bezeugt sich die Autonomie einer Kunst, die die Kommunikation mit dem Guten und dem Wahren abgebrochen hat. Aber Bohrer weiß auch, daß diese Transgression »nur im Kopf« auszuhalten ist. Warum sollte eine zerebralisierte Kunst, an Gottfried Benn läßt es sich studieren, in den Bauch der Nation eintauchen? Die Ästhetisierung des Politischen ist einer der schlechtesten Gründe dafür, »daß wir wie-

der eine Nation werden sollen«. Den Intellektuellen selbst scha-
det's erst recht, wenn sie wieder ein nationales Podest erhalten,
von dem herab sie ihre Reden halten können.

 Soweit die deutschen Intellektuellen geistig provinziell geworden
sind, sollten sie sich an die eigene Nase fassen und nicht darauf
hoffen, daß die ersehnte Symbolik einer wiedererstandenen
Reichshauptstadt ihrer Produktivität auf die Beine helfen wird.
Die »Ästhetik des Staates«, die es ohnehin seit Louis Philippe aus
guten Gründen nicht mehr gibt, wird keinen Aufschwung nehmen
durch die Aussicht, daß neben Kohl und Waigel demnächst Thü-
ringer und Sachsen auf den Ruinen des Reichstages die Flagge
eines neuen Wirtschaftsnationalismus hissen könnten.

 Die Furcht vor der Tabuisierung des Eigensten an unserem kul-
turnationalen Erbe erhält bei anderen einen ganz anderen Sinn.
Erst rücken sie die Stasi-Vergangenheit an die Nazi-Vergangenheit
heran, um dann beide auf die Müllhalde einer mit Schweigen zuge-
deckten Geschichte zu kippen.»Ohne Spruchkammern« heißt ein
Leitartikel, in dem sich der retroaktive Hintersinn einer unvermu-
teten Großmut offenbart: »Vom ›Bewältigen‹ einer Vergangenheit
sollte diesmal nicht die Rede sein. Auch die Wortkeule ›Verdrängung‹... sollte aus dem Spiel bleiben. Schon gar die schäbige
Unterstellung einer ›Unfähigkeit zu trauern‹ als der angeblichen
seelisch-konstitutiven Ursache von Verstocktheit und Verdrängung... Beim Pochen auf solches ›Bewältigen‹ war aus einem
Moralanspruch alsbald Unmoral geworden. Immer klarer war
hervorgetreten, daß es vor allem dazu benutzt wurde, politische
Willfährigkeit zu erzeugen, die Machtansprüche fördern sollte.«
(*FAZ* vom 6. Febr. 1990) Was das im Klartext heißt, hatte der *Rhei-
nische Merkur* (in seiner Gastkolumne vom 24. November 1989)
rechtzeitig erklärt. Endlich soll es mit Hilfe des bankrotten Staatssozialismus gelingen, den Schlußstrich zu ziehen: »Verliert der
Antifaschismus-(›Antifa‹-)Affekt, dieses Sich-versenken in die
Vergangenheitsbewältigung, seinen privilegierten Platz, verdrängt
von der Wucht der Gegenwart?« Der Antifaschismus, aus dessen
Geist der demokratische Rechtsstaat in Deutschland nach 1945
allein wiedergeboren werden konnte, soll zusammen mit den propagandistisch ausgehöhlten Antifa-Organisationen des Staatssozialismus endlich der Vergangenheit angehören.

 Das obszöne Gerangel lebt nicht zufällig in einem Augenblick
wieder auf, da Gorbatschow dem Antikommunismus seine Aus-

löser nimmt. Die Fassade jenes immer schon eigentümlich asymmetrisch zusammengesetzten antitotalitären Konsenses, der die Bevölkerung der Bundesrepublik lange zu einigen schien, ist endgültig zerbrochen. Da machen die Konkursverwalter des Antikommunismus eine letzte Anstrengung und bieten einen deal an: Diskretion soll nun hüben wie drüben walten. Als ob die nichtkommunistische Linke in der Bundesrepublik daran interessiert sein könnte, über den Teil des Stalinismus, der auf dem Wege über die DDR zum Bestandteil auch der deutschen Geschichte geworden ist, den Mantel kommunikativen Beschweigens auszubreiten.

In seiner Rede über das eigene Land setzt sich Peter Sloterdijk mit dem »deutschen Schweigen« auseinander, auch mit den großen Schweigern, den »ehemaligen Reichswortführern«, den »amtsenthobenen Redegewaltigen von einst«. Dann wendet er sich an seine Generationsgenossen: »Wer nach 1945 in Deutschland geboren wurde, sollte sich darüber im klaren sein, daß Nachgeborene, um selbst zur Welt zu kommen, noch im nachhinein das Schweigen ihrer Vorfahren an den entscheidenden Stellen brechen müssen.«[11]

Anmerkungen

1 K. Jaspers, *Freiheit und Wiedervereinigung*, München 1960, S. 53.
2 W. Mommsen, *Wandlungen der nationalen Identität der Deutschen* (1983), in: ders., *Nation und Geschichte*, München 1990, S. 62.
3 Mommsen (1990), S. 76; vgl. auch S. Meuschel, *Kulturnation oder Staatsnation*, in: *Leviathan*, 1988, H. 3, S. 406–435.
4 H. Honolka, *Die Bundesrepublik auf der Suche nach ihrer Identität*, München 1987, S. 104. Vgl. auch D. P. Conradt, *Changing German Political Culture*, in: G. A. Almond, S. Verba (eds.), *The Civic Culture Revisited*, Boston 1980, S. 212–272.
5 M. R. Lepsius, *Das Erbe des Nationalsozialismus und die politische Kultur der Nachfolgestaaten des »Großdeutschen Reiches«*, in: M. Haller u. a. (Hg.), *Kultur und Nation*, Frankfurt/Main 1989, S. 254 f.
6 *Merkur*, März 1990, S. 231.
7 U. Oevermann, *Zwei Staaten oder Einheit?*, in: Merkur, Februar 1990, S. 92.

8 M. R. Lepsius, *Ethnos und Demos*, in: *Kölner Zeitschrift für Soziologie und Sozialpsychologie*, 1986, H. 4, S. 753; zur Kritik am Konzept der Staatsbürgernation B. Estel, *Gesellschaft ohne Nation?*, in: *Sociologia Internationalis*, 1988, H. 2, S. 197 ff.

9 J. Habermas, *Geschichtsbewußtsein und posttraditionale Identität*, in: ders., *Eine Art Schadensabwicklung*, Frankfurt/Main 1987, S. 159–179.

10 D. Losurdo, *Hegel und das deutsche Erbe*, Köln 1989.

11 Mommsen (1990), S. 83.

12 P. Sloterdijk, *Versprechen auf Deutsch*, Frankfurt/Main 1990, S. 52

Nachweise

Die neue Intimität zwischen Politik und Kultur, in: J. Rüsen, E. Lämmert, P. Glotz (Hg.), *Die Zukunft der Aufklärung*, Frankfurt/M. 1988, S. 59–68

Interview mit Angelo Bolaffi, gekürzt in: *L'Espresso* (Rom) Supplemento al u. 3 del, 25 gennaio 1988

Interview mit Robert Maggiori, in: *Libération* (Paris) vom 30. Juni 1988

Bewegung ist alles, ist Leben! in: *Der Verleger und seine Autoren*, Frankfurt/M. 1984, S. 83–90

Parteinehmendes, analytische Denken (zusammen mit Ute Habermas-Wesselhoeft), in: K. Brede et al. (Hg.), *Befreiung zum Widerstand*, Frankfurt/M. 1987, S. 104–107

Über Titel, Texte und Termine, in: R. Habermas, W. H. Pehle (Hg.), *Der Autor, der nicht schreibt*, Frankfurt/M. 1989, S. 3–6

Der Philosoph als wahrer Rechtslehrer, in: *Kritische Justiz*, Jg. 2, H. 2, 1989, S. 138–146

Der Erste – Eine Laudatio, am 21. 10. 1989 in Darmstadt gehalten vor der Akademie für Sprache und Dichtung, unveröffentlicht

Grenzen des vernunftrechtlichen Normativismus, zuerst erschienen in: *Politische Vierteljahresschrift*, 30. Jg., H. 2, Juni 1989, S. 320–327

Interview mit Hans Peter Krüger, in: *Sinn und Form*, 41. Jahr, 1989, 6. Heft, S. 1192–1206

Interview mit Barbara Freitag, in: *Tempo Brasileiro* (Rio de Janeiro), Juli–Sept. 1989, S. 5–21

Interview mit T. Hviid Nielsen, für: *Acta Sociologica*, bisher unveröffentlicht

Grenzen des Neohistorismus, Interview mit J. M. Ferry, in: *Die Neue Gesellschaft – Frankfurter Hefte*, 36. Jg., April 1989, S. 370–374

Die Stunde der nationalen Empfindung, unveröffentlicht

Gewaltmonopol, Rechtsbewußtsein und demokratischer Prozeß, unveröffentlicht

Nachholende Revolution und linker Revisionsbedarf, unveröffentlicht

Nochmals: Zur Identität der Deutschen, unveröffentlicht.

Jürgen Habermas
im Suhrkamp Verlag

Theorie des kommunikativen Handelns. 2 Bde.
Band 1: Handlungsrationalität und gesellschaftliche Rationalisierung.
Band 2: Zur Kritik der funktionalistischen Vernunft. 1981. Leinen
und es 1502

Vorstudien und Ergänzungen zur Theorie des kommunikativen Handelns. 1984. Leinen und kartoniert

Strukturwandel der Öffentlichkeit. Untersuchungen zu einer Kategorie
der bürgerlichen Gesellschaft. 1990. Leinen und stw 891

Der philosophische Diskurs der Moderne. Zwölf Vorlesungen. 1985.
Leinen und stw 749

Nachmetaphysisches Denken. Philosophische Aufsätze. 1988. Leinen,
kartoniert und stw 1004

Zur Logik der Sozialwissenschaften. Fünfte, erweiterte Auflage. 1982.
Leinen, kartoniert und stw 517

Philosophisch-politische Profile. Erweiterte Ausgabe. 1981. Leinen und
stw 659

Kleine Politische Schriften I-IV. 1981. Leinen und kartoniert

Die Neue Unübersichtlichkeit. Kleine Politische Schriften V. 1985.
es 1321

Eine Art Schadensabwicklung. Kleine Politische Schriften VI. 1987.
es 1453

Die nachholende Revolution. Kleine politische Schriften VII. 1990.
es 1633

Technik und Wissenschaft als Ideologie. 1968. es 287

Legitimationsprobleme im Spätkapitalismus. 1973. es 623

Erkenntnis und Interesse. Mit einem neuen Nachwort. 1973. stw 1

Zur Rekonstruktion des Historischen Materialismus. 1976. stw 154

Theorie und Praxis. Sozialphilosophische Studien. 1971. stw 243

Texte und Kontexte. 1991. stw 944

Moralbewußtsein und kommunikatives Handeln. 1983. stw 422

Erläuterungen zur Diskursethik. 1991. stw 975

Faktizität und Geltung. Beiträge zur Diskurstheorie des Rechts und des
demokratischen Rechtsstaates. 1992. Leinen und kartoniert

Jürgen Habermas / Hans-Georg Gadamer: Das Erbe Hegels. Zwei Reden aus Anlaß der Verleihung des Hegel-Preises 1979 der Stadt Stuttgart an Hans-Georg Gadamer am 13. Juni 1979. 1979. st 596

Jürgen Habermas / Niklas Luhmann: Theorie der Gesellschaft oder Sozialtechnologie – Was leistet die Systemforschung? Theorie. 1971.
Kartoniert

49/1/8.93

Jürgen Habermas
im Suhrkamp Verlag

Jürgen Habermas / Wolfgang Edelstein (Hg.): Soziale Interaktion und soziales Verstehen. Beiträge zur Entwicklung der Interaktionskompetenz. 1984. stw 446
– Stichworte zur ›Geistigen Situation der Zeit‹. 2 Bde. 1. Band: Nation und Republik. 2. Band: Politik und Kultur. Herausgegeben von Jürgen Habermas. 1979. es 1000

Zu Jürgen Habermas

Thomas McCarthy: Kritik der Verständigungsverhältnisse. Zur Theorie von Jürgen Habermas. Übersetzt von Max Looser. 1980. stw 782
– Theorie der Gesellschaft oder Sozialtechnologie. Beiträge zur Habermas-Luhmann-Diskussion von Klaus Eder, Bernhard Willms, Karl Hermann Tjaden, Karl Otto Hondrich, Hartmut v. Hentig, Harald Weinrich und Wolfgang Lipp. Herausgegeben von Franz Maciejewski. Theorie-Diskussion-Supplement 1. 1973. Kartoniert
– Theorie der Gesellschaft oder Sozialtechnologie. Neue Beiträge zur Habermas-Luhmann-Diskussion. Herausgegeben von Franz Maciejewski. Theorie-Diskussion-Supplement 2. 1974. Kartoniert
– Zwischenbetrachtungen. Im Prozeß der Aufklärung. Herausgegeben von Axel Honneth, Thomas McCarthy, Claus Offe, Albrecht Wellmer. 1989. Leinen

Geschichte
in der edition suhrkamp

Geschichte
in der edition suhrkamp

Geschichte
in der edition suhrkamp

312/3/12.96

edition suhrkamp
Eine Auswahl

edition suhrkamp
Eine Auswahl

edition suhrkamp
Eine Auswahl

316/4/4.97

edition suhrkamp
Eine Auswahl

edition suhrkamp
Eine Auswahl

316/6/4.97

edition suhrkamp
Eine Auswahl

edition suhrkamp
Eine Auswahl

edition suhrkamp
Eine Auswahl